Sherlock Holmes Handbuch

Sherlock Holmes Handbuch

Herausgegeben
von
Zeus Weinstein

Kein & Aber

»Who's Who«, »Die Plots aller Stories« und »Mr. Holmes und Dr. Watson«, alle neu übersetzt von Leslie Giger, stammen aus *The Sherlock Holmes Companion* von Michael und Mollie Hardwick.

Copyright © 1962 by Michael and Mollie Hardwick.
Abdruck mit freundlicher Genehmigung der Autoren und des London Managements.
Die Illustrationen von Sidney Paget sind den Erstveröffentlichungen in *The Strand Magazine*, London 1892 – 1927, entnommen.

Der Verlag dankt dem Peter Cushing Archiv von Uwe Sommerlad.
Alle übrigen Illustrationen stammen aus den Archiven von Herausgeber und Verlag.
Frontispiz: Sir Arthur Conan Doyle in seinem Arbeitszimmer

Inhalt

Mr. Holmes und Dr. Watson
Portrait einer Freundschaft

von
Michael und Mollie Hardwick

Deutsch von Leslie Giger

Was wissen wir über Holmes und Watson? Viel und wenig zugleich: Viel, was die Selbstdarstellung eines jeden und das Bild, das einer sich vom andern machte, betrifft; wenig, was das Vorhandensein handfester biographischer Daten angeht. Dies mag teils ihrem bewundernswerten Mangel an Egozentrik zuzuschreiben sein – das kennzeichnet ja den Egoisten, daß er nicht schnell genug zum Autobiographischen kommen kann –, teils der mangelnden Voraussicht ihrer Verwandtschaft. Wie jammerschade ist es doch, daß den Ahnen solcher Männer kein prophetischer Engel erscheint, um sie darauf hinzuweisen, daß das unscheinbare Kindlein, das da in der Wiege liegt, zu einem ruhmreichen Leben auserkoren sei! Ihre Kindheit ist, wie die Shakespeares, in Dunkel und Geheimnis gehüllt.

Ein paar Dinge aus der Zeit vor der Begründung dieser großartigsten Partnerschaft der Literaturgeschichte wissen wir allerdings mit Bestimmtheit. Es war an einem Sommerabend, nach dem Tee, als Holmes Watson zum ersten Mal etwas von sich erzählte. Vielleicht spielten die Finger eines abendlichen Sonnenstrahls über die Samttapete jenes berühmten Salons in der Baker Street 221 B. Doch war sein Locken nicht verführerisch genug, die beiden Freunde zu einem Spaziergang im Park zu reizen. Die Teesachen waren noch nicht abgeräumt (denn Mrs. Hudson war so taktvoll, ihre Mieter so wenig wie möglich zu stören):

> Die Unterhaltung, die unstet und sprunghaft von Golfschlägern zu den Ursachen für die Veränderung der Schiefe der Ekliptik gewandert war, wandte sich schließlich dem Problem des Atavismus und der erblichen Anlagen zu. Zur Debatte stand, inwieweit irgendeine einzigartige Begabung eines Menschen auf seine Ahnen und inwieweit sie auf seine frühzeitige Schulung zurückzuführen sei.

Dies reizte Watson zu der Spekulation, Holmes' Beobachtungsgabe und die ihm eigentümliche Fähigkeit des Deduzierens gingen auf dessen eigene systematische Schulung zurück. »Bis zu einem gewissen Grad«, antwortete Holmes nachdenklich.

Meine Vorfahren waren Landjunker, die offenbar im großen und ganzen ein ihrem Stand gemäßes Leben geführt haben. Aber nichtsdestoweniger ist die Neigung dazu eine angeborene und mag von meiner Großmutter herrühren, die die Schwester von Vernet, dem französischen Künstler war. Kunst im Blut nimmt oft die seltsamsten Formen an.

Darauf drehte sich das Gespräch um Holmes' Bruder Mycroft, der, wie Holmes bemerkte, Beobachtungsgabe und Gewandtheit im Deduzieren in noch höherem Maße besaß als Sherlock selbst. Mittlerweile war es sechs Uhr geworden – wie Holmes meinte genau die richtige Zeit, um seinem bemerkenswerten Bruder einen Besuch im Diogenes Club, dem »merkwürdigsten Club in London«, abzustatten.

Wir werden daher nie erfahren, ob Holmes Watson mehr über seine Ursprünge erzählte: Der Rest ist Schweigen. Es steht zu vermuten, daß jene Landjunker in Sussex ansässig waren, da er, als er sich zur Ruhe setzte, in diese Grafschaft zog; und häufig kommt es bei Stadtmenschen vor, daß sie, wenn sie die Stadt für immer verlassen, instinktiv in jenen Teil des Landes zurückkehren, in dem sie zum ersten Male ländlicher Idylle gewahr wurden. Dies war etwa bei Dickens der Fall, der stets mit London gleichgesetzt wird und doch insgeheim dessen Schmutz und Verkommenheit verabscheute. Er verbrachte seinen Lebensabend in jenem Haus in Gadshill, nach dem er sich in seiner Kindheit so sehr gesehnt hatte, und starb schließlich auch dort. Holmes stellt man sich gemeinhin als fest in der Baker Street verwurzelt vor, da es, wie Watson sagt,

nichts Schöneres für ihn gab, als inmitten von fünf Millionen Menschen auf der Lauer zu liegen und seine Fäden zu spinnen, die sich überallhin verzweigten und von jedem noch so leisen Gerücht oder Anzeichen eines ungelösten Verbrechens in Schwingungen versetzt wurden.

Mit dem ihm eigenen, geradezu grandiosen Mangel an Klarsichtigkeit bemerkt Watson des weiteren, daß

Sinn für die Natur nicht zu seinen zahlreichen Gaben zählte und er einzig dann zu einer Luftveränderung kam, wenn er seinen Geist vom Bösewicht der Stadt abwandte, um dessen Bruder auf dem Lande nachzustellen.

Vielleicht war Watson übermäßig beeindruckt von Holmes' berühmten Ansichten über das Auftreten von Verbrechen in Landhäusern. Auf jeden Fall wird er wohl über Holmes' Eingeständnis die Augenbrauen hochgezogen haben, als dieser selbst die Geschichte von der Löwenmähne erzählte, die sich

nach meinem Rückzug in mein kleines Haus in Sussex ereignete, als ich mich vollständig jenem besänftigenden Leben in der Natur hingab, nach welchem ich mich während der langen Jahre in der Tristesse Londons so oft gesehnt hatte.

Wir wissen, daß Holmes' Landhaus in Sussex »am Südhang der Downs« gelegen hat. Wir dürfen daher seinen Geburtsort irgendwo in diesem Land der Kreidekliffe und kurzgeschorenen Rasen vermuten und annehmen, daß die Reviere seiner Kindheit Eastbourne, Brighton, Hastings und Pevensey an der Küste, sowie im Landesinnern Lewes, Battle und Herstmonceux umfaßten. Der Tatsache, daß er 1914 um die 60 Jahre alt war, können wir entnehmen, daß er um 1854 geboren sein muß. Von seiner Schulzeit wird nichts gesagt, doch kann angenommen werden, daß seine Universitätsjahre an einer der Privatschulen Südenglands vorbereitet wurden – Winchester bietet sich unmittelbar an, denn wo sonst sollte die erzieherische Wiege des jungen Sherlock stehen als unter jenem grimmen Schloß auf dem Berg, Gerichtsgebäude und Gefängnis in einem, in dem Dame Alice Lisle und so viele andere Opfer grausamer und falsch interpretierter Gesetze ihren Richtern und einem gräßlichen Schicksal gegenüberstanden? Hier, möchten wir meinen, brütete Sherlocks scharfer Verstand zum erstenmal über Schuld und Sühne und Gerechtigkeit. Die alte Domstadt war noch immer ein guter Ort zum Brüten, obschon sechzig Jahre verflossen waren, seit Keats sich über den extrem altjüngferlichen Charakter ihrer Straßen ausgelassen und zu den dortigen Türklopfern bemerkt hatte, er habe »noch nie eine so sittsame Versammlung von Löwen- und Widderköpfen gesehen«. In *Die Blutbuchen* bemerkt Holmes vielsagend: »Wenn die Dame, die sich an uns um Hilfe gewandt hat, eine Stellung in Winchester angetreten hätte, dann hätte ich mich niemals um sie gesorgt.«

Nach der Schule die Universität. Aber welche Universität? Viel Blut ist im scholastischen Gezänk über die rivalisierenden Ansprüche von Oxford und Cambridge geflossen. Da wir uns das Vergnügen, derlei Ansprüche zu untersuchen, versagen müssen – so gewichtig sie auch in Beweis und Gegenbeweis sein mögen –, stimmen wir rundweg für Oxford. Im Geiste sind wir Holmes auf der High Street begegnet; nie haben wir auch nur das Flattern seiner Studentenrobe in Christ's Pieces wahrgenommen.

Es war also in Oxford (so behaupten wir), wo Holmes die zwei Collegejahre verbrachte, von denen er Watson erzählt.

> Ich war nie ein geselliger Mensch, Watson; mit Vorliebe blies ich auf meinen Zimmern Trübsal und tüftelte an meinen eigenen kleinen Denkmethoden rum, so daß ich nie sehr viel mit Gleichaltrigen verkehrte. Fechten und Boxen ausgenommen, hatte ich wenig sportliche Neigungen.

Einen Freund gewann Holmes jedoch in diesen zurückgezogenen Jahren – Victor Trevor. Trevors Bullterrier war der Grund, daß sein Herrchen und der hagere, hungrig aussehende junge Holmes miteinander bekannt wurden: als er sich nämlich eines Tages (ziemlich kurzsichtig) an den Knöchel des letzteren hängte. »Eine prosaische Art, Freundschaft zu schließen«, wie Holmes dazu feststellte, aber Trevor erwies sich als kongenialer Gesellschaft ebenso bedürftig wie Holmes selbst, und während der langen Ferien nahm Holmes Trevors Einladung an, einen Monat auf dessen Vaters Wohnsitz in Donnithorpe, Norfolk, zu verbringen.

Diese Einladung schlug die Brücke von Holmes zu der hohen Kunst der Ermittlung. Sie machte ihn nämlich mit Trevor Senior bekannt und mit der rätselhaften Geheimbotschaft, die sich um Wind-Spiele und Züchter-Leben drehte und dank der es Holmes schließlich gelang, das Rätsel der *Gloria Scott* zu lösen. In dieser Jugendepisode erscheint uns der große Detektiv zum erstenmal. Holmes bemerkt den mit Blei beschwerten Stock des alten Trevor und schließt daraus, jener habe sich in letzter Zeit auf einen Angriff auf seine Person gefaßt gemacht. Aus den eigentümlichen Abflachungen und Verdickungen an seinen Ohren folgert er zutreffend dessen Vergangenheit als Boxer. Von den Schwielen an seinen Händen schließt er darauf, daß er »ziemlich viel gegraben« haben muß. Trevor bestätigt dies:

> »Hab all mein Geld auf den Goldfeldern gemacht.«
> »Sie sind in Neuseeland gewesen.«
> »Wieder richtig.«
> »Sie haben Japan bereist.«
> »Ganz recht.«
> »Und Sie haben in höchst inniger Verbindung mit jemandem gestanden, dessen Initialen J. A. lauteten und den später gänzlich zu vergessen Sie äußerst bestrebt waren.«

Mr. Trevor fällt hier – nicht von der Infinitivkonstruktion, sondern von der fürchterlichen Schärfe der Holmesschen Diagnose überwältigt – in tiefe Ohnmacht und mit dem Gesicht in die Nußschalen, die auf der Tischdecke verstreut herumliegen. Es ist Sherlock Holmes' erster Triumph.

Holmes gestand Watson, dieser Fall sei es gewesen, der seine Aufmerksamkeit zum erstenmal auf jenen Beruf gelenkt habe, der dann zu seiner Lebensaufgabe wurde. Ehe wir ihm nach London in seine ruhmreiche Zeit folgen, müssen wir jedoch noch auf eine weitere bedeutungsvolle Verbindung mit der Familie Trevor zu sprechen kommen.

Man hat, mit viel Charme und Überzeugung, die Ansicht vertreten, Holmes' erste Liebe, deren vorzeitiger Tod ihn den Geschmack an der gesamten Weiblichkeit habe verlieren lassen, sei Victor Trevors Schwester gewesen. Diese Theorie stützt sich auf einen einzigen Satz in Holmes' Bericht an Watson von seinem folgenschweren

Besuch in Donnithorpe. »Es hatte da, wie ich hörte, noch eine Tochter gegeben, aber sie war während eines Aufenthaltes in Birmingham an Diphterie gestorben.« Die offensichtliche Irrelevanz, ja Plattheit dieser Aussage empfand zumindest ein Biograph als bedeutsam. Ging Holmes nicht eben deshalb so leicht über die tote Miss Trevor hinweg, weil er es nicht ertragen konnte, über sie zu reden? Verfälschte er etwa den Zeitpunkt ihres Todes, weil er sie gekannt und geliebt hatte? Wieso erwähnte er die Diphterie? Warum hob er Birmingham so hervor?

Unserer Ansicht nach sind die Antworten klar, wenn auch vom romantischen Standpunkt her enttäuschend: Holmes hätte vielleicht einen Verrat, doch sicher nie einen Tod verheimlicht. Ein Mann, der einmal geliebt hat, kann sich wieder verlieben; Holmes aber erklärte Watson gegenüber kategorisch: »Ich habe nie geliebt...« Wir werden später auf diese Frage zurückkommen, doch zuerst wollen wir Miss Trevor mit Bedauern wieder in ihr Grab in Birmingham zurücklegen und festhalten, daß Holmes diesen Ort und dieses ihr Leiden erwähnte, weil es, wie er selbst sagte, sein Geschäft war, dergleichen zu wissen... er hatte sich darin geübt, Dinge zu sehen, die andere übersahen. *Requiescat* Miss Trevor – »*Veilchen* mögen ihrem rein und unbefleckten Fleisch entsprießen...«: die Namens-Blumen (Violet) so vieler Holmesscher Heldinnen.

Nach dem Fall der *Gloria Scott* scheint sich Holmes' Universitätsdasein belebt zu haben, vermutlich, da er um diese Zeit seine berühmten Methoden zu erproben begann. »Während meiner letzten Jahre an der Universität hatte es einiges Gerede über mich und meine Methoden gegeben«, sagt er. Als er die Universität verließ, kam er nach London und bezog eine Wohnung in der Montague Street, nur einen Katzensprung vom British Museum entfernt.

Hier, im Schatten dieses imposanten Gebäudes, wartete der Ex-Student darauf, daß sich ihm Verbrechen darbieten würden. Seine viel zu reichlichen Mußestunden füllte er »mit dem Studium all jener Wissenschaftszweige aus, die mich noch leistungsfähiger machen mochten. Dann und wann kamen mir Fälle unter, hauptsächlich durch die Vermittlung ehemaliger Kommilitonen.«

Ein solcher Fall war *Das Musgrave-Ritual*. Reginald Musgrave, der mit Holmes im College gewesen war, wandte sich eines Tages mit der Bitte an ihn, er möge »jene Fähigkeiten, mit denen Sie uns zu verblüffen pflegten«, auf die »sehr seltsamen Vorfälle in Hurlstone«, Musgraves Landsitz in Sussex, anwenden. Froh über die Aussicht, einen Strich unter die Monate verhaßter Untätigkeit machen zu können, notierte Holmes sämtliche Einzelheiten und löste das Rätsel eines verschwundenen Butlers und eines merkwürdigen alten Reims, der den Schlüssel zum Versteck der lange verlorenen Krone von England barg.

Nun war in der Tat der Boden für die historische Begegnung bereitet. Selbst das Camp du drap d'or, wo Heinrich VIII. von England und Franz I. von Frankreich sich 1520 trafen, verdient nicht so viel Chronistenaufmerksamkeit wie das chemische Laboratorium im St. Bartholomew's Hospital, in dem Sherlock Holmes zum erstenmal Dr. Watson begegnete.

Hier müssen wir nun innehalten und auf die Jahre zurücksehen, die die beiden aufeinander zugeführt haben. Wer war Watson, was war er – und wo?

John H. Watson, M.D., wurde um 1855 im Süden Englands geboren. Wir wissen, daß er sich während einer mittellosen Periode seines späteren Lebens in den Ferien nach den Lichtungen des New Forest oder dem Strand von Southsea sehnte, von wo ein erschöpftes Bankkonto ihn vorübergehend ferngehalten hatte. Wir wissen, daß es ihn, als er vom Dienst in den Kolonien nach England zurückkehrte, nach London zog; er beschrieb diese Stadt bitter als »jene große Senkgrube, wo alle Faulenzer und Müßiggänger des Empires unweigerlich abgelagert werden«. Dies klingt nicht wie von einem Cockney gesprochen, und wir sind geneigt, seinen Geburtsort nach Hampshire zu verlegen, wobei er später in Surrey gelebt haben mag. Wir wissen, daß er mit Percy Phelps (»Kaulquappen«-Phelps) zur Schule ging, der später in dem Fall *Der Flottenvertrag* eine zentrale Rolle spielen sollte. Der These, er habe einen Teil seiner Kindheit in Australien verbracht, können wir uns nicht anschließen, da wir glauben, daß der Aufenthalt in diesem Territorium jenem Abschnitt seines Lebens zuzurechnen ist, in welchem er durch »drei Kontinente« streifte und Erfahrungen mit »Frauen der verschiedensten Nationen« sammelte. Nichts in Watsons Charakter, wie er selbst ihn vor uns ausbreitet, deutet darauf hin, daß diese Erfahrungen abnorm frühreif waren, und wir folgern, daß er seinen akademischen Grad erst spät erlangte und einen Teil seiner, nun ja, Studienjahre auf einer Art Bildungsreise verbrachte – dergleichen sein Zeitgenosse Jerome K. Jerome einen ausgedehnten Bummel genannt hätte.

Welche Schule er besucht hat, ist unsicher. Percy Phelps' Onkel war Lord Holdhurst, »der große Politiker der Konservativen«, was auf eine Privatschule von einigem Ansehen hindeutet. Wenn nun aber Holmes in Winchester zur Schule ging, kann Watson nicht ebenfalls Wykehamist gewesen sein, da die beiden sich in ihrer Kindheit nie begegnet sind.

Aus einigen Schlüssen, die Holmes aus Watsons Uhr zog, erfahren wir, daß sein Vater 1887 (dem Jahr von *Das Zeichen der Vier*) schon viele Jahre tot war; ferner, daß Watson einen älteren Bruder hatte, der ein liederliches Leben führte und nachlässig war; ein Mann, der eine vielversprechende Zukunft vor sich gehabt hatte, seine Chancen aber vertat und einige Zeit in Armut lebte, die nur gelegentlich von kurzen Perioden der Wohlhabenheit unterbrochen wurde, und der sich am Ende dem Trunk ergab und starb. Watsons Vater und Bruder hatten den gleichen Vornamen – einen, der mit dem Buchstaben ›H‹ anfängt, genau wie Watsons zweiter Vorname. Um 1878 hatte der junge Watson »weder Freunde noch Verwandte in England«. Die Gefährten seiner Jugendzeit, wie Big Bob Ferguson, »der stärkste Three-Quarter, den Richmond je hatte«, um Watsons Einschätzung zu zitieren, hatte sich in alle Winde zerstreut. Er war ein aktiver Bursche, auf dem Rugbyplatz gestählt, von Natur einfach und soldatisch – und so lag es in seinem Wesen, daß er nach der Erlangung seines Doktortitels nach Netley ging, um sich dort einem Lehrgang für Armeeärzte zu unterziehen. Watson hatte etwas Kiplingeskes an sich, und im späteren Leben muß er dem Dichter ziemlich ähnlich gesehen haben, wenn er auch vermutlich etwas kräftigerer Statur war; denn 1896 bemerkt Bob Ferguson: »Sie sehen nicht mehr ganz so aus wie damals, als ich Sie im Old Deer Park über die Seile ins Publikum geworfen habe.« Watson hatte den Ruf des ablandigen Winds und das Dreschen des Regens auf hoher See vernommen; er hatte das Lied gehört, wie lange schon, wie lange! Zog wieder los auf den alten Trail... Und frisch die Zelte abgebrochen und losgezogen als Assistenzarzt mit den Fünften Northumberland-Füsilieren! Vernehmen wir Watsons eigene Worte:

> Das Regiment war zu dieser Zeit in Indien stationiert, und bevor ich zu ihm stoßen konnte, brach der Zweite Afghanistan-Krieg aus. Bei der Landung in Bombay erfuhr ich, daß mein Korps durch die Pässe vorgerückt war und sich bereits tief in Feindesland befand. Trotz allem folgte ich, zusammen mit vielen anderen Offizieren, die in der gleichen Lage befanden wie ich, und es gelang mir, sicher nach Kandahar zu kommen, wo ich mein Regiment vorfand und sogleich meine neuen Pflichten übernahm. Vielen brachte der Feldzug Auszeichnungen und Beförderung, für mich barg er jedoch nichts als Mißgeschick und Unheil.

Nun den Berkshires beigestellt, nahm Watson an der Schlacht von Maiwand teil und wurde an der Schulter »von einer Jezail-Kugel getroffen, die den Knochen zerschmetterte und die Schlüsselbein-Arterie versehrte«. Hierzu nachher noch mehr. Von seinem tapferen Burschen vor dem Tode bewahrt, vom Fieber zerfressen, doch endlich genesend (obgleich seine Gesundheit seiner Ansicht nach unwiederbringlich ruiniert war), kehrte Watson heim.

Und so, arm, ohne Freunde und ausgemustert, trieb es ihn eines Morgens im Jahre 1881 in die Criterion Bar, um dort im Glase ein wenig Trost zu suchen. »Acht Pence für ein Glas Sherry« war der bescheidene Preis in jenen glücklichen Tagen, und das in einem der teuersten Hotels von London. Wir dürfen vermuten, daß das Criterion Watson mit sechs oder sieben Pence davonkommen ließ. Als er seinen Drink schlürfte, klopfte ihm plötzlich jemand auf die Schulter – es war der junge Stamford, der im St. Bartholomew's Hospital einer der ihm unterstellten Assistenzärzte gewesen war. Überglücklich ob dieser unerwarteten Begegnung speisten die beiden alten

Freunde im Holborn. Unterwegs sprachen sie über Watsons Suche nach einer gemütlichen, aber billigen Wohnung; Stamford fiel ein, daß ein anderer seiner Bekannten an eben diesem Tage vom selben Thema gesprochen hatte – »einer, der im chemischen Laboratorium im Hospital arbeitet. Er hat sich heute morgen beklagt, weil er keinen finden kann, der mit ihm ein paar hübsche Zimmer teilen will, die er aufgetan hat...«

Watson stürzte sich darauf – trotz Stamfords Warnung, sein Freund Sherlock Holmes sei, obzwar ansonsten ein ganz patenter Kerl, ein wenig sonderbar in seinen Ideen, und in seinen Studien sprunghaft und exzentrisch.

Noch am gleichen Tag, nach dem Mittagessen, fuhren Stamford und Watson daher zum Hospital, und dort, in dem hohen, mit zahlreichen Flaschen vollgestellten und von den blau flackernden Flammen der Bunsenbrenner erleuchteten Saal, stand einsam ein Student, über einen Tisch gebeugt, ganz in seine Arbeit vertieft. Mit einem Freudenschrei – »Ich hab's gefunden! Ich hab's gefunden!« – lief er auf die näherkommenden Männer zu, ein Reagenzglas in der Hand; und dann fielen die schicksalsschweren Worte:

»Doktor Watson, Mister Sherlock Holmes.«

Rasch taxierten sie einander. Von Holmes bemerkte Watson:

> Seine Gestalt und Erscheinung allein genügten, die Aufmerksamkeit des oberflächlichsten Beobachters zu erregen. Er war mehr als sechs Fuß groß und so ungeheuer hager, daß er noch weit größer wirkte. Seine Augen waren scharf und durchdringend, außer in jenen Zwischenzeiten der Lähmung, die ich erwähnt habe, und seine schmale, falkenhafte Nase verlieh ihm insgesamt den Ausdruck der Wachsamkeit und Entschlossenheit. Auch sein Kinn hatte jene Prominenz und Wucht, die den entscheidungsfreudigen Mann kennzeichnen.

Viel später sollte Watson Holmes als »einen seltsamen, hageren Vogel mit stumpfgrauem Gefieder und schwarzem Schopf« sehen. Seine Augen haben ein »stählernes Glitzern«, und häufig verzeichnet Watson ihre Farbe als »grau«. Einmal erscheint sein Antlitz Watson als »scharfgeschnitten wie das einer klassischen Statue«; ein andermal hat es »die völlige Reglosigkeit eines Indianers«. Ein unvergeßliches, ein unvergessenes Gesicht...

Sie kannten sich noch kaum, da verblüffte Holmes Watson durch die Bemerkung, er sei offensichtlich in Afghanistan gewesen. Später beschrieb er den Gedankenzug so:

> Hier ist ein Gentleman der medizinischen Sparte, aber mit der Haltung eines Soldaten. Also offenbar ein Arzt der Armee. Er ist kürzlich aus den Tropen gekommen, denn sein Gesicht ist dunkel, und das ist nicht seine normale Hautfarbe, seine Handgelenke sind nämlich hell. Er hat Mühsal und Krankheit durchgestanden, wie sein abgezehrtes Gesicht verrät. Sein linker Arm ist verletzt worden. Er hält ihn unnatürlich steif. Wo in den Tropen könnte ein englischer Armeearzt viel Mühsal erlebt haben und am Arm verwundet worden sein? Natürlich in Afghanistan.

Woanders spielt Holmes auf Watsons »bescheidenen Schnurrbart« an, was nach den bekanntesten Portraits zu schließen eindeutig eine Respektlosigkeit ist.

Vielleicht gerade durch ihre Verschiedenheit zueinander hingezogen, legten die beiden jungen Männer einander ihre Charaktereigenschaften offen und verglichen ihre Gewohnheiten miteinander – wobei Holmes' Launenhaftigkeit, sein Geigenspiel und seine Vorliebe für chemische Experimente durch Watsons Trägheit, sein Aufstehen zu gottlosen Zeiten und den Besitz einer jungen Bulldogge aufgewogen wurde. (Mehr erfahren wir nicht von diesem Tier; wir können lediglich mutmaßen, daß es der Staupe zum Opfer fiel oder sonst einem der Wechselfälle, die das Leben in einer Pension in *The Strand* oder in 221 B mit sich brachte.) Die Partnerschaft war beschlossene Sache und schon am nächsten Abend zog Watson mit seinen Habseligkeiten in die erwählten Zimmer um; Holmes folgte ihm am Morgen darauf. Dies war der Beginn ihres Lebens in Baker Street 221 B, London West One.

Watson merkte bald, daß Holmes in der Tat die rätselhafte Gestalt war, die Stamfords Andeutungen ihn hatten erwarten lassen. (»Ich wette, er findet mehr über Sie heraus als Sie über ihn.«) Ein Medizinstudent war er nicht; auf manchen Gebieten war sein Wissen enzyklopädisch, auf anderen bodenlos mangelhaft. Er schien keine persönlichen Freunde zu haben, empfing jedoch eine erstaunliche Vielfalt von Besuchern – ein junges Mädchen, einen alten jüdischen Hausierer, einen Dienstmann von der Eisenbahn – und immer wollte er in dem gemeinschaftlichen Wohnzimmer allein mit ihnen sein. »Ich muß dieses Zimmer als Geschäftsraum verwenden«, erklärte er dazu, »und diese Leute sind meine Klienten.« Wir sind davon überzeugt, daß Holmes seiner Vermieterin und Wirtschafterin Mrs. Hudson mit jener vollendeten Höflichkeit und Rücksichtnahme, die er im Umgang mit Frauen stets an den Tag legte, reinen Wein einschenkte, ehe er ihr diese heterogene Prozession treppauf treppab zumutete. Bevor er ihr gestattete, ihn als Mieter anzunehmen, wird er ihr frank und frei die Risiken und Beschwerlichkeiten vor Augen geführt haben, die dies mit sich brächte: den Lärm seiner Stradivari, die er mal trefflich, mal wie rasend spielte, je nach Laune; seine schreckliche Schlampigkeit; das merkwürdige Ablagesystem, das darin bestand, daß er seine unerledigte Korrespondenz mit einem Klappmesser auf dem Kaminsims aufspießte, die Zigarren im Kohleneimer aufbewahrte und den Tabak in der Spitze eines persischen Pantoffels; seine unorthodoxen Arbeits- und Essenszeiten; und diese seltsamen Besucher.

Offensichtlich hatte Mrs. Hudson gegen all dies nichts einzuwenden. Die in gutbürgerlichen Verhältnissen lebende Witwe, die wir in ihr vermuten dürfen, mag durchaus jene Neigung zum Exotischen gehabt haben, die so viele Menschen hegen, die selber der Inbegriff des Konventionellen sind. Vielleicht war der verblichene Hudson ein bißchen ein Kauz gewesen, und sie vermißte ihn. Auf jeden Fall wissen wir von Watson, daß Mrs. Hudson einen gewaltigen Respekt vor Holmes hatte und es niemals gewagt hätte, ihm in den Weg zu treten, wie empörend auch immer seine Betätigungen sein mochten. Sie war ihm auch zugeneigt; zweifellos rief seine asketische Erscheinung all ihre mütterlichen Instinkte auf den Plan. Sie bekochte ihn gern und gut, da er, wie sie dachte, ohne sie vermutlich nie etwas essen würde, der arme Mann. »Der allerschlimmste Mieter von ganz London« mag er in der Theorie gewesen sein, aber seine gutmütige Vermieterin hätte ihn in dieser Beschreibung nicht erkannt.

Am 4. März, als die beiden Männer sich behaglich eingerichtet hatten, stieß Watson beim Frühstück zufällig auf einen Zeitschriftenartikel, »Das Buch des Lebens«, in dem es darum ging, aufzuzeigen, wie viel ein aufmerksamer Beobachter durch eine genaue und systematische Untersuchung all dessen, was ihm begegnete, zu lernen vermöge. Watson hielt dies für eine bemerkenswerte Mischung aus Scharfsinn und Absurdität, und er sagte auch etwas Derartiges zu Holmes, der gerade seinen Toast verspeiste. Ja, er verstieg sich gar dazu, den Artikel als Unfug und unsägliches Geschwätz zu qualifizieren. Holmes schluckte zweifellos erst seinen Toast hinunter, ehe er ruhig verkündete, der Artikel stamme von ihm selbst, und so Watson erstmals seinen wahren Beruf enthüllte.

> Ich bin ein Beratender Detektiv, wenn Sie verstehen, was das ist. Hier in London haben wir jede Menge beamteter Detektive und etliche private. Wenn diese Leute nicht weiterwissen, kommen sie zu mir, und ich bringe sie auf die richtige Fährte. Sie legen mir alles Beweismaterial vor, und dank meines Wissens über die Geschichte des Verbrechens bin ich normalerweise in der Lage, ihnen weiterzuhelfen.

Bevor Watson diese Mitteilung – oder sein Frühstück – richtig verdauen konnte, ließen sich unten ein lautes Klopfen und eine tiefe Stimme vernehmen, und dann wurde durch die Hand eines pensionierten Marinesergeanten ein großer blauer Umschlag überbracht, der an Mr. Sherlock Holmes adressiert war. Er kam von Mr. Tobias Gregson, »dem intelligentesten Mann von Scotland Yard«, wie Holmes feststellte; und er begann: »In der Nacht hat sich in 3, Lauriston Gardens, nahe der Brixton Road, etwas Übles ereignet...«

Man rief Holmes zu Hilfe. Sollte er gehen? Er war sich nicht sicher – wenn er ginge, würden sowieso Gregson, Lestrade & Co.

alle Lorbeeren einheimsen. Zu guter Letzt entschied er sich aber doch zu gehen, und sei es auch nur, um sie auszulachen.

»Nehmen Sie Ihren Hut.«

»Wollen Sie, daß ich mitkomme?«

»Ja, wenn Sie nichts Besseres zu tun haben.«

»Eine Minute später«, sagte Watson, »saßen wir beide in einer Droschke und rasten wie wild in Richtung Brixton Road.« Und damit war der Vorhang aufgezogen für *Eine Studie in Scharlachrot* und die sich über siebzehn Jahre erstreckenden Darbietungen eines höchst bemerkenswerten Zwiegespanns.

Für diejenigen, die die berühmten Fälle nachlesen wollen, haben wir sie und ihre Darsteller in *Die Plots aller Stories* und *Who's who in Sherlock Holmes* zusammengefaßt. Hier beschäftigen uns allein der Detektiv und sein Chronist – denn das war die Rolle, die Watson zufiel; sein eigentlicher Beruf kam erst an zweiter Stelle. »Ohne meinen Eckermann bin ich verloren!« ruft Holmes aus. »Sie sind der Sturmvogel des Verbrechens, Watson.« Und von sich selbst sagt Watson ein wenig pathetisch:

> Ich war ein Wetzstein für seinen Geist. Ich stimulierte ihn. Er dachte gerne laut in meiner Gegenwart… Wenn ihn eine gewisse Langsamkeit meiner Denkvorgänge auch irritierte, so hatte dies nur zur Folge, daß seine Eingebungen und Ideen um so lebhafter und rascher aufflammten und blitzten.

Manchmal ließ sich Holmes von Watsons trägem Geist irritieren; manchmal lachte er ihn, wenn auch freundschaftlich, aus. »Hervorragend, Watson! Eine Mischung aus Bienenfleiß und *Excelsior*!« Die beiden ergänzten einander freilich vollkommen, und obwohl Holmes sich beklagte, Watson stelle die Fälle viel zu romantisch dar, schmücke sie zu sehr aus, wenn er sie aufzeichne, muß er doch genau gewußt haben, daß sie ohne Watson eben nie aufgezeichnet worden wären. Und viele wurden es auch nie – vielleicht, weil nicht einmal Watson all seine Patienten ständig vernachlässigen konnte und die dem Menschen zugemessene Zeit zum Schreiben so begrenzt ist. »Irgendwo in den Gewölben der Bank von Cox & Co. am Charing Cross liegt ein reisemüder und verbeulter blecherner Depeschenbehälter, auf dessen Deckel mein Name geschrieben steht«, sagt Watson. »Er ist vollgestopft mit Papieren, die fast nur aus Aufzeichnungen von Fällen bestehen zur Veranschaulichung der merkwürdigen Probleme, die Mr. Sherlock Holmes zu verschiedenen Zeiten zu untersuchen hatte.« Aus diversen Gründen, fügt er hinzu, wurden diese Fälle nicht publik gemacht. Wir fürchten, dies wird nun auch nie mehr geschehen, und wir haben das Nachsehen. Was geschah denn nun eigentlich mit Mr. James Phillimore, der in sein Haus zurückging, um einen Schirm zu holen, und dann nie wieder gesehen wurde? Wie kam es dazu, daß Isadora Persano vollkommen irrsinnig vor einer Streichholzschachtel stand, die einen ungewöhnlichen Wurm enthielt, der angeblich der Wissenschaft unbekannt war? Worin bestand das Abenteuer mit dem klumpfüßigen Ricoletti und seiner abscheulichen Frau? Und die widerwärtige Geschichte mit dem roten Blutegel? Und die Sache mit Wilson, dem berüchtigten Kanarienvogelabrichter? Unser Appetit wurde angeregt, doch nie werden wir ihn stillen können.

Der Watsonschen Datierung der Fälle, die er aufzeichnet, ist nicht immer zu trauen; seine Fakten wollen wir nicht allzusehr in Frage stellen; seine Chronologie jedoch steht zweifelsohne auf wackligen Füßen. Andere Kommentatoren haben die außerordentlichen Widersprüche in der Datierung, von denen der nach der Watsonschen Wahrheit Suchende ständig geplagt ist, erschöpfend analysiert. Dies paßt genau zu seiner erstaunlichen Verschwommenheit in anderen Belangen. Wo war denn nun wirklich die Schußwunde, die ihn an klammen und windigen Tagen plagte? »In einem meiner Glieder«, sagt er ausweichend in *Der adlige Junggeselle*. Im *Zeichen der Vier* pflegt er sein »verwundetes Bein. Es hatte vor geraumer Zeit eine Jezail-Kugel abbekommen.« Und: »Wer war ich denn schon . . .? Ein Militärarzt mit einem angeschlagenen Bein und einem noch angeschlageneren Bankkonto!« Im allerersten Bericht freilich, den er von sich abgibt, behauptet er: »Ich wurde an der *Schulter* von einer Jezail-Kugel getroffen, die den Knochen zerschmetterte und die Schlüsselbein-Arterie versehrte.« Sehr verwirrend. Wir sind zu dem Schluß gezwungen, daß Watson im Verlauf des Afghanistan-Feldzugs *zwei* (oder mehr) Kugeln abbekommen und in seiner Tapferkeit eine davon damals für nicht der Erwähnung wert gehalten hat.

Aber obwohl es keinen sicheren Beweis dafür gibt, welche Wunde ihm jene Pension eingebracht hat, die er zur Hälfte mit Rennwetten durchbrachte (so daß Holmes sein Scheckbuch für ihn unter Verschluß aufbewahren mußte), neigen wir der Annahme zu, daß die schwerere Verletzung an seinem Bein gewesen sein muß; denn hierfür spricht Holmes' unanfechtbares Zeugnis den Satz: »...ein Sechs-Meilen-Humpelmarsch für einen Offizier auf halbem Sold mit einer ramponierten *tendo Achillis*.«

Holmes zufolge hatte Watson noch eine weitere Achillesferse: Frauen. »Nun, Watson«, sagt er scherzend, »das schöne Geschlecht fällt in *Ihr* Fach.« Und gar noch pointierter:

> Bei Ihren natürlichen Vorzügen, Watson, ist doch jede Lady ihre Helferin und Komplizin. Wie steht es mit dem Mädchen vom Postamt oder mit der Frau des Gemüsehändlers? Ich könnte mir vorstellen, daß Sie der jungen Lady im *Blue Anchor* luftige Nichtigkeiten zuflüstern und dafür handfeste Wahrheiten zurückbekommen.

Doch war dies mehr als freundschaftlicher Spott? Wir bezweifeln es. Abgesehen von Watsons erstaunlicher Behauptung über seine tri-kontinentalen Erfahrungen mit Frauen, findet sich in seinen Geständnissen nichts, was diesen Ruf bestätigen würde, es sei denn, man wolle seine frühe Bemerkung zu Holmes im Zusammenhang mit seiner Trägheit und den unregelmäßigen Frühstückszeiten ernst nehmen: »Wenn es mir gut geht, habe ich noch eine ganze Reihe von Lastern, aber das sind die wichtigsten, im Augenblick.« Doch nein, der gute treuherzige Kerl spielte wohl nur auf seine Wett- und Spielleidenschaft an.

Die Art, wie dieser angebliche Casanova der Baker Street auf seine erste Begegnung mit Miss Mary Morstan reagierte, hat etwas entschieden Unerfahrenes, Naives und rührend Jungenhaftes. Die

Heldin von *Das Zeichen der Vier* war eine hübsche kleine siebenund-zwanzigjährige Blondine, die Holmes' Gemächer in einem Kostüm von schlichter Einfachheit betrat, das auf beschränkte Mittel schließen ließ. Ihr kleiner grau-beiger Turban wurde »lediglich durch ein hervorlugendes weißes Federchen« etwas belebt. Ihre Züge waren nicht besonders ebenmäßig, ihr Teint nicht umwerfend; doch ihr liebenswürdiges, anziehendes Gesicht und die großen blauen Augen veranlaßten den verblüfften Watson, sich auf seine berühmten Erfahrungen mit Frauen zu berufen und des weiteren zu behaupten, nie habe er in ein Antlitz geblickt, das für ein feineres und empfindsameres Wesen gesprochen hätte. Es hatte ihn erwischt, er war hin und weg. Es war Liebe auf den ersten Blick; eine ehrenwerte Liebe, die ihre Ansprüche zurückzog, als sich Miss Morstan als potentielle Erbin erwies. Es war die Liebe eines romantischen, einfachen und grundehrlichen jungen Mannes, und überaus respektvoll. Als sie mit Holmes vor dem finstren Massiv von Pondicherry Lodge standen, fanden sich ihre Hände, wie Watson später gestand,

> wie von selbst. Später habe ich mich darüber gewundert; damals jedoch war es für mich das Selbstverständlichste der Welt, mich ihr so nahe zu fühlen, und, wie sie mir später oft versichert hat, hatte auch sie sich instinktiv mir zugewandt, um Schutz und Trost zu suchen. So standen wir da, Hand in Hand, wie zwei Kinder...

Auf der Fahrt nach Pondicherry Lodge war Watson so aufgewühlt gewesen, daß er bei seinen Versuchen, Miss Morstan mit einigen Erzählungen von seinen Abenteuern in Afghanistan aufzuheitern und zu unterhalten, auch die bewegende Anekdote zum besten gab, wie einmal mitten in der Nacht eine Muskete in sein Zelt gelugt und er ein doppelläufiges Tigerjunges darauf abgefeuert habe. Er war in der Tat vollständig *bouleversé* vor Liebe, und es war ein freundliches Geschick, das den Agra-Schatz auf den Grund der Themse verbannte und Watson in die Lage versetzte, Marys mitgiftlose kleine Hand fürs Leben zu nehmen.

Doch, ach!, nicht für ein langes Leben. Ihre kurze, glückliche

Ehe sollte in wenig mehr als vier Jahren mit Marys Tod ein Ende finden.

Aber dies steht noch an. Am gerechten Ende von *Das Zeichen der Vier* sagte Holmes einiges höchst Schmeichelhafte über Watsons zukünftige Frau, fügte jedoch hastig hinzu:

> ... die Liebe ist etwas Emotionelles, und alles Emotionelle ist der reinen, kühlen Vernunft, die mir das höchste aller Dinge ist, entgegengesetzt. Ich selbst würde niemals heiraten, aus Furcht, meine Urteilskraft möchte dadurch beeinträchtigt werden.

Und er streckte seine lange weiße Hand nach der Kokainflasche aus, was Watson mit so gutem Grund mißbilligte.

Es überrascht nicht, daß Watson die unerschütterliche Überzeugung gewann, Holmes sei kalt, gefühllos, ein blutloser Fisch, der Frauen weder Zuneigung noch Vertrauen entgegenbringe. »Schokkierende« Bemerkungen wie die oben zitierte ließ er gerne vom Stapel, teils, um den schlichten Watson in Harnisch zu bringen, teils, weil er sich offensichtlich zutiefst vor der Liebe und den Auswirkungen fürchtete, die sie auf die große Leidenschaft seines Lebens haben könnte – die Aufklärung von Verbrechen. Wir glauben, daß er die Wahrheit sprach, als er sagte: »Ich habe nie geliebt, Watson.« Hätte er aber eine Frau geliebt, fuhr er dann fort, und wäre diese ums Leben gekommen wie Brenda Tregennis (in *Der Teufelsfuß*), so hätte er sie vielleicht genau so gerächt, wie ihr Liebhaber es tat.

In seinen Fällen gibt es reichlich Beweise dafür, daß er Frauen mochte, ungezwungen und charmant mit ihnen umging, sie galant und freundlich behandelte und eine ganze Menge von ihnen verstand. Es kommt nicht ein einziges Mal vor, daß er eine Frau rüde oder grob behandelt. Selbst als Violet Smith, die Einsame Radfahrerin, ihn in einem Augenblick unterbrach, da er in ein höchst abstruses und kompliziertes Problem vertieft war, hatte er ein erschöpftes Lächeln für sie übrig, bot ihr einen Platz an, und eine kleine Weile danach drehte er ihr Gesicht sanft zum Licht und sagte zu Watson, es sei durchgeistigt wie das einer Musikerin. Und

als die arme besorgte Mrs. Neville St. Clair in The Cedars auf Nachrichten von ihrem verschwundenen Ehemann wartete, machte er sich mit Watson Gedanken darüber, was er wohl »dieser netten kleinen Frau« am Abend sagen solle, wenn sie ihn an der Tür empfange. Wohl schwerlich die Überlegungen eines Frauenhassers.

Für die Vermieterin Mrs. Warren (in *Der Rote Kreis*) war er ein Wunderwirker, der Licht in das Dunkel eines ihrer Mieter gebracht hatte. Als sie zu Holmes kam, war sie selbst von Zweifel und Dunkelheit umgeben, geradezu hysterisch. Holmes

> legte der Frau seine langen, dünnen Finger auf die Schultern. Wenn er wollte, besaß er eine geradezu hypnotische Fähigkeit, jemanden zu beruhigen. Der verstörte Blick wich aus ihren Augen, und die Aufregung in ihren Zügen legte sich und machte ihrem Alltagsgesicht Platz.

Es war Holmes' geniale Einfühlungsgabe, welche die schrecklich entstellte Eugenia Ronder vor dem Selbstmord bewahrte. In leidenschaftlicher Aufrichtigkeit stritt er mit der stolzen, schönen Violet de Merville, um sie dazu zu bringen, ihren lasterhaften Liebhaber aufzugeben; wie er sagt, empfand er für sie so, »wie ich für meine eigene Tochter empfunden hätte«. Und schließlich die berühmte Irene Adler – »für Holmes bleibt sie immer *die* Frau«, obwohl – nein, weil – sie ihn besiegt und ausgetrickst hatte. Mit der eleganten Dreistigkeit einer Shakespeareschen Heldin bediente sie sich eines Männerkostüms, um Holmes an seiner Tür zu narren, indem sie, als schmächtiger Jüngling im Ulstermantel verkleidet, ihm frech eine gute Nacht wünschte. Ihr Spottbrief an ihn am Schluß von *Ein Skandal in Böhmen* ist der Gruß einer großen Persönlichkeit an eine andere, an einen ihr ebenbürtigen Widersacher. Selbst der recht wenig bewundernswerte König von Böhmen, der Holmes dazu benutzt hatte, jener Dame ein kompromittierendes Photo zu entlocken, mußte ausrufen: »Welch eine Frau!... Hätte sie nicht eine prachtvolle Königin abgegeben? Ist es nicht ein Jammer, daß sie nicht vom gleichen *niveau* ist wie ich?«

»Nach allem, was ich von der Dame gesehen habe, scheint sie wirklich von einem ganz anderen *niveau* zu sein als Ihre Majestät«, versetzte Holmes kalt.

Wir dürfen den Gedanken des Königs ein wenig weiterspinnen: Hätte sie nicht eine bewundernswerte Partnerin für Holmes abgegeben, sei es als Gattin, sei es in geschäftlichen Dingen? Er muß dies erkannt haben, denn er maß selbst einer Photographie von ihr höheren Wert zu als einem Smaragd: Sie bekam einen ständigen Ehrenplatz auf seinem Kaminsims.

Weniger romantisch, doch ebenso bezeichnend für Holmes' Beziehung zum schönen Geschlecht ist die Episode mit dem Hausmädchen aus Hampstead. Nachdem er erfolglos alles Erdenkliche unternommen hatte, um an Charles Augustus Milverton, den Erpresser, heranzukommen, kam Holmes die Idee, sich als kecken jungen Arbeiter mit Spitzbart und forschem Auftreten zu verkleiden und sich in dieser jupitergleichen Verwandlung mit Milvertons Hausmädchen Agatha zu verloben: ein Schachzug, der Watson zu dem schockierten Ausruf nötigte: »Gütiger Himmel, Holmes!«

Holmes stellte sich als »Klempner mit aufstrebendem Geschäft, Escott mit Namen« vor, machte sich an das zugängliche Mädchen heran, ging Abend für Abend aus mit ihr, gewann ihr Herz und entlockte ihr nebenher genügend Informationen, um in Milvertons Haus einbrechen zu können. »Aber das Mädchen, Holmes?« protestierte Watson. Holmes zuckte die Achseln.

> Nichts zu machen, mein lieber Watson. Man muß seine Karten spielen, so gut man kann, wenn ein solcher Einsatz auf dem Tisch liegt. Ich freue mich jedoch, sagen zu können, daß ich einen verhaßten Rivalen habe, der mich gewiß in dem Moment, da ich den Rücken wende, ausstechen wird.

Dies ist das einzige Mal auf all den Seiten von Watsons Aufzeichnungen, daß Holmes sich einer Frau gegenüber unritterlich verhält, und immerhin aus ritterlichem Anlaß, denn er handelte im Auftrag von Lady Eva Brackwell, »der schönsten *débutante* der letzten Saison«, deren Zukunft in den schmutzigen Händen Milvertons lag. Ohne jeden Zweifel wußte er, daß er Agatha nicht das Herz gebrochen hatte; doch wir meinen, es müsse wohl mehr als nur ein wenig angeknackst gewesen sein. »Er legte im Umgang mit Frauen eine ganz bemerkenswerte Liebenswürdigkeit und Artigkeit an den Tag«, sagt Watson einfältig.

Watsons Einfalt in bezug auf Holmes' Innenleben war überhaupt erstaunlich. Als Holmes sich ungewöhnlich gefühlsbetont bei Watson dafür entschuldigte, ihn den Gefahren der schrecklichen Teufelsfuß-Dämpfe ausgesetzt zu haben, bemerkte er, nie zuvor habe er Holmes so tief ins Herz gesehen. Und Holmes' Besorgtheit wegen Watsons Verwundung im Verlauf des Falles *Die drei Garridebs* ließ den überraschten Watson innewerden, »daß es auch ein großes Herz gab und nicht nur ein großes Hirn«. Obwohl er eine von Holmes' bezeichnendsten Bemerkungen (gemacht gegenüber Alexander Holder aus *Die Beryll-Krone*) aufzeichnete, übersah er das Licht, welches dieselbe auf den großen verborgenen Geist seines Freundes warf: »Eine sehr demütige Bitte um Vergebung schulden Sie diesem noblen Burschen, Ihrem Sohn«, hatte er streng zu Holder gesagt, »der sich in dieser Angelegenheit in einer Weise verhalten hat, die mich bei meinem Sohn mit Stolz erfüllte, *wenn ich je zu einem Sohn käme*.« Der Satz hat ein Pathos, wie es ein eingefleischter Junggeselle, als der er von Watson gezeichnet wird, nie an den Tag legen würde.

Doch ist Watson in Anbetracht der anderweitigen Geschäfte, die ihn in Anspruch nahmen, vieles zu verzeihen. 1887 heiratete er Mary Morstan; sie starb irgendwann zwischen 1891 und 1894. Wir wissen nicht, woran sie so jung gestorben ist (sie war Anfang dreißig). Vielleicht litt sie an der allzu verbreiteten Lungen-TB, denn ihre häufige Abwesenheit von zu Hause (»zu Besuch bei ihrer Tante« oder einfach »auf Besuch«) deutet auf langwierige Sanatoriumsaufenthalte hin. Woran auch immer sie gestorben sein mag, es war zu schmerzlich, als daß Watson es hätte aufzeichnen können.

Mary starb während Holmes' Abwesenheit von London, nach seinem vermeintlichen Tod im Reichenbachfall beim letzten

Kampf mit seinem großen Feind Moriarty. Watson hielt, obwohl gleich von zwei Todesfällen getroffen, die Ohren steif, wie es sich für einen Soldaten und Gentleman gehört, und betrieb sowohl seinen Beruf als auch sein Hobby weiter; er versuchte noch immer, Verbrechen, die publik wurden, unter Anwendung Holmesscher Methoden aufzuklären. Sein Leben muß sehr trist gewesen sein.

Als Holmes in *Das leere Haus* in der Maske eines zerlumpten alten Büchersammlers auf wunderbare Weise wieder auftauchte, fiel Watson gleichermaßen vor Freude wie vor Schrecken in Ohnmacht. Die Räumlichkeiten in der Baker Street waren von Mycroft Holmes, der in das Geheimnis seines Überlebens eingeweiht war, instand gehalten worden. Mrs. Hudson, die arme Seele, war von Mycroft nicht ins Vertrauen gezogen worden, und bei der Auferstehung ihres seligen Mieters aus dem Grab bekam sie verständlicherweise einen heftigen hysterischen Anfall. So begann die große Partnerschaft in einer Atmosphäre allgemeiner Wiedersehensfreude von neuem, wenn auch in modifizierter Form.

Kurz nach seiner Hochzeit war Watson aus der Baker Street ausgezogen und hatte sich in Paddington nahe am Bahnhof eine Praxis gekauft. (Am Sale Place, bei der Praed Street, gibt es, oder gab es, ein bezauberndes kleines Haus, dessen Fassade von anmutig rankenden Reben geziert wurde: Oft haben wir uns dies als Watsons und Marys Zuhause vorgestellt.) Mit dem Aufschwung seiner Praxis schwächte sich seine Verbindung zu Holmes ab, und 1890, ein Jahr vor der Reichenbach-Affaire, verzeichnete er nur noch drei Holmessche Fälle. Er war stets bereit, seine Patienten seinen zuvorkommenden Nachbarn, den Dres. Anstruther und Jackson, zu überlassen, wenn sein geistiger Gebieter ihn rief, und Mary erhielt manch ein hingekritzeltes Zettelchen des Inhalts, ihr Gatte habe wieder einmal sein Schicksal mit dem von Holmes verbunden. Aber trotzdem muß Watson der Arztberuf lieb geworden sein. Wenn er auch nie sehr phantasievoll war, so besaß er doch eine warmherzige und vertraueneinflößende Persönlichkeit, und was er konnte, das konnte er vermutlich gut. »Meine Praxis nimmt mich nie sehr in Anspruch«, hatte er in früheren Tagen gesagt; doch war er ihr inzwischen mehr verfallen, als er selbst wußte.

Während Holmes' Abwesenheit hatte er sich eine kleine Praxis in Kensington genommen (die er später zu einem Spitzenpreis an einen jungen Arzt namens Verner verkaufte, der sich als ein Verwandter von Holmes herausstellte – tatsächlich hatte Holmes das Geld für den Handel insgeheim zur Verfügung gestellt).

Um 1902 war Watson in eine Wohnung in der Queen Anne Street, einer Seitenstraße der Harley Street, umgezogen – damals das beliebteste Ärzteviertel und ein beträchtlicher Aufstieg gegenüber seinem früheren Terrain. 1903, als er selbst die Geschichte vom *Erbleichten Soldaten* erzählt, bemerkt Holmes, der gute Watson habe ihn im Januar dieses Jahres »um einer Gattin willen verlassen; im Lauf unserer Kameradschaft die einzige eigennützige Tat, deren ich mich entsinnen kann. Ich war allein.«

Dies kann sich nur auf eine zweite Ehe beziehen, die Watson etwa zehn Jahre nach dem Tod seiner ersten Frau geschlossen haben muß. Er selbst spielt nirgends darauf an; vielleicht, weil die zweite Mrs. Watson etwas dagegen hatte, in den Chroniken in Erscheinung zu treten. Wir wissen nichts über sie, doch gewinnt man irgendwie den Eindruck – vielleicht gerade durch das Fehlen jeglicher Details –, daß sie eine weniger sympathische Persönlichkeit war als Mary. Holmes hatte Watsons erste Ehe deswegen nicht als »eigennützig« betrachtet, weil Mary seiner Partnerschaft mit Watson nie im Wege gestanden hatte. Der Schluß dürfte wohl auf der Hand liegen.

Von früheren Biographen stammt die Vermutung, Mrs. Watson Nummer II sei Violet de Merville gewesen, jene kalte, durchgeistigte Schönheit, die Holmes vor einer katastrophalen Ehe mit dem abscheulichen Baron Gruner gerettet hatte. Schön mag sie ja gewesen sein, von jener »ätherischen Schönheit einer Fanatikerin, die mit ihren Gedanken in den höchsten Gefilden schwebt«; doch damit scheint es mit ihren Reizen auch schon zu Ende gewesen zu sein. Holmes vermerkt trocken, daß »sie uns in unsere Sessel winkte wie eine ehrwürdige Äbtissin, die zwei ziemlich leprose Bettelmönche empfängt. Sollten Sie je zu Aufgeblasenheit neigen, mein lieber Watson, machen Sie eine Kur bei Miss Violet de Merville.«

Wir können uns nicht ernsthaft vorstellen, daß Watson seinem

Ratschlag folgte. Ist Mary Morstan ein Maßstab für Watsons Geschmack, dann bevorzugte er Frauen, die wesentlich heimeliger waren als Miss de Merville. Auch dürfte sie selbst an dem schlichten, ehrbaren Arzt wohl kaum Gefallen gefunden haben. Wenn »jede Frau im Grunde ihres Herzens ein Wüstling ist«, wie Pope mutmaßte, so darf gefolgert werden, daß die tugendhaftesten Frauen sich unwiderstehlich zu den schlimmsten Männern hingezogen fühlen müssen. Falls Violet de Merville aus der scheußlichen Sache mit Baron Gruner keine Lehre zog, wäre es durchaus möglich, daß sie sich noch einmal mit einem Schurken eingelassen hat, den sie zuversichtlich zu bekehren hoffte; andernfalls aber könnte sie den Männern insgesamt abgeschworen und sich der schonungslosen Ausübung guter Werke verschrieben haben.

Obschon zum zweitenmal verheiratet, ein Mann mittleren Alters, in behaglichem Wohlstand lebend und mit einem Beruf, der ihn interessierte, zog Watson sich doch nie ganz von Holmes zurück. Jegliche Spekulation darüber, daß die späteren Fälle von anderer Hand aufgezeichnet worden sein könnten – von einem Ghost-Watson –, erübrigt sich. Wenn sie hinsichtlich ihrer Schärfe den früheren um einiges nachstehen, wird dies mit Blick auf Watsons neue Hauptbeschäftigung und seine möglicherweise zunehmende Neigung zur verschwommenen Datierung verständlich. Bis 1903 sehen wir die beiden Freunde noch zusammen, wenn sie auch nicht mehr unter einem Dach leben. Ihr Einvernehmen muß sich vertieft haben. Holmes war gereift, war vielleicht, was seine Lebensführung betraf, weiser geworden. Watsons freundliche Fürsorge hatte sich segensreich auf ihn ausgewirkt: Weder von Morphium noch von der siebenprozentigen Kokainlösung, die ihm einst seine Perioden der Untätigkeit erträglich gemacht hatte, noch von Tagen ohne Nahrungsaufnahme ist nunmehr die Rede. Die »eiserne Konstitution«, auf die Watson so oft bewundernd verwiesen hatte, begann nun, nach zwanzig Jahren skrupellosen Raubbaus seitens ihres Besitzers, Verschleißerscheinungen zu zeigen. Ruhe-Kuren in Cornwall und anderswo währten nie sehr lange, da sie stets von einem entgegenkommenderweise in der Nähe verübten Verbrechen unterbrochen wurden. Essen und Trinken, wofür er schon immer einen Kennergaumen gehabt hatte, scheinen Holmes in seinen späteren Jahren besonders wichtig gewesen zu sein. Im *Hund der Baskervilles* (1889) gab er sich, in seinem Versteck im Moor, noch mit »einem Laib Brot und einem reinen Kragen« zufrieden, doch wurde das Gleichgewicht am Ende des Falles durch »ein kleines Nachtmahl bei Marcini« wieder hergestellt. In seinem letzten von Watson reportierten Fall, *Der Mann mit dem geduckten Gang*, spielt er sehr angelegentlich auf den Gasthof namens ›Chequers‹ in Camford an, wo »der Portwein über dem Mittelmaß und das Linnen über jeden Tadel erhaben zu sein pflegt«. In seinem letzten Fall überhaupt, *Seine Abschiedsvorstellung*, findet sich die glühende Huldigung an den Kaiserlichen Tokaier – diesen »ausgezeichneten Wein« aus Franz Josephs Privatkeller in Schloß Schönbrunn. (»Dürfte ich Sie vielleicht bemühen, das Fenster zu öffnen; die Chloroformdämpfe sind der Gaumenfreude nicht eben zuträglich.«) Und wir nehmen auch zur Kenntnis, daß Holmes, nachdem von Bork in Gewahrsam genommen worden ist, zu seinem Londoner Stützpunkt zurückkehrt – ins »Claridge's Hotel«.

Es war während der Angelegenheit mit dem *Mann mit dem geduckten Gang*, daß Holmes sich vor Wut darüber, daß er die Bedeutung der verhornten Hände Professor Presburys nicht früher erkannt hatte, an die Stirn schlug und rief:

> Oh Watson, Watson, was war ich doch für ein Narr!... Alles weist in eine einzige Richtung. Wie konnte ich nur diese Gedankenverbindung mißachten! Diese Knöchel – wie konnte ich nur diese Knöchel übersehen? Und der Hund! Und das Efeu! Es wird wahrhaftig Zeit, daß ich mich auf den kleinen Bauernhof meiner Träume zurückziehe.

Und noch ehe das Jahr um war, hatte er dies getan. Zu Beginn des Falles *Die Löwenmähne* (von dem er selbst berichtet) finden wir ihn zurückgezogen in

> mein kleines Haus in Sussex; ich hatte mich vollständig jenem besänftigenden Leben in der Natur hingegeben, nach

dem ich mich während der langen Jahre in der Tristesse Londons so oft gesehnt hatte. In diesem Abschnitt meines Lebens war der gute Watson schon fast aus meinem Gesichtskreis entschwunden. Eine gelegentliche Wochenend-Visite stellte das äußerste dar, was ich von ihm noch zu sehen bekam.

Bei diesem Haus von Holmes handelte es sich um ein Landhaus mit großartiger Aussicht auf den Kanal, nahe der kleinen Bucht, an der das Dorf Fulworth liegt. Umsorgt von seiner alten Wirtschafterin – wahrscheinlich, aber nicht sicher, Mrs. Hudson –, züchtete er hier Bienen und arbeitete am »*opus magnum* meiner reifen Jahre«: einem *Praktischen Handbuch der Bienenzucht, nebst einigen Beobachtungen zur Segregation der Königin.* Hierbei verbrachte er »gedankenvolle Nächte und fleißerfüllte Tage«, während deren er »die kleinen Arbeitstrupps mit derselben Aufmerksamkeit beobachtet habe, wie einst die Verbrecherwelt von London«. Er war milde genug geworden, um von der liebreizenden Miss Maud Bellamy aus Fulworth folgendes zu sagen:

> Wer hätte gedacht, daß eine so rare Blume aus solchen Wurzeln und in solcher Atmosphäre wüchse? ... Ich konnte ihr vollkommen ebenmäßiges, klar geschnittenes Antlitz mit all der sanften Frische der Downlands in seiner zarten Tönung nicht betrachten, ohne mir vorzustellen, daß wohl kein junger Mann ihren Pfad unversehrt würde kreuzen können.

Und wohl auch kein alternder. Wir haben schon immer gedacht, daß es für Holmes' Wirtschafterin noch einmal knapp war, daß es in seiner Nachbarschaft keine charmante Witwe oder Schwester eines Bauern gab, die von etwas reiferen Jahren gewesen wäre als Miss Bellamy.

Die Landjunker von Sussex hatten die Oberhand in ihm gewonnen; die Vernets, deren Kunst im Blut ihres Nachfahren seltsame Formen angenommen hatte, waren wieder in den Schatten zurückgetreten.

Nur ein einziges Mal noch verließ Holmes seinen ländlichen Zufluchtsort, um sich dem alten erregenden Spiel zu widmen. Dies geschah 1912. Höchstpersönlich ersuchten der englische Premier und der Außenminister den im Ruhestand lebenden Meister, sich dem schwer faßbaren deutschen Spion von Bork auf die Fährte zu setzen. Er mußte sich zwei Jahre, vornehmlich in Amerika, herumtreiben, ehe es ihm gelang, sich in von Borks englischen Haushalt einzuschleichen – als ein irisch-amerikanischer Automobil-Experte namens Altamont, in einer an Uncle Sam gemahnenden Maske –, begleitet von seinem Chauffeur, einem kräftig gebauten älteren Mann mit grauem Schnurrbart.

Ja, es war Watson – »der einzige Fixpunkt in einer sich wandelnden Zeit«. Gemeinsam triumphierten sie über von Bork, schwelgten in Franz Josephs Kaiserlichem Tokaier und blickten auf das mondbeschienene Meer hinaus, indes Holmes das Aufkommen eines Ostwindes prophezeite: »ein Wind, wie noch nie einer über England hinweggefegt ist. Es wird ein bitterkalter Wind sein, Watson, und manch einer von uns wird unter seinem Ansturm welken.«

Wir können uns nicht vorstellen, daß Holmes oder Watson darunter dahingewelkt sind. Weder Ostwind noch Alter können sie welken lassen, obgleich sie nun in ihr zweites Lebensjahrhundert eintreten. Da sie unsterblich sind, besteht keine eigentliche Notwendigkeit, allzu hartnäckig nach ihren Grabinschriften zu suchen; falls jedoch jemand sie aus irgendeinem Grund benötigen sollte – hier sind sie; Holmes selbst hat sie geschrieben. Von sich:

Ich glaube, ich darf zu behaupten wagen,
Watson,
daß ich nicht ganz umsonst gelebt habe.
Wenn meine Akte heute abend geschlossen würde,
so könnte ich sie dennoch mit Gleichmut betrachten.
Die Londoner Luft ist dank meiner Gegenwart milder geworden.
Nach über tausend Fällen
bin ich mir nicht bewußt, meine Fähigkeiten
je auf der falschen Seite eingesetzt zu haben.

Und von seinem treuen Freund, Verbündeten und Chronisten:

Watson,
Sie übertreffen sich selbst.
Ich muß Ihnen sagen, daß Sie
in allen Berichten, die Sie freundlicherweise
über meine kleinen Leistungen erstattet,
immer Ihre eigenen Fähigkeiten unterschätzt haben.
Mag sein, daß Sie selber keine Leuchte sind,
aber Sie
wirken erleuchtend.

Kleine
Conan Doyle Chronik

von
Zeus Weinstein

SIR ARTHUR CONAN DOYLE

1859

Am 22. Mai wird Arthur Conan Doyle in Edinburgh als zweites Kind von Charles Doyle und Mary Foley geboren.

1870

Der junge Doyle besucht die von Jesuiten geführte public school in Stonyhurst (Lancashire), zeichnet sich beim Kricketspiel aus und zeigt bereits schriftstellerisches Talent.

1875

Nach bestandener Abschlußprüfung verbringt er ein Jahr im Jesuitengymnasium Feldkirch (Österreich), um sein Deutsch zu verbessern.

1876

Doyle entscheidet sich, Arzt zu werden, und nimmt das Medizinstudium in Edinburgh auf. Dort trifft er auf Dr. Joseph Bell, dessen Gestalt Vorbild für Sherlock Holmes wird.

1879

Doyle veröffentlicht anonym die ersten Kurzgeschichten, darunter die Novelle *The Mystery of Sasassa Valley*, die im Oktober in ›Chambers' Journal‹ erscheint.

Zu Doyles Lektüre zählen die Novellen von Edgar Allan Poe, Robert Louis Stevenson, Wilkie Collins und Emile Gaboriau. Poes genialer Analytiker, Auguste Dupin, der wie Dr. Joseph Bell in natura auf Grund präziser Beobachtungen seine Schlüsse zieht, ist das literarische Modell für Sherlock Holmes. Und von Eugène François Vidocq, einem einstigen Kriminellen, der später der erste Chef der Sûreté wurde (1811), wird Holmes die Kunst der Maskierung erlernen.

1880

Doyle heuert als Schiffsarzt auf einem Walfischfänger an und geht für sieben Monate auf Fahrt in die Arktis. Sein Interesse für Spiritismus und Parapsychologie macht sich bemerkbar.

1881

Doyle erhält sein Diplom als Arzt und unternimmt eine zweite Reise als Schiffsarzt, diesmal nach West-Afrika. Dort rafft ihn beinahe die Malaria dahin.

1882

Doyle erklärt seiner konsternierten Familie, daß er den Glauben an die katholische Kirche verloren habe, geht nach Plymouth und tritt als Partner in die Praxis eines früheren Kommilitonen, Dr. Budd, ein. Bald hat Doyle die Nase voll von dessen seltsamen, unorthodoxen Methoden und eröffnet seine eigene Praxis in Southsea, einem Vorort von Portsmouth. Er hat nicht viel zu tun und schreibt nebenher.

1883

Das renommierte ›Cornhill Magazine‹ bringt eine short-story von Doyle, die auf dem Geheimnis des Seglers ›Marie Celeste‹ basiert.

1884

Er beginnt mit der Arbeit an einem Roman, *The Firm of Girdlestone*.

1885

Doyle heiratet Louise Hawkins, die Schwester eines Patienten. Er schließt seine Dissertation ab und erhält den Doktortitel.

1886

Doyle fängt im März einen neuen Roman an und beendet ihn Ende April. Er heißt anfangs *A Tangled Skein*, erhält bald jedoch einen neuen Namen: *A Study in Scarlet*. Es ist die Geburtsstunde von Sherlock Holmes – und von Dr. John H. Watson. Doyle entleiht sich den Nachnamen von seinem Freund Dr. James Watson aus Southsea, der aber nicht das Vorbild für Doyles Figur abgibt. Das Vorbild ist ein anderer Gefährte aus Southsea, ein Major Alfred Herbert Wood. Er wird später für viele Jahre Doyles Sekretär und »Watson«.

Verschiedene Verlage lehnen das Manuskript ab. Im September erwirbt es der Verlag Ward, Lock and Company für 25 Pfund und veröffentlicht den Roman ein gutes Jahr danach ...

1887

... in ›Beeton's Christmas Annual‹.

1889

Doyles Tochter Mary Louise wird geboren; der historische Roman, *Micah Clarke* erscheint. Der zweite Sherlock-Holmes-Roman *The Sign of the Four*, im September abgeschlossen, ist eine Auftragsarbeit für den Herausgeber von ›Lippincott's Magazine‹ in Philadelphia. Begegnung mit Oscar Wilde, der ebenfalls für ›Lippincott's Magazine‹ schreiben will: *The Picture of Dorian Gray*.

1890

The Sign of the Four, oder *The Problem of the Sholtos*, erscheint gleichzeitig in Amerika und England in der Februar-Ausgabe von ›Lippincott's Magazine‹; im Oktober als Buch. »Dr. Doyles Bewunderer werden den kleinen Band gierig durchlesen«, schreibt die Zeitschrift ›Athenäum‹ in einer Kritik, ohne den Namen Sherlock Holmes zu erwähnen. Und weiter: »Aber sie werden ihn bestimmt kein zweites Mal aufschlagen.«

Doyle besucht Berlin, um Robert Kochs Heilmittel gegen Tuberkulose zu prüfen. Ein weiterer historischer Roman, *The White Company*, erscheint.

1891

Doyle gibt seine Praxis in Southsea auf und reist mit Louise nach Wien, um neue Methoden der Augenchirurgie zu studieren. Er spielt mit dem Gedanken, sich auf dieses Fach zu spezialisieren. Der Plan fällt ins Was-

DR. JOSEPH BELL, VORBILD FÜR SHERLOCK HOLMES

MAJOR WOOD, VORBILD FÜR DR. WATSON

ser, und Doyle schreibt *The Doings of Raffles Haw.* Wieder in England, eröffnet er erst eine Praxis in London am Devonshire Place, hängt dann aber kurz entschlossen den Arztberuf an den Nagel und widmet sich ausschließlich der Schriftstellerei. Zwischen April und August entstehen sechs Sherlock-Holmes-Geschichten, die sofort von dem neugegründeten ›Strand Magazine‹ für 35 Pfund pro Stück angekauft und abgedruckt werden – die erste, *A Scandal in Bohemia*, erscheint in der Juli-Ausgabe. Dem ›Strand Magazine‹ und seinen Verlegern hält Doyle bis zu seinem Lebensende die Treue. Die Serie macht ihn als Schriftsteller berühmt und verhilft der Zeitschrift zum Erfolg. Doyle hat eigentlich geplant, lediglich diese sechs Sherlock-Holmes-Stories zu verfassen, doch die Verantwortlichen des ›Strand Magazine‹ verlangen nach mehr und akzeptieren ohne zu zögern das Honorar von 50 Pfund pro Geschichte. Im November, in einem Brief an seine Mutter, listet Doyle die Titel von fünf neuen Stories auf und fügt hinzu: »Ich denke daran, Holmes in der sechsten zu erschlagen, um ein für allemal Schluß mit ihm zu machen. Er hält meinen Geist von besseren Dingen ab.« Doyle meint damit selbstredend seine historischen Romane, auf die er ganz besondere Sorgfalt verwendet hat, bestimmt mehr als auf die Abenteuer seines gefeierten Detektivs.

1892
Das ›Strand Magazine‹ druckt Monat für Monat mit riesigem Erfolg die Holmes-Serie ab. Im Februar überredet der Verleger seinen Autor, eine neue zu entwerfen. In der sicheren Annahme, einen negativen Bescheid zu bekommen, verlangt Doyle für ein Dutzend Erzählungen tausend Pfund – das Honorar wird bewilligt. Ende Juni hat er drei der Stories beendet und ist guter Hoffnung, genügend plots für die restlichen in der Schublade zu haben.

Die Doyles unternehmen mit dem Schriftstellerkollegen Jerome K. Jerome eine Reise nach Norwegen. Doyle lernt dort den Skisport kennen, den er bald darauf in einem anderen Land propagiert – in der Schweiz. Doyles Sohn Kingsley wird geboren.

1893
Doyles Vater stirbt. Louise erkrankt an Tuberkulose. Doyle fährt mit seiner Frau zur Kur in die Schweiz. Er besucht den Reichenbach-Fall bei Meiringen und weiß jetzt, wo und wie er seinen ihm unbequemen Helden aus dem Weg räumen kann. Gemütvoll vermerkt Doyle im Dezember in seinem Tagebuch: »Killed Holmes.« Und im Dezember verbreitet das ›Strand Magazine‹ in der letzten Story der Serie, in *The Final Problem*, die schreckliche Kunde: Holmes weilt nicht mehr unter den Lebenden! Er stürzte im tödlichen Clinch mit seinem Erzfeind, Professor Moriarty, in den donnernden Schlund des Reichenbach-Falls. Die Öffentlichkeit ist erschüttert. Schwarze Trauerbänder werden in der City gesichtet. Die auf-

gebrachte Leserschaft bombardiert die Redaktion des Magazins und den Autor mit wütenden Briefen; ein Schreiben beginnt mit den Worten: »You beast!« Doch Doyle atmet auf.

1894

Eine Vorlesungstournee durch die Vereinigten Staaten verläuft erfolgreich. Premiere von Doyles Theaterstück *Waterloo* in London.

1895

Doyle baut ein Haus in Hindhead, Surrey, in der Hoffnung, daß die Landluft Louise helfen wird. Im Winter fährt er mit ihr nach Ägypten.

Doyles autobiographischer Roman *The Stark Munro Letters* erscheint. Und im ›Strand Magazine‹ die erste Folge von *The Exploits of Brigadier Gerard*. Brigadier Gerard ist ein tollkühner Offizier in Napoleons Armee.

1896

Die Doyles reisen den Nil aufwärts in den Sudan, der später den Hintergrund für Doyles Roman *The Tragedy of the Korosko* (1898) abgeben wird. Zwischen Briten und Derwischen brechen Kämpfe aus, und Doyle fungiert vorübergehend als Kriegsberichterstatter für ›The Westminster Gazette‹.

Der Roman über einen Faustkämpfer aus der Frühzeit des Boxsports, *Rodney Stone*, erscheint. Doyles Vorliebe für Sport und Spiele zeigt sich vergleichsweise selten in seinen Schriften. Er schreibt wenig über Fußball und das Kricketspiel, das er so meisterhaft beherrscht, nichts über Billard oder Golf. Neben diesem Roman hat er noch einige Geschichten geschrieben, bei denen es um den Faustkampf geht; eine längere, *The Croxley Master*, besticht durch ihre anschauliche und eindringliche Sprache.

1897

Doyle lernt Jean Leckie kennen; sie wird 1907 seine zweite Frau.

Uncle Bernac, ein Roman, der zur Zeit der französischen Revolution spielt, erscheint.

1899

Der zweite Buren-Krieg bricht aus. Doyle meldet sich zur Armee, wird aber nicht angenommen.

Der Doyle-untypische Roman *Duet With an Occasional Chorus* erscheint.

Am 12. Juni Vorpremiere des Theaterstücks *Sherlock Holmes* im Duke of York's Theatre in London, mit William Gillette in der Titelrolle. Der Schauspieler hat das Stück auch geschrieben. Die Uraufführung in den USA findet im Star Theatre in Buffalo am 23. Oktober statt; am 6. November kommt es nach New York, am 9. September des folgenden Jahres wieder nach London in das Lyceum Theatre.

1900

Doyle geht freiwillig nach Südafrika und arbeitet als Arzt unter schwierigsten Umständen in einem Militärlazarett. Er kehrt im Juli nach England zurück und schreibt *The Great Boer War*.

Er läßt sich in Edinburgh als Kandidat für die Parlamentswahlen aufstellen und verliert knapp.

1901

In Erwiderung heftiger Angriffe der internationalen Presse über angebliche Kriegsverbrechen der Briten im Burenkrieg verfaßt Doyle im Eiltempo das Buch: *The War in South Africa: Its Cause and Conduct.* Die ersten dreihunderttausend Exemplare sind in sechs Wochen verkauft. Doyle nimmt keinen Penny für seine Arbeit.

Im August bietet das ›Strand Magazine‹ seinen Lesern eine Sensation. Der erste Teil von *The Hound of the Baskervilles* präsentiert aufs neue den Meisterdetektiv – allerdings in einem Fall, der vor seinem Tod datiert ist. Der Roman läuft in Fortsetzungen bis April nächsten Jahres. Die Idee für den Stoff erhielt Doyle von seinem Freund Fletcher Robinson, der auch mit ihm die Schauplätze der Handlung besichtigt hat und maßgeblich an der Ausarbeitung des Romans beteiligt ist.

1902

Doyle wird am 9. August von König Edward VII. geadelt.

1903

Im Frühjahr macht die amerikanische Zeitschrift ›Collier's Weekly‹ Doyle ein Angebot: Fünfundzwanzigtausend Dollar für sechs Sherlock-Holmes-Stories, dreißigtausend für acht oder fünfundvierzigtausend für dreizehn. Doyle antwortet per Postkarte: »Very well, A.C.D.«

Vom ›Strand Magazine‹ wird ihm zusätzlich eine enorme Summe offeriert.

In *The Empty House,* der ersten der dreizehn Erzählungen, taucht Holmes wie ein Kastenteufelchen aus dem Reichenbach-Abgrund auf, und Watson fällt in Ohnmacht.

Außerdem erscheint im ›Strand Magazine‹ die erste Geschichte einer neuen Reihe von Abenteuern des *Brigadier Gerard.*

1904

Ein amerikanischer Journalist befragt Doyle, wie wohl Sherlock Holmes den Whitechapel-Mörder, Jack The Ripper, zur Strecke gebracht hätte. Doyles Antwort, die Holmes sicherlich nicht befriedigt hätte, erfolgt in einem Zeitungsartikel in der ›Portsmouth Evening News‹ vom 4. Juli.

Am 17. Juli tritt Doyle in den »Crimes Club« ein…

1905

… und inspiziert am 19. April mit mehreren Mitgliedern des Clubs und drei versierten Polizeidetektiven die verschiedenen Schauplätze des Ripper-Verbrechens. Ohne jedes Resultat, verständlicherweise.

Inzwischen ist Anfang des Jahres die bisher letzte Sherlock-Holmes-Story, *The Adventure of the Second Stain,* erschienen. Doyle hatte darauf seinen Helden in den Ruhestand nach Sussex geschickt; dort muß er Bienen züchten.

1906

Doyle schafft es wieder nicht, ins Parlament zu kommen. Er nimmt sich des Falles eines Mannes namens George Edalji an, der offensichtlich unschuldig zu sieben Jahren Zuchthaus verurteilt worden ist; Doyle setzt sich vehement für die Reform der strengen Scheidungsgesetzgebung ein.

Louise Doyle stirbt. Der Ritter-Roman *Sir Nigel* erscheint.

1907

Am 11. Januar druckt der ›Daily Telegraph‹ den ersten Teil eines von Doyle zusammengestellten Dossiers ab, das auch seine eigenen Nachforschungen und Schlußfolgerungen in Sachen George Edalji enthält. Die Deduktionen sind eines Sherlock Holmes würdig. Punkt für Punkt legt Doyle die Verfolgung und Verurteilung des jungen Mannes als ein Äquivalent zum Dreyfus-Skandal dar und führt stichhaltige Beweise an. George Edalji wird aus der Haft entlassen.

Conan Doyle heiratet Jean Leckie.

Through the Magic Door, eine autobiographische Arbeit, in der Doyle unter anderem auch Edgar Allan Poe würdigt, erscheint.

1909

Doyle prangert in dem Buch *The Crime of the Congo* die Grausamkeiten an, die von den Verantwortlichen der Handelsgesellschaften in Belgisch-Kongo an den Eingeborenen verübt werden.

Doyles Sohn Denis wird geboren.

1910

Doyle beschäftigt sich intensiv mit dem Fall eines deutschen Juden namens Oscar Slater, der in Schottland des Mordes angeklagt worden ist. Doyle kämpft siebzehn Jahre für diesen Mann; Slater wird 1927 freigelassen.

Doyles Sohn Adrian wird geboren.

1911

Doyle nimmt am Autorennen Prince Henry's Tour teil. Gemeint ist Prinz Heinrich von Preußen; das Deutsch-Britische Rennen startet in Deutschland und endet in London. Die Briten gewinnen. Doyle fährt einen Dietrich-Lorraine (zwanzig Pferdestärken) mit seiner Frau Jean als Beifahrer.

1912

Doyle veröffentlicht *The Case of Oscar Slater*.

Eine neue Romanfigur, der skurrile Wissenschaftler Professor Challenger, wird in Doyles Science-fiction-Erzählung *The Lost World* eingeführt.

Doyle und George Bernard Shaw duellieren sich in der Presse. Shaw hatte sich mißbilligend und ironisch über gewisse Berichte geäußert, die bombastisch das heldenhafte Verhalten der Passagiere und Mannschaften an Bord der sinkenden Titanic feierten. Doyle protestiert energisch gegen eine Verunglimpfung der Toten und Überlebenden der Katastrophe.

Doyles Tochter Lena Jean wird geboren.

1913

Im Februar publiziert die ›Fortnightly Review‹ einen Artikel von Doyle:

CONAN DOYLE IN SOUTHSEA, AN DER ARBEIT
AM ROMAN »EINE STUDIE IN SCHARLACHROT«

UM DIE JAHRHUNDERTWENDE

BEIM 6. ROYAL SUSSEX VOLUNTEER REGIMENT, 1914

ALS RENNFAHRER, 1911

AN DER ITALIENISCHEN FRONT, 1916

DIE FAMILIE DOYLE AUF DER FAHRT NACH AMERIKA, 1923:
DENIS (L.), LADY CONAN DOYLE, JEAN, CONAN DOYLE, ADRIAN (R.)

JEAN CONAN DOYLE, 1910

Great Britain and the Next War. Doyle warnt: »Ein Gefahrenelement besteht in den neuen Kategorien der Seekriegsführung, die bisher noch nie von kompetenten Leuten geprüft worden sind und die alle bisherigen Bedingungen vollkommen revolutionieren werden. Diese neuen Faktoren sind das Unterseeboot und das Luftschiff.«

The Poison Belt, eine weitere Professor-Challenger-Geschichte, erscheint.

1914

Im Juli – einen Monat vor Ausbruch des Ersten Weltkriegs – macht Doyles Erzählung *Danger!* von sich reden. Er beschreibt eine moderne Seekriegsführung mittels Unterseebooten, die Frachter versenken und die wiederum von Unterseebootfallen und Flugmaschinen angegriffen werden. Der Verleger der Erzählung holt die Meinung von Experten ein. Hier zwei von vielen Stimmen höherer Marineoffiziere: »Ich glaube nicht, daß irgendeine zivilisierte Nation unbewaffnete Handelsschiffe torpedieren wird.« – »Klingt überaus unwahrscheinlich, mehr nach einer von Jules Vernes Geschichten ...«.

Bei Kriegsausbruch stellt Doyle in Sussex eine lokale Hilfstruppe auf, ein Vorläufer der Home Guard des Zweiten Weltkriegs. Er selber dient als Gemeiner in dieser Truppe. Er schreibt das Pamphlet: *To Arms!*

1915

Doyle beginnt mit der Arbeit an der *History of The British Campaign in France and Flanders* und schließt das Werk von sechs Bänden 1920 ab. Ein neuer Sherlock-Holmes-Roman *The Valley of Fear* erfreut die Leserschaft.

Doyle organisiert die Massenproduktion von aufblasbaren »Schwimm-Kragen« für alle Männer der Königlichen Marine. Er setzt sich dafür ein, daß genügend Schwimmwesten und mehr Rettungs-Faltboote zur Verfügung stehen. Er konstatiert: Die französischen Soldaten sind mit Stahlhelmen ausgerüstet. Warum nicht die britischen? Die Oberste Heeresleitung begrüßt den Vorschlag. Und: Die Ritter des Mittelalters wurden durch ihre Rüstungen geschützt. Warum sollte der Soldat von heute keine kugelsichere Kleidung tragen? Niemand anderes als Winston Churchill stimmt zu und sagt, daß ein kugelsicherer Mann und ein torpedosicheres Schiff zwei erstrebenswerte Ziele seien. Dann entwirft Doyle fieberhaft Schutzschilde für die Front, und sein Garten hallt wider von den Probeschüssen, die gegen Panzerplatten verschiedener Metallsorten abgefeuert werden. Die Schilde reüssieren nicht.

1916

Im Deutschen Reichstag heißt es: »Die Deutschen können der Britischen Admiralität dankbar dafür sein, daß sie die Warnung von Sir Arthur Conan Doyle vor einem U-Boot-Krieg in den Wind geschlagen hat.«

Doyle besucht die britische, die französische und die italienische Front.

Er setzt sich für die Begnadigung

des Iren Sir Roger Casement ein, der des Hochverrats angeklagt ist, da er angeblich auf Veranlassung der Deutschen einen Aufstand gegen die britische Herrschaft in Irland entfachen sollte. Doyle plädiert vergebens. Casement wird – zu Recht oder Unrecht – am 3. August gehängt.

Ende des Jahres bekennt Doyle sich zum Spiritismus in dem dafür zuständigen Magazin ›Light‹.

1917

His Last Bow, eine Sherlock-Holmes-Story, erscheint in der Septemberausgabe des ›Strand Magazine‹. Sie beschreibt, chronologisch gesehen, Holmes' letztes Abenteuer. Auch er leistet bei Kriegsausbruch seinem Vaterland einen wichtigen Dienst, indem er einen deutschen Agenten schnappt. Am Schluß der Erzählung läßt Doyle seinen Helden die prophetischen Worte sprechen: »Es ist ein Wind von Osten her im Anzug, ein Wind, wie noch nie einer über England hinweggefegt ist. Es wird ein bitterkalter Wind sein, Watson, und manch einer von uns wird unter seinem Ansturm welken...«

1918

Doyles Sohn Kingsley stirbt an Lungenentzündung, nachdem er an der Somme verwundet worden ist.

Doyles erstes Buch über Spiritismus, *The New Revelation*, erscheint.

1919

Doyles jüngerer Bruder Innes stirbt ebenfalls an Lungenentzündung.

Ein weiteres Buch über Spiritismus, *The Vital Message*, erscheint.

1920

Doyle reist mit seiner Familie nach Australien, um dort den Spiritismus zu predigen.

1921

Doyles Mutter stirbt. Jean Conan Doyle entdeckt ihre medialen Fähigkeiten.

Doyles *The Wanderings of a Spiritualist* erscheint.

1922

Vorlesungstournee durch die Vereinigten Staaten von Amerika in Sachen Spiritismus.

Aus Nordengland berichten zwei junge Mädchen von leibhaftigen Feen und Gnomen, die sich in ihrem Garten tummeln, und belegen deren erstaunliche Existenz durch selten albern getürkte Photographien. Doyle ist so begeistert, daß er ein Buch schreibt: *The Coming of the Fairies*.

Ein arabischer Kontaktgeist namens Pheneas taucht aus dem Jenseits bei den Doyles auf und stellt bei den Familienseancen Sprechverbindung mit Verstorbenen her, unter anderem mit Kingsley und Innes.

1923

Familie Doyle bereist wieder die Vereinigten Staaten und dann Kanada. *Our American Adventure* erscheint.

1924

Our Second American Adventure und die

EUGÈNE FRANÇOIS VIDOCQ, ERSTER CHEF DER SÛRETÉ

OSCAR SLATER, OPFER EINES JUSTIZIRRTUMS, 1909

autobiograpnischen *Memories and Adventures* erscheinen.

1925
Doyle führt bei dem Internationalen Spiritisten-Kongress in Paris den Vorsitz.

1926
Doyle veröffentlicht die zweibändige *History of Spiritualism* und ein *Professor-Challenger*-Abenteuer mit spiritistischem Einschlag.

1927
Der wegen Mordes verurteilte Oscar Slater, für dessen Freilassung Doyle all die Jahre auf die Barrikaden gegangen ist, wird endlich begnadigt.

Die letzte Holmes-Story, *The Adventure of Shoscombe Old Place*, wird in der Aprilausgabe des guten alten ›Strand Magazine‹ abgedruckt; *The Case-Book of Holmes* erscheint.

Und *Pheneas Speaks*, ein Band mit Botschaften aus dem Jenseits.

1928
Die Doyles besuchen Südafrika, Kenya und Rhodesien.

1929
Doyle reist nach Skandinavien und Holland, kehrt körperlich schwer angegriffen zurück und erleidet einen Herzanfall. Trotzdem hält er noch einen vorgesehenen Termin ein und spricht auf einer Veranstaltung. Daraufhin kann er sein Zimmer für Wochen nicht mehr verlassen.

Our African Winter und *The Maracot Deep*, eine Science-fiction-Erzählung, erscheinen.

1930
The Edge of Unknown wird publiziert.

His Master's Voice: »Was Sherlock Holmes betrifft, so war ich ein junger Arzt, als ich ihn ersann, und ich hatte gerade eine sehr strenge und kritische medizinische Gedankenschulung erfahren – in der Hauptsache unter dem Einfluß von Dr. Joseph Bell aus Edinburgh, der eine höchst bemerkenswerte Beobachtungsgabe besaß. Er glänzte stets damit, daß er auf den ersten Blick bei einem Patienten nicht nur dessen Krankheit, sondern auch Beruf und Wohnort bestimmen konnte.

Damals las ich einige Detektivgeschichten und mir fiel unangenehm auf, daß die Lösungen in fast jedem Fall durch den Zufall herbeigeführt wurden – ausgenommen selbstverständlich die glänzenden Detektivgeschichten von Edgar Allan Poe, die, obwohl nur drei an der Zahl, *das* Modell für alle Zeiten sind. Nun, ich gedachte, mich auch einmal an einer Geschichte zu versuchen, in der ein Held den Fall so behandelt wie Dr. Bell eine Krankheit und in der die wissenschaftliche Handhabung den Zufall ersetzt. Das Resultat war Sherlock Holmes, und ich gebe zu, das Resultat war für mich selbst ungemein verblüffend – vor allem als ich später erfuhr, daß man in Frankreich, in Ägypten, in China und sonstwo Ermittlungssysteme nach der Schule von Sherlock Holmes aufgebaut hat. Für viele ist er eine lebendige Person, und ich erhielt immer wieder unzählige, an ihn adressierte Briefe aus aller Welt mit den seltsamsten Wünschen, eingeschlossen Heiratsangebote. Sein Autogramm ist nach wie vor sehr gefragt.«

Diesen Kommentar vernimmt die Öffentlichkeit kurz nach dem Tod von Sir Arthur Conan Doyle aus seinem eigenen Mund. Es handelt sich jedoch nicht um eine Stimme aus dem Jenseits. Zwei Monate vor seinem Ableben war Doyle von der Firma His Master's Voice gebeten worden, einen Vortrag auf Schallplatte zu sprechen, der so zu seinem Nachruf wird.

Sir Arthur Conan Doyle stirbt am 7. Juli in seinem Landhaus Windlesham in Sussex.

Sherlock Holmes, auf den Plan gerufen in einer weit, weit zurückliegenden Epoche, hat, so scheint es, überlebt und wird noch eine Weile weiterleben.

THE
OLD
HORSE

CONSULTATION O...
A HEAVY ...
S... MO...

DER LEBENSWEG
DES ARTHUR CONAN DOYLE
VON IHM SELBST GEZEICHNET

BB-JOHNSON, PARKINSON, AND MACKINTOSH "THE OLD HORSE HAS PULLED

WAY. BUT HE IS WELL CARED FOR. AND WITH SIX WEEKS STABLE AND

HE WILL BE ON THE ROAD ONCE MORE."

ACD fecit

IN ›PUNCH‹, VON BERNARD PARTRIDGE

SIR ARTHUR CONAN DOYLE, NACH EINEM PORTRAIT VON
SIDNEY PAGET, 1897

Who's Who

von
Michael und Mollie Hardwick

Deutsch von Leslie Giger

Acton, Mr., von Reigate, Surrey. Besitzer eines der größten Häuser seiner Gegend, in das kurz vor Holmes' Besuch bei Colonel Hayter eingebrochen wurde. Rechtsstreit mit Friedensrichter Cunningham über dessen Güter, auf deren Hälfte er einen Anspruch zu haben meinte. »Einer unserer Grafschafts-Magnaten«. (Hayter in *Die Junker von Reigate*, E2).

Adair, der ehrenwerte Ronald, zweiter Sohn des Grafen von Maynooth. Wurde am 30. März 1894 in einem von innen verschlossenen Zimmer seines Hauses Park Lane 427 durch einen Kopfschuß mit einer weichen Revolverkugel, die aus einem speziell dafür präparierten Luftgewehr abgefeuert wurde, getötet. »Aber wie ereilte ihn der Tod? Niemand konnte zu dem Fenster hinaufgeklettert sein, ohne Spuren zu hinterlassen. Angenommen, jemand hatte durch das Fenster geschossen, so mußte es wahrhaftig ein bemerkenswerter Schütze sein, der mit einem Revolver eine solch tödliche Wunde beizubringen vermochte« (Watson in *Das leere Haus*, E3).

Adler, Irene. Ehemalige Opern-Kontra-Altistin, geboren 1858 in New Jersey, USA. Während ihrer Zeit als Primadonna an der Kaiserlichen Oper in Warschau war sie eng liiert mit Wilhelm Gottsreich Sigismund von Ormstein, dem König von Böhmen. Anschließend lebte sie einige Zeit im Hause ›Briony Lodge‹, Serpentine Avenue, St. John's Wood, und hei-

ratete Godfrey Norton, einen Rechtsanwalt am Inner Temple, mit dem sie später auf den Kontinent zurückkehrte. »Auf diesem Planeten ist sie das süßeste Ding, das eine Haube trägt« (Holmes). »Für Sherlock Holmes bleibt sie immer *die* Frau« (Watson in *Ein Skandal in Böhmen*, E1).

»Altamont«. Irisch-Amerikaner: *alter ego* von Sherlock Holmes in *Seine Abschiedsvorstellung* (E4). »Altamont hat einen recht guten Geschmack in Sachen Wein und hat an meinem Tokaier Gefallen gefunden. Er ist ein empfindlicher Bursche und will stets durch kleine Aufmerksamkeiten bei Laune gehalten werden« (von Bork).

JOSIAH AMBERLEY

Amberley, Josiah, wohnhaft in ›The Haven‹, Lewisham. Ehemaliger Teilhaber von Brickfall & Amberley, einer Fabrik für Künstlerbedarfsartikel. Setzte sich 1896 zur Ruhe und heiratete im Jahr darauf eine zwanzig Jahre jüngere Frau, die kurze Zeit später, offenbar in Begleitung eines Dr. Ray Ernest, verschwand. »Wohlhabenheit, eine Gemahlin, Muße – eine gerade Straße schien vor ihm zu liegen. Und doch ist er, wie Sie gesehen haben, zwei Jahre später so gebrochen und armselig wie nur irgendeine Kreatur, die unter der Sonne kreucht« (Holmes in *Der Farbenhändler im Ruhestand*, E5).

Ames. Butler von John Douglas im ›Manor House‹, Birlstone, Sussex. »Eine wunderliche, knorrige, vertrocknete Person« (Watson in *Das Tal der Angst*, R4).

»Angel, Hosmer«. Kassierer, wohnhaft Leadenhall Street, London; Verlobter von Mary Sutherland. Verschwand an dem Morgen, an dem ihre Hochzeit in der Kirche St. Saviour nahe King's Cross hätte stattfinden sollen. »Bis zur Kirchentür hat er sie gebracht, und weil er nicht weitergehen konnte, ist er in einer für ihn sehr bequemen Weise mit Hilfe eines alten Tricks verschwunden, indem er auf der einen Seite einer Droschke einsteigt und auf der anderen Seite sofort wieder aussteigt« (Holmes in *Eine Frage der Identität*, E1).

Anna –––. Gebürtige Russin, Mitglied einer nihilistischen Vereinigung. Nachdem ihr Mann sie verraten hatte, wurde sie nach Sibirien verbannt und floh später nach England. »Sie hat eine auffällig dicke Nase, und ihre Augen stehen sehr dicht beisammen. Sie hat Falten auf der Stirn, einen starren Gesichtsausdruck und vermutlich runde Schultern« (Holmes). »Selbst im günstigsten Fall konnte sie nie hübsch gewesen sein« (Watson in *Der goldene Kneifer*, E3).

Armstrong, Dr. Leslie. Einer der führenden Köpfe der medizinischen Fakultät der Universität Cambridge; Wissenschaftler von europäischem Rang. »Ich habe noch keinen Mann gesehen, der, würde er seine Talente in diese Richtung wenden, besser geeignet wäre, die von dem illustren Moriarty hinterlassene Lücke zu füllen« (Holmes in *Der verschollene Three-Quarter*, E3).

Baker, Henry. Eigentümer der verlorenen Gans in *Der blaue Karfunkel* (E1). Intellektueller und Stammgast des ›Alpha Inn‹ beim British Museum. »Ein Hauch von Rot in Nase und Wangen und ein leichter Tremor in seiner ausgestreckten Hand riefen mir Holmes' Vermutungen über seine Gewohnheiten wieder ins Gedächtnis« (Watson).

Baker-Street-Spezialeinheit: auch unter dem Namen »Baker-Street-Abteilung der Kriminalpolizei« bekannt: eine Bande von Gassenjungen, die Holmes bei einer Reihe von Gelegenheiten unterstützte [*Eine Studie in Scharlachrot (R1); Das Zeichen der Vier*

(R2); Der Verwachsene (E2); Das Verschwinden der Lady Frances Carfax (E4)].
»Ein einziger von diesen kleinen Bettlern kann bessere Arbeit leisten als ein ganzes Dutzend Polizisten. Der bloße Anblick einer offiziell dreinschauenden Person versiegelt die Lippen der Leute. Diese Jungen dagegen kommen überall hin und hören alles« (Holmes in *Eine Studie in Scharlachrot*, R1).

Baldwin, Ted, alias Hargrave; Mitglied der Loge 341, Vermissa Valley, des Ehrwürdigen Ordens der Freimaurer. Bewarb sich eine Zeitlang um Ettie Shafter. Nachdem er eine lange Gefängnisstrafe für seine Beteiligung an den kriminellen Aktivitäten der Scowrers-Organisation abgesessen hatte, ging er nach England, wo er durch einen Gewehrschuß ums Leben kam. »Ein junger Bursche trat so forsch herein, als wäre er der Herr des Hauses. Es war ein hübscher, schneidiger junger Mann« (*Das Tal der Angst*, R4).

Bannister. Diener bei Hilton Soames vom St. Luke's College und ehemaliger Butler des verstorbenen Sir Jabez Gilchrist. »Dieser Mann hat mich auf den richtigen Pfad geschickt« (Gilchrist Junior in *Die drei Studenten*, E3).

Barclay, James. Oberst des 1. Bataillons der Royal Mallows (des ehemaligen 117. Infanterieregiments). Arbeitete sich vom Rang eines einfachen Gemeinen nach oben und wurde für seine Tapferkeit während des Auf-

standes in Indien in den Offiziersrang erhoben. Heiratete Nancy Devoy, Tochter eines Colour-Sergeants. Wurde unter verdächtigen Umständen in seinem Haus in Aldershot tot aufgefunden. »In seiner üblichen Stimmung war er ein schneidiger, jovialer alter Soldat, doch gab es Anlässe, bei denen er sich offenbar beträchtlicher Heftigkeit und Rachsucht fähig zeigte. Diese Seite seines Wesens scheint sich jedoch nie gegen seine Frau gewendet zu haben« (Holmes in *Der Verwachsene*, E2).

Barker. Privatdetektiv, der im Auftrag der Familie von Dr. Ray Ernest aus Lewisham dessen mysteriöses Verschwinden aufklären sollte. »Mein erbitterter Rivale auf der Surrey-Seite ... Er hat schon ein paar sauber gelöste Fälle vorzuweisen« (Holmes in *Der Farbenhändler im Ruhestand*, E5).

Barker, Cecil James. (Mutmaßlicher) Junggeselle, wohnhaft in ›Hales Lodge‹, Hampstead. Ehemaliger Partner von John Douglas bei einem Goldminen-Unternehmen in Benito Canyon, Kalifornien. Einer der Kronzeugen im Mordfall von ›Birlstone Manor‹. »Barkers Umgang mit Douglas war herzlich und vertraut, und mit dessen Gattin war er nicht weniger befreundet; ja, diese Freundschaft schien beim Gatten mehr als einmal eine gewisse Gereiztheit hervorzurufen, so daß selbst die Dienerschaft seine Verärgerung bemerkte« (Watson in *Das Tal der Angst*, R4).

Barrymore, John und Eliza, geb. Selden. Ein Ehepaar; Butler und Wirtschafterin bei Sir Henry Baskerville auf ›Baskerville Hall‹ in Dartmoor, Devonshire, und davor bei seinem verstorbenen Onkel, Sir Charles Baskerville, der die beiden in seinem Testament mit je 500 Pfund bedacht hatte. Barrymores Vater war auf ›Baskerville Hall‹ Verwalter gewesen. »Vier Generationen hindurch hat die Familie das Herrenhaus verwaltet. Soviel ich weiß, sind er und seine Frau durchaus anständige Leute« (Dr. James Mortimer in *Der Hund der Baskervilles*, R3).

SIR HENRY BASKERVILLE

Baskerville, Sir Henry. Baronet; geboren ca. 1859. Neffe und Erbe des verstorbenen Sir Charles Baskerville von ›Baskerville Hall‹, Dartmoor, Devonshire. Widmete sich in seinen Zwanzigern einer Laufbahn als Farmer in Kanada und kam 1889, nach dem mysteriösen Tod seines Onkels, nach England. »Ein kleiner, aufgeweckter, dunkeläugiger Mann von etwa dreißig Jahren, sehr kräftig gebaut, mit dichten schwarzen Augenbrauen und einem kampflustigen Gesichtsausdruck« (Watson). »Es gibt keinen Teufel in der Hölle, Mr. Holmes, und keinen Menschen auf der Erde, der mich daran hindern könnte, das Heim meiner Vorfahren zu betreten« (Sir Henry Baskerville in *Der Hund der Baskervilles*, R3).

Baynes. Inspektor bei der Surrey Constabulary; Frauenverächter. Leitete im März 1892 die Untersuchung des auf der Allmende von Oxshott, Surrey, begangenen Mordes an Aloysius Garcia. »Inspektor, ich muß Ihnen wirklich gratulieren zu der Art, wie Sie einen so außergewöhnlichen und aufschlußreichen Fall angehen. Ihre Fähigkeiten – wenn ich dies sagen darf, ohne Ihnen zu nahe zu treten – scheinen Ihre Position bei weitem zu überragen« (Holmes in *Wisteria Lodge*, E4).

Beddington. Berühmter Fälscher und Safeknacker. Kurz nach Verbüßung einer fünfjährigen Zuchthausstrafe wurde er verhaftet wegen des Mordes an einem Nachtwächter des

Londoner Finanzhauses Mawson &
Williams im Laufe eines versuchten
Raubüberfalls, den er mit Beihilfe sei-
nes Bruders unternahm, welch letz-
terer als das Brüderpaar Arthur und
Harry Pinner posiert hatte. (In *Der
Angestellte des Börsenmaklers*, E2).

Bellamy, Maud. Tochter von Tom
Bellamy, dem Boots- und Badehäus-
chenbesitzer von ›The Haven‹, Fulworth, Sussex. Verlobte von Fitzroy
McPherson, einem der Lehrer von
›The Gables‹ in der Nähe von Fulworth. »Maud Bellamy wird mir
immer als höchst vollkommene und
bemerkenswerte Frau im Gedächtnis
bleiben« (Holmes in *Die Löwenmähne*,
E5).

Bellinger, Lord. Zweimaliger Premierminister von Großbritannien.
»Der Premier sprang mit jenem feurigen, grimmigen Funkeln seiner tief-
liegenden Augen auf, vor dem sich
ein ganzes Kabinett geduckt hätte«
(Watson in *Der zweite Fleck*, E3).

Bennett, Trevor (»Jack«). Assistent
von Professor Presbury an der Universität Camford und mit dessen
Tochter Edith verlobt. »Er war ein
hochgewachsener, hübscher junger
Mann um die Dreißig, gut und elegant gekleidet; doch irgend etwas an
seinem Benehmen gemahnte eher an
die Schüchternheit eines Studenten
denn an das Selbstvertrauen eines
Mannes von Welt« (Watson in *Der
Mann mit dem geduckten Gang*, E5).

Beppo. Italienischer Akkordarbeiter,
Angestellter bei Morse Hudson,
einem Bilderhändler in Kennington,
und Gelder & Co. in Stepney. Vormals Bildhauer, war er dazu herab-
gesunken, Gelegenheitsarbeiten für
Kunsthändler zu verrichten, hatte
sich in der italienischen Kolonie von
Saffron Hill einen Ruf als Tunichtgut
erworben und war auf die schiefe
Bahn geraten. Mörder des neapolitanischen Halsabschneiders Pietro
Venucci. »Ein vitaler, affenähnlicher
Mann mit scharfen Zügen, dichten
Augenbrauen und einer sehr eigen-
artig vorstehenden unteren Gesichts-
hälfte – wie die Schnauze eines
Pavians« (Watson in *Die sechs Napoleons*,
E3).

Billy. Hausbursche in Baker Street
221 B. »Der junge, aber sehr kluge
und taktvolle Hausbursche, der die
Einsamkeit und Isolation, von wel-
chen die schwermütige Person des
großen Detektivs umgeben war, ein
wenig überbrücken geholfen hatte«
(*Der Mazarin-Stein*, E5).

»Blessington«. Gönner von Dr. Percy
Trevelyan, dem er in der Brook Street
403 eine Praxis einrichtete. Wurde in
seiner Wohnung im ersten Stock dieses Hauses ermordet aufgefunden.
»Ich kann es einem Mann von den
Augen ablesen, wenn es seine eigene
Haut ist, um die er fürchtet« (Holmes
in *Der niedergelassene Patient*, E2).

»Boone, Hugh«. Ein im London der
achtziger Jahre stadtbekannter

HUGH BOONE

suche, daß unsere Ehe nicht glücklich gewesen ist« (Lady Brackenstall in *Abbey Grange*, E3).

Bradstreet, Inspektor von Scotland Yard, früher der Bow Street Polizeiwache beigestellt. Hatte in drei Fällen mit Holmes zu tun: in *Der Mann mit der entstellten Lippe*, *Der Daumen des Ingenieurs* und *Der blaue Karfunkel* (alle in E1). »Ein großer, stämmiger Beamter war über den steingefliesten Gang hereingekommen; er trug eine Schirmmütze und eine mit Schnüren besetzte Jacke« (Watson in *Der Mann mit der entstellten Lippe*, E1).

Streichholzverkäufer. Wurde im Juni 1889 unter dem Verdacht, Neville St. Clair ermordet zu haben, verhaftet. »Ein orangeroter Schopf, ein fahles Gesicht, das von einer fürchterlichen Narbe entstellt wird, die beim Zusammenwachsen die äußere Ecke seiner Oberlippe nach oben gedreht hat, ein Kinn wie eine Bulldogge, dazu ein Paar durchdringender dunkler Augen, die einen eigenartigen Kontrast zu seiner Haarfarbe bilden, all das hebt ihn aus der üblichen Menge von Bettlern heraus« (Holmes in *Der Mann mit der entstellten Lippe*, E1).

Brackenstall, Lady, geb. Fraser; aus Adelaide, Südaustralien. Witwe von Sir Eustace Brackenstall von ›Abbey Grange‹, Marsham, Kent. »Über einem Auge erhob sich eine scheußliche, pflaumenfarbene Schwellung« (Watson). »Es hat wohl keinen Zweck, wenn ich zu verheimlichen

Breckinridge. Besitzer eines Geflügelstandes auf dem Markt von Covent Garden. »Wenn Sie einen Mann mit solchem Backenbart sehen, aus dessen Tasche eine Turf-Zeitschrift herauslugt, dann können Sie ihn immer mit einer Wette ködern« (Holmes in *Der blaue Karfunkel*, E1).

Brown, Josiah, wohnhaft ›Laburnum Lodge‹, Chiswick. Eigentümer einer der sechs Napoleonbüsten, deren Diebstahl zur Verhaftung des Italieners Beppo auf seiner Schwelle führte. »Eine heitere, rundliche Gestalt in Hemd und Hosen« (Watson in *Die sechs Napoleons*, E3).

Brown, Silas. Leiter von Lord Backwaters Trainingsstall in Capleton bei Tavistock, Devonshire. Trainer von Desborough, dem zweiten Favoriten des Wessex Cup (Wettquote 15 zu 5). »Eine vollkommenere Mischung aus

Tyrann, Feigling und Heimtücker als Meister Silas Brown ist mir nur selten begegnet« (Holmes in *Silberstern*, E2).

JAMES BROWNER

Browner, James. Steward auf der ›May Day‹, einem Schiff der Liverpool, Dublin and London Steam Packet Company. Verheiratet mit Mary Cushing, die in New Brighton bei einer Bootsfahrt mit einem Freund verschwand. »Nachher hat er wieder zu trinken angefangen, sobald er an Land war, und nach ein paar Gläsern war er jeweils völlig außer sich« (Susan Cushing in *Die Pappschachtel*, E4).

Brunton, Richard. War zwanzig Jahre lang Butler bei Reginald Musgrave in ›Hurlstone Manor‹, West Sussex. Ehemaliger Schulmeister mit außergewöhnlicher Begabung für Fremdsprachen und Musik. Verlobte sich 1. mit Rachel Howells, 2. mit Janet Tregellis. »An den Butler von Hurlstone erinnern sich stets alle, die uns besuchen kommen« (Reginald Musgrave in *Das Musgrave-Ritual*, E2).

»Burnet, Miss«. Gouvernante der beiden Kinder von Mr. Henderson von ›High Gable‹ bei Oxshott, Surrey, alter ego von Señora Victor Durando, der aus England gebürtigen Witwe des verstorbenen Gesandten von San Pedro in London. »Ihr adlerartiges, ausgezehrtes Gesicht trug die Spuren einer eben erst durchlittenen Tragödie. Ihr Kopf lag matt auf ihrer Brust, als sie ihn aber hob und ihren trüben Blick uns zuwandte, bemerkte ich, daß ihre Pupillen wie winzige Punkte in einer großen, grauen Iris schwammen. Sie stand unter der Wirkung von Opium« (Watson in *Wisteria Lodge*, E4).

Burnwell, Sir George. Spieltischbekanntschaft von Arthur Holder. Stiftete Mary Holder zum Diebstahl der Beryll-Krone an. »Er ist bis in die Fingerspitzen ein Mann von Welt, einer, der überall gewesen ist, alles gesehen hat, ein glänzender Erzähler und ein Mann von großer persönlicher Schönheit« (Alexander Holder in *Die Beryll-Krone*, E1).

Cadogan West, Arthur. Angestellter im Arsenal von Woolwich; wurde im November 1895 im Alter von siebenundzwanzig Jahren in unmittelbarer Nähe der U-Bahnstation Aldgate tot neben den Geleisen aufgefunden; allem Anschein nach war er aus einem Zug gestürzt. In seinen Taschen fanden sich Geheimdokumente von nationaler Bedeutung. »Arthur war der redlichste, loyalste und patriotischste Mensch, den man sich nur vorstellen kann« (Violet Westbury in *Die Bruce-Partington-Pläne*, E4).

Cairns, Patrick. Harpunierer (sechsundzwanzig Fahrten), ehemaliges Mannschaftsmitglied des Walfangschiffs ›Sea Unicorn‹. Im Juli 1895 wegen Mordes verhaftet. »Dieses Zimmer ist als Zelle nicht sonderlich geeignet, und Mr. Patrick Cairns belegt einen zu großen Teil unseres Teppichs« (Holmes in *Der Schwarze Peter*, E3).

Cantlemere, Lord. Leitete die Nachforschungen der Regierung im Fall des verschwundenen Mazarin-Diamanten. »Mit dem Premierminister kann ich was anfangen, und ich hab auch nichts gegen den Innenminister; der hat einen richtig umgänglichen, freundlichen Eindruck gemacht. Aber seine Lordschaft kann ich nicht leiden« (Billy, der Hausbursche in *Der Mazarin-Stein*, E5).

Carey, Captain Peter. Ehemaliger Robben- und Walfänger. Kommandant des Walfangschiffes ›Sea Uni-

corn‹. Zog sich 1884 im Alter von neununddreißig Jahren von der Seefahrt zurück und ließ sich 1889 mit Frau und Tochter in ›Woodman's Lee‹ bei Forest Row in Sussex nieder, wo er 1895, von einer Harpune durchbohrt, tot aufgefunden wurde. »Sie müßten lange suchen, ehe Sie einen gefährlicheren Mann als Peter Carey fänden, und ich habe erfahren, daß er denselben Charakter auch schon hatte, als er noch sein Schiff kommandierte. Er war in seinem Gewerbe als der Schwarze Peter bekannt« (Inspektor Hopkins in *Der Schwarze Peter*, E3).

Carfax, Lady Frances. Letzte direkte Nachfahrin des Earl of Rufton; unverheiratet. Wurde, als sie von einer Reise auf dem Kontinent nach London zurückkehrte, entführt. »Eine recht tragische Gestalt, diese Lady Frances; eine schöne Frau, noch in den besten Jahren, zugleich aber, durch den Willen eines seltsamen Geschicks, das letzte, verlassene Schiff einer vor zwanzig Jahren noch stattlichen Flotte« (Holmes in *Das Verschwinden der Lady Frances Carfax*, E4).

Carruthers, Robert, auf ›Chiltern Grange‹, Farnham, Surrey. Nahm Miss Violet Smith als Musiklehrerin seiner Tochter in seine Dienste. »Mir kam es manchmal so vor, als ob mein Arbeitgeber, Mr. Carruthers, sich beträchtlich für mich interessierte. Wir sind ziemlich eng zusammen. An den Abenden spiele ich seine Begleitung. Er hat nie etwas gesagt ... aber ein

Mädchen weiß immer Bescheid« (Violet Smith in *Die einsame Radfahrerin*, E3).

Cartwright. Vierzehnjähriger Botenjunge, den Holmes anstellte, um ein verstümmeltes Exemplar der ›Times‹ aufzuspüren, das dazu benutzt worden war, dem im ›Northumberland Hotel‹ logierenden Sir Henry Baskerville eine Warnung zukommen zu lassen. Später versorgte er Holmes auf dem Moor mit Nahrung und Informationen. »Er bedeutet ein zweites Augenpaar und ein zweites Paar sehr tüchtiger Füße« (Holmes in *Der Hund der Baskervilles*, R3).

Charpentier, Arthur. Unterleutnant der Flotte Ihrer Majestät. Sohn von Madame Charpentier, der verwitweten Eigentümerin von ›Charpentiers Pension‹ in der Torquay Terrace, und Bruder von Alice Charpentier. Wurde unter dem Verdacht verhaftet, Enoch J. Drebber ermordet zu haben. »Er ist völlig unschuldig ... Sein nobler Charakter, sein Beruf, sein bisheriges Leben sprechen dagegen« (Mme. Charpentier in *Eine Studie in Scharlachrot*, R1).

»Coram, Professor«, ›Yoxley Old Place‹ bei Chatham, Kent. Älterer Invalide, beschäftigte sich mit der Analyse von Dokumenten, die in den koptischen Klöstern Syriens und Ägyptens entdeckt worden waren. »Der Tabak und meine Arbeit – mehr ist mir nicht geblieben« (Coram in *Der goldene Kneifer*, E3).

Croker, Captain Jack. Kapitän der S. S. ›Bass Rock‹ und vordem Erster Offizier auf der ›Rock of Gibraltar‹ (Adelaide–Southhampton-Linie). »Kein Offizier der Flotte konnte ihm das Wasser reichen« (Watson in *Abbey Grange*, E3).

Cubitt, Elsie, geb. Patrick; Frau von Hilton Cubitt, einem englischen Gentleman aus ›Ridling Thorpe Manor‹, Norfolk. Tochter eines Gangsterbosses aus Chicago und ehemalige Verlobte von Abe Slaney; sagte sich von ihrem Vater und seinen unehrenhaften Kumpanen los und floh nach England, wo sie in der Folge die Botschaften der tanzenden Männchen erhielt, denen kurz darauf die Ermordung ihres Mannes folgte. »Ich bin in meinem Leben einige sehr unangenehme Beziehungen eingegangen, von denen ich nichts mehr wissen will« (Elsie Cubitt in *Die tanzenden Männchen*, E3).

Culverton Smith. Plantagenbesitzer und Experte für Tropenkrankheiten mit Wohnsitz in der Lower Burke Street 13, Kensington, und in Sumatra. Onkel von Victor Savage, der an einer dubiosen Tropenkrankheit starb, die er sich offensichtlich mitten in London zugezogen hatte. Wurde von Holmes herbeigerufen, damit er ihn von einer tödlichen Krankheit heile, die er sich bei chinesischen Seeleuten in Rotherhithe geholt hatte. »Sie sehe ich nicht auf der Zeugenbank sitzen. Sondern liegen – in einer Holzkonstruktion ganz anderer Art, mein lieber Holmes, das können Sie mir glauben« (Culverton Smith in *Der Detektiv auf dem Sterbebett*, E4).

Cunningham. Einer der Junker von Reigate, Friedensrichter, Vater eines Sohnes namens Alex. Sein Kutscher William Kirwan wurde offenbar bei dem Bemühen, einen Einbruch zu verhindern, erschossen. »Der eine war ein älterer Mann mit einem markanten, tiefgefurchten, düster blickenden Gesicht; der andere ein fescher junger Mensch, dessen strahlender, lächelnder Gesichtsausdruck und protziger Anzug in merkwürdigem Kontrast zu dem Anlaß standen, der uns hergeführt hatte« (Watson in *Die Junker von Reigate*, E2).

Cushing, Sarah, wohnhaft in der New Street, Wallington, vordem in Liverpool und Croydon. Unverheiratete Schwester von Susan Cushing und Mary Browner. »Ich weiß nicht, ob es die schiere Lust an der Bosheit war, was diese Frau trieb, oder ob sie hoffte, mich meiner Frau abspenstig machen zu können, wenn sie sie auf Abwege brachte. Jedenfalls bezog sie ein Haus nur zwei Straßen von dem unsrigen entfernt und vermietete da Zimmer an Seeleute« (James Browner in *Die Pappschachtel*, E4).

Cushing, Susan, Cross Street, Croydon. Unverheiratete Schwester von Sarah Cushing und Mary Browner. Erhielt mit der Post ein Paket, das zwei erst vor kurzem abgetrennte menschliche Ohren enthielt. »Es ist

SUSAN CUSHING

für sie eine Seltenheit, überhaupt Post zu bekommen« (›Daily Chronicle‹ in *Die Pappschachtel*, E4).

Damery, Colonel Sir James. Aus Irland gebürtiger Weltmann und Hobby-Diplomat. »Er genießt einen ziemlichen Ruf als Vermittler bei delikaten Angelegenheiten, die nicht in die Zeitung kommen sollen« (Holmes in *Der illustre Klient*, E5).

»Darbyshire, William«, siehe **Straker, John.**

Devine, Marie, Rue de Trajan 11, Montpellier. Ehemalige Zofe von Lady Frances Carfax. Verlobte von Jules Vibart, dem Oberkellner des Hôtel National in Lausanne. »Sie war ein anhängliches Wesen« (Watson in *Das Verschwinden der Lady Frances Carfax*, E4).

Dixie, Steve. Schwarzer Boxer und Krimineller. Mitglied der Spencer-John-Bande; stand unter dem Verdacht, an der Ermordung eines gewissen Perkins vor der Holborn Bar beteiligt gewesen zu sein. »Wäre er nicht so furchterregend gewesen, so hätte er eine komische Figur abgegeben« (Watson in *Die Drei Giebel*, E5).

Dodd, James M., Börsenmakler, wohnhaft Throgmorton Street, London. Freund von Godfrey Emsworth. Meldete sich als Freiwilliger für den Burenkrieg, diente beim Middlesex Korps der Imperial Yeomanry, bis er nach Abbruch der Feindseligkeiten entlassen wurde. »Wenn ein kräftig wirkender Gentleman mein Zimmer betritt, mit einer Gesichtsbräune, wie sie die englische Sonne niemals erzeugen könnte, und mit dem Taschentuch im Ärmel statt in der Tasche, fällt es nicht schwer, ihn einzuordnen« (Holmes in *Der erbleichte Soldat*, E5).

Dolores. Peruanische Zofe von Mrs. Robert Ferguson in ›Cheeseman's‹, Lamberley, Sussex; stand schon vor deren Heirat in ihren Diensten. »Die allzu treue Dolores« (Holmes in *Der Vampir von Sussex*, E5).

Doran, Hatty. Einzige Tochter von Aloysius Doran aus San Francisco und Frau von Francis Hay Moulton. Anwärterin auf eine große Erbschaft. 1887 schloß sie in der Kirche von St. George am Hanover Square eine zweite (illegale Doppel-)Ehe mit Lord St. Simon. »Sie ist, was wir hier eine Range nennen, mit einem starken Wesen, wild und frei, ungebändigt durch Traditionen irgendeiner Art« (Lord St. Simon in *Der adlige Junggeselle*, E1).

»Douglas, John«. Gebürtiger Ire, Inhaber des ›Manor House‹ in Birlstone, Sussex. War Goldgräber in Benito Canyon, Kalifornien, und vordem unter seinem richtigen Namen Birdy Edwards (alias John McMurdo) Detektiv bei Pinkerton. Seine erste Frau (geb. Shafter) starb nach ein paar Ehejahren in Kalifornien. Er selbst hinterließ seine zweite Frau Ivy, als er auf der Fahrt nach Südafrika an Bord der S. S. ›Palmyra‹ in der Nähe von St. Helena über Bord ging. »Er war fröhlich und freundlich gegen jedermann, aber in seinem Auftreten lag etwas Saloppes, das den Eindruck vermittelte, er habe das Leben in gesellschaftlichen Schichten kennengelernt, die wohl einiges unter dem Niveau der Gutsherren der Grafschaft Sussex lagen« (Watson in *Das Tal der Angst*, R4).

Drebber, Enoch J., Cleveland, Ohio, und Salt Lake City, Utah. Sohn eines Ältesten der Kirche der Heiligen der Letzten Tage. Ehemann der verstorbenen Lucy Ferrier. Wurde in einem leeren Haus in der Nähe der Brixton Road, London, ermordet aufgefunden. »Man kann nicht sagen, daß er nach zwölf Uhr mittags je nüchtern gewesen wäre. Sein Verhalten den Dienstmädchen gegenüber war abstoßend freizügig und vertraulich. Am schlimmsten aber war, daß er sich meiner Tochter Alice gegenüber sehr bald genauso verhielt und sie mehr als einmal in einer Weise angeredet hat, die zu begreifen sie glücklicherweise zu unschuldig ist« (Mme. Charpentier in *Eine Studie in Scharlachrot*, R1).

Dunbar, Grace. Gouvernante der beiden Kinder von J. Neil Gibson von ›Thor Place‹, Hampshire. »Sie war brünett, hochgewachsen, von edler Gestalt und achtunggebietendem Auftreten« (Watson). Wurde unter dem Verdacht, Mrs. Gibson ermordet zu haben, verhaftet. »Sie ist eine ganz tolle Frau, in jeder Beziehung. Es wäre doch gut möglich, daß er seine Ehefrau aus dem Weg schaffen wollte« (Sergeant Coventry in *Die Thor-Brücke*, E5).

Edwards, Birdy, (alias John McMurdo), Pinkerton-Detektiv. Siehe **Douglas, John.**

Elman, Rev. J.C., M.A., Pfarrer von Mossmoor und Little Purlington bei Frinton, Essex. »Ein dicker, würdevoller, ziemlich pompöser Geistlicher« (Watson in *Der Farbenhändler im Ruhestand*, E5).

Emsworth, Colonel, V.C., ›Tuxbury Old Park‹ bei Bedford. Wurde für seine Tapferkeit während des Krimkrieges mit dem Viktoriakreuz ausgezeichnet. Vater von Godfrey Emsworth, dessen Verschwinden Sherlock Holmes nachspürte. »Eine rotgeäderte Nase ragte ihm wie ein Geierschnabel aus dem Gesicht, und unter buschigen Augenbrauen funkelten

mich zwei grimmige graue Augen an. Ich konnte nun verstehen, warum Godfrey so selten von seinem Vater gesprochen hatte« (James M. Dodd in *Der erbleichte Soldat*, E5).

GODFREY EMSWORTH

Emsworth, Godfrey. Sohn von Colonel Emsworth. Nahm als Freiwilliger am Burenkrieg teil (Vizekorporal der Schwadron B des Middlesex Korps der Imperial Yeomanry), bis er 1902 bei Diamond Hill hinter Pretoria durch einen Schuß aus einer Elefantenbüchse verwundet wurde. »Sein Aussehen war in der Tat ungewöhnlich. Man konnte zwar erkennen, daß er einmal ein gutaussehender junger Mann gewesen war, mit scharf geschnittenen, von der afrikanischen Sonne gebräunten Gesichtszügen; doch diese dunklere Oberfläche war übersät von seltsamen weißlichen

82

Flecken, die seine Haut gebleicht hatten« (Holmes in *Der erbleichte Soldat*, E5).

Fairbairn, Alec. Ehemaliger Seemann, der auf einer Bootsfahrt im Nebel, die er von New Brighton aus mit einer Freundin unternahm, verschwand. »Für einen Seemann hatte er ganz wunderbar feine Manieren, so daß ich fast glauben möchte, daß er früher einmal mehr auf dem Offiziersdeck als im Mannschaftsraum zu schaffen hatte« (James Browner in *Die Pappschachtel*, E4).

»Ferguson«. Deckname von Dr. Becher aus Eyford, Berkshire, der sich als Sekretär und Manager von Colonel Lysander Stark ausgab. »Ein kleiner, dicker Mann mit einem Chinchillabart, der aus den Falten seines Doppelkinns sproß« (Victor Hatherley in *Der Daumen des Ingenieurs*, E1).

Ferguson, Robert, wohnhaft ›Cheeseman's‹, Lamberley, Sussex; Teilhaber von Ferguson & Muirhead, Teehändler, Mincing Lane. Vater von zwei Söhnen: Jacky, aus erster Ehe, und einem Bübchen aus zweiter Ehe (Opfer einer Vampir-Attacke). Alter Bekannter Watsons vom Rugbyplatz her. »Hallo, Watson – Sie sehen nicht mehr ganz so aus wie damals, als ich Sie im Old Deer Park über die Seile ins Publikum geworfen habe« (Ferguson in *Der Vampir von Sussex*, E5).

Ferguson, Mrs., zweite Frau Robert Fergusons und Mutter seines kleinen Sohnes. Tochter eines peruanischen Kaufmanns; römisch-katholisch, bildschön – und des Vampirismus verdächtig. »Sie ist sehr eifersüchtig – mit der ganzen Kraft ihrer feurigen tropischen Liebe« (Robert Ferguson in *Der Vampir von Sussex*, E5).

Ferrier, John. Farmer; Zwangsmitglied der Kirche der Heiligen der Letzten Tage in Salt Lake City, Utah. Wurde am 4. August 1860, als er mit seiner Tochter aus der Siedlung zu fliehen versuchte, erschossen. »Vom großen Binnensee bis zu den fernen Wasatch-Bergen war kein Name bekannter als der von John Ferrier« (*Eine Studie in Scharlachrot*, R1).

Ferrier, Lucy. Adoptivtochter von John Ferrier. Wurde mit Enoch J. Drebber verheiratet, starb aber innerhalb eines Monats nach der Eheschließung. Ihren Ehering fand man 1881 in Brixton, London. »Mancher Fahrensmann auf der Straße, die an Ferriers Farm entlanglief, spürte langvergessene Gedanken in seinem Gemüt aufleben, wenn er ihre geschmeidige Mädchengestalt durch die Weizenfelder streifen sah oder ihr begegnete, wenn sie auf ihres Vaters Mustang ritt, den sie mit all der Leichtigkeit und Anmut eines echten Kindes des Westens zu behandeln wußte« (*Eine Studie in Scharlachrot*, R1).

Forrester, Inspektor. Polizeibeamter aus Surrey, der den Fall der Erschießung William Kirwans untersuchte.

»Ein aufgeweckter junger Mensch mit scharfgeschnittenem Gesicht« (Watson in *Die Junker von Reigate*, E2).

Frankland. Bewohner von ›Lafter Hall‹ in Dartmoor, Devonshire; Nachbar der Familie Baskerville. Amateur-Astronom, Erforscher alter Guts- und Gemeinderechte und notorischer Prozeßsüchtiger. »Es heißt, er sei augenblicklich in sieben Prozesse verwickelt« (*Der Hund der Baskervilles*, R3).

Garcia, Aloysius. Sohn des ehemals höchsten Würdenträgers der Südamerikanischen Republik San Pedro. Zur Zeit seiner Ermordung auf der Allmende von Oxshott, Surrey, war er angeblich bei der Spanischen Botschaft angestellt und residierte in ›Wisteria Lodge‹, in der Nähe von Esher. »Der verstorbene Garcia war ein talentierter Ränkeschmied und ein Mann mit einem stark entwickelten Selbsterhaltungstrieb« (Holmes in *Wisteria Lodge*, E4).

»Garrideb, John«, Rechtsanwalt aus Moorville, Kansas. Eigentlich James Winter, alias Morecroft, alias »Killer« Evans, Mörder aus Chicago. Floh aus den USA und kam 1893 nach London. Tötete 1895 (in Notwehr) den aus Chicago stammenden Urkundenfälscher und Falschmünzer Rodger Prescott in einem Nachtclub an der Waterloo Road. Zu fünf Jahren Gefängnis verurteilt und 1901 wieder freigelassen. In der Folge erneut inhaftiert. »Sehr gefährlicher Mann, trägt gewöhnlich Waffen auf sich und ist stets bereit, davon Gebrauch zu machen. Das wäre unser Vogel, Watson – alles andere als ein lahmer Vogel, wie Sie zugeben müssen« (Holmes in *Die drei Garridebs*, E5).

Garrideb, Nathan. Naturforscher, Archäologe und Sammler, wohnhaft Little Ryder Street 136, Westlondon. Potentieller Nutznießer des Vermächtnisses des verstorbenen Alexander Hamilton Garrideb aus Kansas, USA, der sein Vermögen zwischen drei beliebigen männlichen Erwachsenen namens Garrideb aufgeteilt wissen wollte. Letzter bekannter Aufenthaltsort: eine Pflegeanstalt in Brixton. »Stellen Sie sich einmal vor, was ich mit fünf Millionen alles anfangen könnte ... Ich werde der Hans Sloane meines Zeitalters sein« (Nathan Garrideb in *Die drei Garridebs*, E5).

Gibson, J. Neil, ›Thor Place‹, Hampshire. Goldminen-Magnat und ehemaliger Senator eines Staates im Westen der USA. Verheiratet mit Maria Pinto, Tochter eines brasilianischen Regierungsbeamten, die erschossen auf dem Grundstück ihres gemeinsamen Hauses aufgefunden wurde. »Ein verkehrter Abraham Lincoln, mit niederen statt hohen Zielen – das würde vielleicht eine Vorstellung von diesem Mann vermitteln« (Watson in *Die Thor-Brücke*, E5).

Gilchrist. Student am St. Luke's College. Rugby- und Cricketspieler, vertrat die Schule im Hürdenlauf und

J. NEIL GIBSON

Weitsprung. Sohn des in Rennkreisen bestens bekannten, verstorbenen Sir Jabez Gilchrist. »Mein Schüler blieb verarmt zurück, aber er arbeitet hart und fleißig« (Hilton Soames in *Die drei Studenten*, E3).

Gorgiano, Giuseppe (»der Schwarze Gorgiano«). Einer der führenden Männer des Roten Kreises, einer neapolitanischen Geheimgesellschaft, die mit den alten Carbonari verwandt und auf Mord und Erpressung spezialisiert war. Wurde in einer Wohnung an der Great Orme Street in London tot aufgefunden. »Der riesenhafte Gorgiano, der sich in Süditalien den Beinamen ›der Tod‹ erworben hatte« (Emilia Lucca in *Der Rote Kreis*, E4).

Green, der ehrenwerte Philip, c/o ›Langham Hotel‹, Portland Place; vordem wohnhaft in Barberton, Südafrika. Sohn von Admiral Sir Philip Green, Baronet. Jugendfreund von Lady Frances Carfax. »Un sauvage – un véritable sauvage!« (Jules Vibart). »Durch das offenstehende Stubenfenster sah ich einen riesengroßen Mann mit dunklem Gesicht und stoppeligem, schwarzem Bart langsam in der Mitte der Straße dahinschreiten … Der Eingebung des Augenblicks folgend stürzte ich hinaus und sprach ihn an. ›Sie sind Engländer‹, sagte ich« (Watson in *Das Verschwinden der Lady Frances Carfax*, E4).

Gregory, Inspektor. Leitender Beamter im Fall ›Silberstern‹. »Ein hochgewachsener Mann mit löwenartigem blondem Haar und Bart und merkwürdig durchdringenden, hellblauen Augen ... ein Mann, der auf dem besten Weg war, sich bei der englischen Kriminalpolizei einen Namen zu machen« (Watson). »Da sehen Sie den Wert der Phantasie. Das ist genau die Eigenschaft, die Gregory fehlt« (Holmes in *Silberstern*, E2).

Gregson, Tobias. Polizeiinspektor; nach Holmes' Ansicht der intelligenteste Mann von Scotland Yard. »Er und Lestrade sind die Einäugigen unter den Blinden.« Befaßte sich mit den Fällen *Eine Studie in Scharlachrot* (R1), *Der griechische Dolmetscher* (E2), *Der Rote Kreis* und *Wisteria Lodge* (beide E4). »Ein großer, weißgesichtiger, flachshaariger Mann mit einem Notizbuch in der Hand« (Watson in *Eine Studie in Scharlachrot*, R1).

Gruner, Baron Adelbert. Aus Österreich gebürtiger Pferdenarr, Sammler von Büchern, Bildern und Frauen. Autor eines Standardwerks über chinesisches Porzellan der Ming-Zeit. Führte ein »Tagebuch seiner Begierden«: »Dieses scheußliche Buch« (Sir James Damery); »'n hundsgemeines Buch war das – 'n Buch, wie's nicht mal einer aus der Gosse hätt zusammenstellen können« (Kitty Winter). »Der Bursche sieht, wie Sie vielleicht schon gehört haben, außerordentlich gut aus, hat bezaubernde Manieren, eine sanfte Stimme und jenes Air von

Romantik und Geheimnis, das einer Frau so viel bedeutet. Es heißt, daß ihm das ganze weibliche Geschlecht zu Füßen liege und daß er sich diesen Umstand auch weidlich zunutze mache« (Sir James Damery in *Der illustre Klient*, E5). Wurde in seinem Hause ›Vernon Lodge‹ bei Kingston durch einen Vitriol-Anschlag entstellt.

Harker, Horace. Journalist beim Central Press Syndicate. Auf der Schwelle seines Hauses, Pitt Street 131, wurde der Italiener Pietro Venucci ermordet aufgefunden. »Da sammle ich mein ganzes Leben lang Nachrichten von anderen Leuten, und jetzt, wo mir selbst einmal so eine richtige Nachricht über den Weg läuft, bin ich so verwirrt und durcheinander, daß ich keine zwei Wörter zusammenbekomme« (Harker in *Die sechs Napoleons*, E3).

Harrison, Annie. Aus Briarbrae, Woking; Verlobte von Percy Phelps und Schwester von Joseph Harrison. »Sie war eine eindrucksvoll aussehende Frau, zwar nicht ganz ebenmäßig – ein bißchen klein und fest –, aber mit einem wunderschönen olivfarbenen Teint, großen, dunklen, italienischen Augen und einer Fülle tiefschwarzen Haars« (Watson in *Der Flottenvertrag*, E2).

Harrison, Joseph. Sohn eines nordenglischen Eisenhüttenbesitzers. Bruder von Annie Harrison und künftiger Schwager von Percy Phelps. »Sein Alter mag näher bei vierzig als bei drei-

ßig gelegen haben, aber seine Wangen waren so rosig und seine Augen so munter, daß er immer noch den Eindruck eines rundlichen und schalkhaften Jungen vermittelte« (Watson). »Ich fürchte, Josephs Charakter ist erheblich durchtriebener und gefährlicher, als man aus seinem Äußeren schließen könnte« (Holmes in *Der Flottenvertrag*, E2).

Hatherley, Victor. Opfer eines mörderischen Anschlages, der ihn einen seiner Daumen kostete. Waise, Junggeselle und erfolgloser Hydraulik-Ingenieur, wohnhaft Victoria Street 16A. »Innerhalb von zwei Jahren habe ich drei Konsultationen und einen kleinen Auftrag gehabt ... Meine Bruttoeinnahmen belaufen sich auf siebenundzwanzig Pfund zehn Shilling« (Hatherley in *Der Daumen des Ingenieurs*, E1).

Hayes, Reuben. Wirt des ›Gasthofs zum Kampfhahn‹ bei Mackleton, Derbyshire. Ehemaliger Erster Kutscher des sechsten Herzogs von Holdernesse und Komplize von James Wilder, dem Sekretär des Herzogs. »Einen offensichtlicheren Schurken als den habe ich noch nie gesehen« (Holmes in *Die Abtei-Schule*, E3).

Hayter, Colonel. Ehemaliger Offizier, Freund von Dr. Watson. Hatte Holmes und Watson im Jahre 1887, nach der Affaire der Netherland-Sumatra-Company, in seinem Haus bei Reigate, Surrey, zu Gast. »Es brauchte zwar ein wenig Diplomatie, doch als Holmes erfuhr, daß es sich um einen Junggesellen-Haushalt handelte und er dort völlig frei über sich verfügen könnte, stimmte er meinen Plänen zu« (Watson in *Die Junker von Reigate*, E2).

Heidegger. Deutschlehrer in der Abtei-Schule, der beim Versuch, eine Entführung zu verhindern, zu Tode kam. »Ein großer Mann mit Vollbart und Brille, deren eines Glas herausgeschlagen war« (Watson in *Die Abtei-Schule*, E3).

»Henderson«. Deckname des gestürzten mittelamerikanischen Diktators Don Juan Murillo, des »Tigers von San Pedro«, während seines Aufenthalts in ›High Gable‹ bei Oxshott, Surrey. Wurde dem Vernehmen nach Ende 1892 im Hotel ›Escorial‹ in Madrid, wo er unter dem Namen Marquese von Montalva logierte, von Unbekannten ermordet. »Der sittenloseste und blutrünstigste Tyrann, der je ein Land, das sich zur Zivilisation zählt, regiert hatte« (Watson in *Wisteria Lodge*, E4).

Holder, Alexander. Seniorpartner der zweitgrößten Privatbank der Londoner City, Holder & Stevenson in der Threadneedle Street. Gab »einem der höchsten, vornehmsten, herausragendsten Namen in England« ein Darlehen von 50 000 Pfund und empfing als Sicherheit dafür die unschätzbar wertvolle Beryll-Krone. »Sein Verhalten stand in einem absurden Kontrast zur Würde seiner Kleidung und seiner Züge, denn er lief eilig, bisweilen mit kleinen Sprüngen, wie ein müder Mann sie zu machen pflegt, der kaum daran gewöhnt ist, seine Beine jemals zu belasten« (Watson in *Die Beryll-Krone*, E1).

Holder, Arthur. Sohn von Alexander Holder. Wurde von seinem Vater in polizeilichen Gewahrsam gegeben, da er offenbar versucht hatte, die Beryll-Krone aus dem Familiensitz ›Fairbank‹ in Streatham zu entwenden. »Er ist mir eine Enttäuschung gewesen, Mr. Holmes, eine schwere Ent-

täuschung« (Alexander Holder in *Die Beryll-Krone*, E1).

Holder, Mary. Nichte von Alexander Holder. Brannte mit dem berüchtigten Sir George Burnwell durch. »Meine kleine Mary, die den Frauen eigenen scharfen Blick für Charaktere hat« (Alexander Holder in *Die Beryll-Krone*, E1).

Holdernesse, Sechster Herzog von, K.G., P.C. etc., Baron Beverley, Graf von Carston, Lord-Lieutenant von Hallamshire seit 1900, Lord of the Admiralty 1872 etc. etc. Verheiratet (seit 1888) mit Edith, der Tochter von

JAMES WILDER & HOLDERNESSE

88

Sir Charles Appledore. Erbe: Lord Saltire. »Seine Gnaden haben nicht die Angewohnheit, Briefe selbst zur Post zu bringen« (James Wilder in *Die Abtei-Schule*, E3).

Holdhurst, Lord. Konservativer Außenminister. Onkel von Percy Phelps, Holmes' Klienten im Fall *Der Flottenvertrag* (E2). »Er ist ein feiner Mensch. Aber er hat Mühe, seine Position zu halten ... Sie haben natürlich bemerkt, daß seine Schuhe neu besohlt waren?« (Holmes).

Holmes, Mycroft. Um sieben Jahre älterer Bruder von Sherlock Holmes. Regierungsrechnungsprüfer und interministerieller Berater. »Mycroft bezieht ein Jahresgehalt von vierhundertfünfzig Pfund, bleibt in untergeordneter Position, hat keinerlei Ambitionen, wird weder Titel noch Ehren empfangen, und dennoch ist er der unentbehrlichste Mann im ganzen Land« (Sherlock Holmes in *Die Bruce-Partington-Pläne*.) Ständiger Wohnsitz: ein Appartement in der Pall Mall. »Er geht jeden Morgen um die Ecke nach Whitehall, und jeden Abend zurück. Jahraus, jahrein macht er sich keine andere Bewegung« (Sherlock Holmes in *Der griechische Dolmetscher*). Gründungsmitglied des Diogenes Club, Pall Mall. »Er beherbergt heute die ungeselligsten und clubunfähigsten Männer der Stadt« (Sherlock Holmes in *Der griechische Dolmetscher*). Stand wegen seiner (brachliegenden) Beobachtungs- und Deduktionstalente bei Sherlock Holmes in hoher Ach-

MYCROFT HOLMES

tung. »Wenn die Kunst des Detektivs mit dem logischen Denken von einem Sessel aus begänne und endete, wäre mein Bruder der größte Kriminalist, der je gelebt hat. Aber er hat keine Ambitionen und keine Energie. Er würde nicht einmal von seiner gewohnten Art abweichen, um seine eigenen Lösungen zu verifizieren, und es ist ihm lieber, man glaubt ihn im Unrecht, als daß er die Mühe auf sich nähme zu beweisen, daß er recht hat« (Sherlock Holmes in *Der griechische Dolmetscher*). Wesentlich größer und stämmiger als sein Bruder. Auftritte in *Der griechische Dolmetscher* (E2), *Die*

Bruce-Partington-Pläne (E4) und *Das letzte Problem* (E2).

Hope, Jefferson. Kalifornischer Pionier, Scout, Trapper, Silberschürfer, Viehzüchter, Jäger und – im März 1881 – eingetragener Droschkenfahrer in London. Starb in Haft in London. »Jahr um Jahr verging, sein schwarzes Haar wurde grau, aber noch immer wanderte er weiter, ein Bluthund in Menschengestalt, dessen Geist völlig auf das eine Ziel gerichtet war, dem er sein Leben geweiht hatte« (*Eine Studie in Scharlachrot*, R1).

Hopkins, Stanley. Polizeiinspektor aus Brixton, Lord Street 46; betraut mit den Fällen *Der goldene Kneifer, Der Schwarze Peter, Der verschollene Three-Quarter, Abbey Grange* (alle in E3). Zur Zeit des Falles mit dem »Schwarzen Peter« war er gerade dreißig, und Holmes hegte große, wenn auch zuweilen ins Schwanken kommende Hoffnungen für seine Zukunft: »Ich bin von Stanley Hopkins enttäuscht. Ich hatte mir Besseres von ihm erwartet.«

Howells, Rachel. Zweites Hausmädchen bei Reginald Musgrave im ›Hurlstone Manor‹, West Sussex. Ehemalige Verlobte des Butlers Richard Brunton. »Rachel, ein sehr gutes Mädchen, jedoch von reizbarem, walisischem Temperament, hatte einen heftigen Anfall von Gehirnfieber und wandert seither durchs Haus – oder tat es bis gestern – wie ein schwarzäugiger Schatten ihres frühe-

ren Selbst« (Musgrave in *Das Musgrave-Ritual*, E2).

Hudson. Ehemaliger Seemann; ohne festen Wohnsitz. Überlebte als junger Mann den Schiffbruch des Sträflingstransporters ›Gloria Scott‹, dessen Mannschaft er angehörte, als das Schiff 1855 auf der Überfahrt von Falmouth nach Australien spurlos verschwand. In der Folge von Friedensrichter James Trevor als Gärtner und später als Butler angestellt. »Die Mädchen beklagten sich über seine Trinkerei und seine Anzüglichkeiten. Vater erhöhte für alle die Löhne, um sie für den Verdruß zu entschädigen« (Victor Trevor in *Die Gloria Scott*, E2).

Hudson, Morse. Gemälde- und Statuenhändler aus der Kennington Road. Die Zertrümmerung einer in seinem Laden stehenden Napoleonbüste durch einen Unbekannten bildete den Auftakt zum Fall *Die sechs Napoleons* (E3). »Ein kleiner, kräftiger Mann mit rotem Gesicht und hitzigem Gebaren« (Watson).

Hudson, Mrs. Holmes' und Watsons Vermieterin in der Baker Street 221 B. »Ihre Kochkunst ist etwas beschränkt, aber vom Frühstück hat sie eine ebenso gute Auffassung wie eine Schottin« (Holmes in *Der Flottenvertrag*, E2). »Nicht genug damit, daß die Wohnung im ersten Stockwerk ihres Hauses zu allen Tages- und Nachtzeiten von Scharen merkwürdiger und oft auch anrüchiger Gestalten heimgesucht wurde; ihr eigenartiger

Mieter führte zudem auch noch einen so exzentrischen und unregelmäßigen Lebenswandel, daß ihre Geduld wohl des öfteren auf eine harte Probe gestellt wurde. Seine unglaubliche Schlampigkeit, seine musikalischen Exzesse zu den seltsamsten Zeiten, seine gelegentlichen Revolverübungen in der Wohnung, seine abstrusen und oft übelriechenden naturwissenschaftlichen Experimente und schließlich die Atmosphäre von Gewalt und Gefahr, die ihn umgab, dies alles machte ihn zum allerschlimmsten Mieter von ganz London« (Watson in *Der Detektiv auf dem Sterbebett*, E4). Auftritte in *Das Zeichen der Vier* (R2), *Der Flottenvertrag* (E2), *Das leere Haus* (E3), *Der Schwarze Peter* (E3), *Das Tal der Angst* (R4), *Der Mazarin-Stein* (E5), *Seine Abschiedsvorstellung* (E4), *Das gesprenkelte Band* (E1), *Der Detektiv auf dem Sterbebett* (E4), *Wisteria Lodge* (E4), *Die Löwenmähne* (E5), *Ein Skandal in Böhmen* (E1), *Der zweite Fleck* (E3), *Die drei Garridebs* (E5).

Hunter, Violet. Waise. Fünf Jahre lang Gouvernante im Hause von Colonel Spence Munro, bis dieser mit seiner Familie nach Neuschottland auswanderte. Danach erhielt sie durch die Agentur Westaway eine Stelle als Gouvernante von Jephro Rucastles Sohn in ›The Copper Beeches‹ (Die Blutbuchen) bei Winchester, jedoch zu so ungewöhnlichen Anstellungsbedingungen, daß sie Holmes konsultierte. »Ich muß gestehen, es ist nicht gerade eine Stellung, bei der ich es gern sähe, wenn meine eigene Schwester sich darum bewürbe« (Holmes). »Sie war schlicht, aber sauber gekleidet, hatte ein frisches, waches Gesicht, mit Sommersprossen übersät wie das Ei des Regenpfeifers, und zeigte das entschiedene Auftreten einer Frau, die sich in der Welt ihren eigenen Weg hat bahnen müssen« (Watson in *Die Blutbuchen*, E1).

Huxtable, Dr. Thorneycroft, M.A., Ph.D. etc.; Gründer und Leiter der Abtei-Schule bei Mackleton, Derbyshire. Verfasser von *Huxtables Streiflichter auf Horaz*. »Seine Karte, die zu klein schien, um das Gewicht seiner akademischen Auszeichnungen tragen zu können, traf wenige Sekunden vor ihm ein; und dann schritt er selbst herein – so groß, so aufgeblasen und so ehrwürdig, daß er wie die Verkörperung von Selbstbeherrschung und Festigkeit schlechthin wirkte. Und doch – das erste, was er tat, nachdem er die Tür hinter sich geschlossen hatte, war, gegen den Tisch zu schwanken, von wo er auf den Boden rutschte; und da lag nun diese majestätische Gestalt bewußtlos ausgestreckt auf unserem Bärenfell-Kaminvorleger« (Watson in *Die Abtei-Schule*, E3).

Johnson, Shinwell (»Porky«). Exsträfling, von Holmes zur Beschaffung von Informationen über die kriminelle Unterwelt angestellt. »Der Glanz seiner beiden Verurteilungen verschaffte ihm Zutritt zu jedem Nachtclub, jeder Absteige und jeder Spielhölle der Stadt« (Watson in *Der illustre Klient).

Johnson, Sidney. Zur Zeit des Diebstahls der Bruce-Partington-Pläne Bürovorsteher und Konstruktionszeichner in der U-Boot-Abteilung des Arsenals von Woolwich. »Hier geht alles drunter und drüber. Der Chef tot, Cadogan West tot, die Pläne gestohlen ... Und dabei waren wir am Montagabend, als wir das Büro verließen, noch eine so tadellos funktionierende Regierungsdienststelle wie nur irgendeine« (Johnson in *Die Bruce-Partington-Pläne*, E4).

Jones, Athelney. Detektiv von Scotland Yard, der den öffentlichen Ruhm für die Lösung des Falles *Das Zeichen der Vier* (R2) einheimste. »Er war bullig, hatte ein rotes Gesicht, das auf hohen Blutdruck hindeutete, und hinter seinen wulstigen, aufgedunsenen Tränensäcken blinzelten mit wachem Blick zwei kleine, funkelnde Äuglein hervor« (Watson). »Wenn Gregson oder Lestrade oder Athelney Jones am Ende ihrer Weisheit sind – was bei ihnen übrigens der Normalfall ist –, dann wird die Sache mir unterbreitet« (Holmes).

Jones, Peter. Polizeibeamter, der im Fall *Die Liga der Rotschöpfe* (E1) mit Holmes zusammenarbeitete. »Kein schlechter Kerl, wenn auch in seinem Beruf ein absoluter Schwachkopf« (Holmes).

Kirwan, William. Kutscher von Friedensrichter Cunningham aus Reigate. Wurde offenbar bei dem Versuch, einen Einbruch in das Haus seines Herrn zu verhindern, erschossen. »Durchs Herz geschossen, Sir, und sprach kein Wort mehr« (Colonel Hayters Butler in *Die Junker von Reigate*, E2).

Klein, Isadora. Witwe des deutschen Zuckerkönigs Klein. Gefeierte, in die Aristokratie von Pernambuco hineingeborene Schönheit rein spanischen Geblüts. »Die reichste und schönste Witwe der Welt ... Aber sie ist die *belle dame sans merci*, wie sie im Buche steht« (Holmes). Geliebte des verstorbenen Douglas Maberley. »Es folgte ein Lebensabschnitt voller Abenteuer, wo sie sich nur noch ihren Genüssen hingab« (Holmes in *Die Drei Giebel*, E5).

PAUL & SOPHY KRATIDES

Kratides, Paul und Sophy. Griechisches, aus einer wohlhabenden Athener Familie stammendes Geschwisterpaar, das den berüchtigten Gangstern Wilson Kemp und Harold Latimer in die Fänge geriet, von denen Paul Kratides in der Folge ermordet wurde. »Ihre Umarmung währte jedoch nur einen Augenblick, denn der jüngere Mann packte die Frau und stieß sie aus dem Zimmer, während der ältere sein ausgemergeltes Opfer ohne weiteres überwältigte und es durch die andere Tür wegzerrte« (Melas in *Der griechische Dolmetscher*, E2).

HAROLD LATIMER

Lanner, Inspektor. Polizeibeamter, der in der Sache des Selbstmordes von Mr. Blessington aus der Brook Street 403 ermittelte. »Ein schneidig aussehender Polizeiinspektor« (Watson in *Der niedergelassene Patient*, E2).

Latimer, Harold. Entführte zusammen mit Wilson Kemp, »einem Mann mit dem übelsten Vorleben«, Paul Kratides, den Bruder einer Griechin, mit der er angebändelt hatte. Später wurde angenommen, Latimer und Kemp hätten sich, als sie mit Sophy Kratides durch Ungarn reisten, gegenseitig erstochen. »Holmes jedoch, denke ich mir, ist anderer Auffassung und vertritt bis zum heutigen Tage die Meinung, es ließe sich, wenn man das griechische Mädchen fände, möglicherweise in Erfahrung bringen, wie das Unrecht an ihr und ihrem Bruder gerächt wurde« (Watson in *Der griechische Dolmetscher*, E2).

Lestrade, G.; Inspektor von Scotland Yard. Befaßte sich mit dreizehn Holmes-Fällen: *Die Pappschachtel* (E4), *Der Baumeister aus Norwood* (E3), *Eine Studie in Scharlachrot* (R1), *Die sechs Napoleons* (E3), *Der Hund der Baskervilles* (R3), *Der zweite Fleck* (E3), *Das Rätsel von Boscombe Valley* (E1), *Die Bruce-Partington-Pläne* (E4), *Charles Augustus Milverton* (E3), *Das leere Haus* (E3), *Das Verschwinden der Lady Frances Carfax* (E4), *Der adlige Junggeselle* (E1), *Die drei Garridebs* (E5). Ein schneller und zugriffiger Arbeiter, trotz seinem Hang zu konventionellen Methoden unter Ausschluß der Inspiration. Nach Ansicht von Holmes hatte er beim Yard, abgesehen von Gregson, nicht seinesgleichen. »Es gab da einen kleinen blassen Burschen mit einem Rattengesicht und dunklen Augen, der mir als Mr. Lestrade vorgestellt wurde« (Watson in *Eine Studie in Scharlachrot*).

93

Leverton. Beauftragter der Detektei Pinkerton (USA). Held des Rätsels der Long-Island-Höhlen. Kam auf der Jagd nach Giuseppe Gorgiano nach London. »Ein ruhiger, sachlich wirkender junger Mann mit glattrasiertem, scharfgeschnittenem Gesicht« (Watson in *Der Rote Kreis*, E4).

Lucas, Eduardo; wohnhaft Godolphin Street, Westminster, wo er in seinem fünfunddreißigsten Lebensjahr erstochen aufgefunden wurde. Salonlöwe, unverheiratet, einer der besten Laientenöre im ganzen Land. Verbrachte einen großen Teil seines Lebens in Paris, wo er unter dem Namen Henri Fournaye bekannt war und zusammen mit »Mme. Henri Fournaye«, einer Kreolin von reizbarem Temperament, ein kleines Haus in der Rue Austerlitz bewohnte. »Er führte zwei hermetisch voneinander abgeschlossene Leben« (Lestrade in *Der zweite Fleck*, E3).

Lucca, Emilia. Geboren in Posilippo bei Neapel; Tochter des Parlamentsabgeordneten Augusto Barelli. Verheiratet mit Gennaro Lucca, der sich von der Neapolitanischen Geheimgesellschaft Der Rote Kreis nach London geflüchtet hatte. »Im Türrahmen stand eine schöne, großgewachsene Frau – die geheimnisvolle Mieterin von Bloomsbury« (Watson in *Der Rote Kreis*, E4).

Lyons, Laura, ›Coombe Tracey‹, Dartmoor, Devonshire. Tochter von

Frankland, dem Freund und Nachbarn des verstorbenen Sir Charles Baskerville. Nachdem sie von ihrem Künstler-Gatten verlassen und von ihrem Vater verstoßen worden war, halfen ihr Sir Charles Baskerville, John Stapleton und Dr. James Mortimer, ihren Lebensunterhalt zu bestreiten. »Etwas in diesem Gesicht war auf eine subtile Weise unstimmig, ein Anflug von Gewöhnlichkeit, vielleicht eine gewisse Härte des Blicks, eine Schlaffheit der Lippen – etwas, das die vollkommene Schönheit beeinträchtigte« (Watson in *Der Hund der Baskervilles*, R3).

Maberley, Mary, wohnhaft in ›Die Drei Giebel‹, Harrow Weald. Witwe von Mortimer Maberley; Mutter des verstorbenen Douglas Maberley, der Attaché in Rom und ein unbedeutender Romancier gewesen war. Nach dem Tod ihres Sohnes führte sie in ihrem Haus ein zurückgezogenes Leben, bis sie ein mysteriöses Angebot von einem Häusermakler namens Haines-Johnson erhielt, das sie dazu veranlaßte, bei Holmes Rat zu suchen. »Sie haben mir einen guten Rat gegeben, Mr. Holmes. Ach, und ich habe mich nicht daran gehalten!« (*Die Drei Giebel*, E5).

McCarthy, Charles. Witwer; Pächter der ›Hatherley Farm‹ bei Ross-on-Wye, Herefordshire, und ehemaliger Fuhrmann. Wurde am Boscombe Pool, nahe bei seiner Farm, mit einem stumpfen Gegenstand ermordet. »Ein Mann von sehr hitzigem Tempera-

EMILIA LUCCA

ment« (James McCarthy, Zeugenaussage vor dem Coroner in *Das Rätsel von Boscombe Valley*, E1).

McCarthy, James. Einziger Sohn von Charles McCarthy. Verheiratet mit einem Barmädchen aus Bristol (illegale Doppelehe ihrerseits). Wurde unter dem Verdacht, seinen Vater ermordet zu haben, dem Schwurgericht von Herefordshire übergeben. »Er ist nicht übermäßig gescheit, sieht aber gut aus und hat, glaube ich, ein gutes Herz« (Holmes in *Das Rätsel von Boscombe Valley*, E1).

Macdonald, Alec. Inspektor von Scotland Yard; aus Aberdeen stammend. Zeichnete sich schon am Anfang seiner Laufbahn durch eine Reihe erfolgreicher Nachforschungen aus; offiziell wurde ihm die Lösung des Rätsels von ›Birlstone Manor‹, Sussex, zugeschrieben. »Zuneigung und Respekt des Schotten gegenüber seinem Amateurkollegen waren tiefempfunden, und das ließ er auch offen erkennen durch die Freimütigkeit, mit der er Holmes in jeder schwierigen Lage konsultierte« (Watson in *Das Tal der Angst*, R4).

McFarlane, John Hector, ›Torrington Lodge‹, Blackheath. Junggeselle, Rechtsanwalt, Freimaurer und Asthmatiker. Juniorpartner der Firma Graham & McFarlane, Gresham Building 426. Verhaftet unter dem Verdacht, Jonas Oldacre ermordet zu haben. »Ich bin dem Wahnsinn nahe, Mr. Holmes, ich bin der unglückliche John Hector McFarlane« (*Der Baumeister aus Norwood*, E3).

McGinty, John (»Black Jack«). Saloonbesitzer und Stadtrat von Vermissa, USA. Stuhlmeister der Loge 341, Vermissa Valley, des Ehrwürdigen Ordens der Freimaurer und Chef der Scowrers, einer Splittergruppe dieses Ordens, die sich dem Mord und anderen Verbrechen verschrieben hatte. Wurde zusammen mit acht seiner wichtigsten Gefolgsleute gehängt. »In dieser Gegend geschieht nichts ohne die Einwilligung von Black Jack McGinty« (*Das Tal der Angst*, R4).

McLaren, Miles. Student am St. Luke's College. »Er ist ein glänzender Bursche, wenn er zu arbeiten beliebt – einer der hellsten Köpfe der Universität; aber er ist eigensinnig, ausschweifend und charakterlos« (Hilton Soames in *Die drei Studenten*, E3).

»McMurdo, John«. Mitglied der Scowrers von Pennsylvania. Siehe Douglas, John.

McPherson, Fitzroy. Physiklehrer am Privatinstitut ›The Gables‹ bei Fulworth, Sussex. Verlobt mit Miss Maud Bellamy von ›The Haven‹, Fulworth. Starb im Juli 1907 unter mysteriösen Umständen, als er vom Schwimmen zurückkam. »Ich habe Mr. McPherson gut genug gekannt, um zu wissen, daß er ein mutiger und kräftiger Mann war« (Maud Bellamy in *Die Löwenmähne*, E5).

Marvin, Teddy. Captain der Coal and Iron Police, Vermissa Valley, USA; vormals bei der Polizeitruppe Chicago Mitte. »Was sind Sie denn anderes als ein bezahltes Werkzeug der Kapitalisten – angeheuert, um Ihre ärmeren Mitbürger niederzuknüppeln oder niederzuschießen?« (Logenmeister McGinty in *Das Tal der Angst*, R4).

Mason, John. Cheftrainer bei Sir Robert Norberton, dem Pferdezüchter. Konsultierte Holmes, nachdem er in einem Heizkessel an seinem Arbeitsplatz den oberen Gelenkhöcker eines menschlichen Oberschenkelknochens gefunden hatte. »Ein hochgewachsener, glattrasierter Mann, dem jener entschlossene, strenge Gesichtsausdruck eignete, den man nur bei Leuten findet, die Pferde oder Knaben beaufsichtigen müssen« (Watson in *Shoscombe Old Place*, E5).

Mason, White. Oberster Kriminalbeamter der Grafschaft Sussex. Ermittelte im Fall der Erschießung von John Douglas im ›Manor House‹, Birlstone. »White Mason ist ein gerissener Kerl. Hier draußen hat's noch nie 'n Fall gegeben, dem White Mason nicht gewachsen war« (Sergeant Wilson in *Das Tal der Angst*, R4).

Melas. Aus Griechenland gebürtiger Sprachen-Experte; Mieter über Mycroft Holmes' Wohnung in der Pall Mall und wie dieser Mitglied des Diogenes Clubs. Wurde zweimal von Harold Latimer entführt und gewaltsam in ›The Myrtles‹, Beckenham, festgehalten. »Er verdient sich seinen Lebensunterhalt teils als Dolmetscher vor Gericht, teils, indem er als Führer für etwelche wohlhabenden Orientalen fungiert, die sich in den Hotels der Northumberland Avenue aufhalten« (Mycroft Holmes in *Der griechische Dolmetscher*, E2).

Merton, Sam. Boxer und Komplize von Graf Negretto Sylvius; von Holmes im Gegensatz zum Hai Sylvius als Plattfisch bezeichnet. »Billy, vor der Haustür findest du einen großen und häßlichen Gentleman. Bitte ihn, heraufzukommen« (Holmes in *Der Mazarin-Stein*, E5).

De Merville, Violet. Tochter von General de Merville, der sich nach einer bemerkenswerten Karriere und Heldentaten am Khyberpaß zur Ruhe gesetzt hatte. Gesundheit und Kraft ihres Vaters wurden durch ihre romantische Neigung zu dem berüchtigten Baron Gruner stark in Mitleidenschaft gezogen. »Sie ist schön; aber von jener ätherischen Schönheit einer Fanatikerin, die mit ihren Gedanken in den höchsten Gefilden schwebt ... Wie ein Unhold seine schmutzigen Pratzen auf solch ein Wesen aus dem Jenseits legen konnte, ist mir unbegreiflich. Sie haben vielleicht schon beobachtet, daß Gegensätze einander anziehen: das Geistige das Animalische, der Höhlenmensch den Engel. Einen schlimmeren Fall als diesen aber haben Sie noch nicht erlebt« (Holmes in *Der illustre Klient*, E5).

nem Haus ›Appledore Towers‹ in Hampstead getötet. »Empfinden Sie ein Grausen und Schaudern, Watson, wenn Sie im Zoo vor den Reptilien stehen und diese schlüpfrigen, gleitenden, giftigen Wesen mit ihren tödlichen Augen und bösen, platten Gesichtern betrachten? Nun, so ergeht es mir bei Milverton. Ich hatte in meiner Karriere schon mit fünfzig Mördern zu tun, aber selbst der schlimmste von ihnen hat mir keinen solchen Widerwillen eingeflößt wie dieser Kerl« (Holmes in *Charles Augustus Milverton*, E3).

Moran, Colonel Sebastian. »Der zweitgefährlichste Mann Londons« (Holmes). 1840 in London geboren; Sohn von Sir Augustus Moran, C.B., dem ehemaligen britischen Gesandten in Persien. Schulbesuch in Eton und Oxford. Diente bei den Jowaki- und Afghanistan-Feldzügen in Charasiab, Sherpur und Kabul. Meisterschütze und Spieler. Verfasser von *Großwild im westlichen Himalaya* (1881) und *Drei Monate im Dschungel* (1884). Anschrift: Conduit Street. Clubs: Anglo-Indian, Tankerville, Bagatelle Card Club. War eine Zeitlang Stabschef von Professor Moriarty. »Mit der Stirn eines Philosophen oben und dem Kinn eines Lüstlings unten mußte der Mann mit großen Talenten für das Gute oder das Böse begonnen haben. Doch konnte man seine grausamen blauen Augen mit ihren hängenden zynischen Lidern oder seine böse aggressive Nase und die bedrohliche gefurchte Stirn nicht ansehen,

CHARLES AUGUSTUS MILVERTON

Millar, Flora. Ehemalige Tänzerin im ›Allegro‹ und Freundin von Lord St. Simon. Wurde verhaftet, nachdem sie während des Hochzeitsfrühstücks von Lord St. Simon und Hatty Doran eine Störung verursacht hatte. »Flora war ein liebes Ding, aber über alle Maßen hitzig und mir sehr ergeben und anhänglich« (Lord St. Simon in *Der adlige Junggeselle*, E1).

Milverton, Charles Augustus. »Der übelste Mensch in ganz London ... der König aller Erpresser« (Holmes). Wurde im Alter von fünfzig Jahren von einer ungenannten Frau in sei-

SEBASTIAN MORAN   JAMES MORIARTY

ohne darin die deutlichsten Gefah-. rensignale der Natur zu erblicken« (Watson in *Das leere Haus*, E3).

Moriarty, Professor James. »Der Napoleon des Verbrechens ... Organisator der Hälfte all dessen, was in dieser großen Stadt an Bösem geschieht, und von nahezu allem, was ungeklärt bleibt. Er ist ein Genie, ein Philosoph, ein abstrakter Denker.« (Holmes in *Das letzte Problem*, E2). Stammte aus gutem Hause und genoß eine ausgezeichnete Erziehung. Verfasser von *Dynamik eines Asteroiden* – »einem Buch, das solch luftige Höhen der reinen Mathematik erklimmt, daß man behauptet, es habe sich in der gesamten Fachpresse kein Kopf gefunden, der imstande wäre, das Werk zu rezensieren« (Holmes in *Das Tal der Angst*, R4). Im Alter von einundzwanzig Jahren schrieb er eine Abhandlung über den binomischen Lehrsatz, die in ganz Europa Aufsehen erregte und ihm einen Lehrstuhl für Mathematik an einer der kleineren englischen Universitäten sicherte. Gerüchte in Zusammenhang mit seiner Person zwangen ihn aber dazu, zurückzutreten, worauf er sich als militärischer Ausbilder in London

99

niederließ. Er war unverheiratet und hatte zwei Brüder, von denen einer ein Colonel, der andere Bahnhofsvorsteher im Westen Englands war. Kam mutmaßlich bei seinem Kampf mit Holmes über dem Reichenbach-Fall in der Nähe von Meiringen, Schweiz, ums Leben. »Er ist überaus groß und dünn, seine Stirn wölbt sich wie eine weiße Kuppel über seinen tief eingesunkenen Augen. Er ist glattrasiert, bleich und wirkt asketisch: Er hat in seinen Zügen nach wie vor etwas von dem Professor bewahrt. Seine Schultern sind vom vielen Studium gekrümmt, sein Kopf ist weit nach vorn gestreckt und pendelt fortwährend auf merkwürdig reptilische Weise langsam hin und her« (Holmes in *Das letzte Problem*, E2).

MARY MORSTAN

Morris, Bruder. Gutgesinntes und gemäßigtes Mitglied der Scowrers von Pennsylvania; hielt der Bruderschaft die Gefahren vor Augen, welche die Vertreibung der Kleinunternehmer mit sich bringen mußte. »Ich sage euch, Brüder, daß wir in diesem Tal zu hart vorgehen« (*Das Tal der Angst*, R4).

Morstan, Mary. John H. Watsons erste Frau. Tochter des verstorbenen Captain Arthur Morstan vom 34. Infanterieregiment von Bombay, der am 3. Dezember 1878, kurz nachdem er für einen zwölfmonatigen Heimaturlaub in London eingetroffen war, verschwand. Ihre Mutter starb, als Mary noch ein Kind war, worauf sie von Indien nach Hause geschickt

wurde, wo sie bis zu ihrem siebzehnten Lebensjahr in einem Internat bei Edinburgh lebte. 1882 wurde sie von Mrs. Cecil Forrester aus Lower Camberwell als Gesellschafterin angestellt; hier blieb sie bis zu ihrer Heirat mit Watson nach Abschluß des Falles vom *Zeichen der Vier*, in dem es um ihren verstorbenen Vater gegangen war. Sie starb Anfang der Neunzigerjahre. »Meine Gedanken kreisten um unsere Besucherin, um ihr Lächeln, den warmen, vollen Klang ihrer Stimme und das seltsame Geheimnis, das ihr Leben überschattete. Wenn sie zum Zeitpunkt des Verschwindens ihres Vaters siebzehn gewesen war, so mußte sie jetzt siebenundzwanzig sein – das schöne Alter, wenn die Jugend ihre Befangenheit abgelegt und im Leben draußen ein wenig Besonnenheit erlangt hat. So saß ich da und sann vor mich hin, bis schließlich Gedanken von solcher Gefährlichkeit in meinem Kopf aufstiegen, daß ich an mein Pult stürzte und mich mit wildem Arbeitseifer in den jüngsten Artikel über Pathologie vergrub« (Watson in *Das Zeichen der Vier*). »Ich finde, daß sie eine der reizendsten jungen Ladies ist, denen ich je begegnet bin, und daß sie für die Art von Tätigkeit, der wir uns bis anhin gemeinsam gewidmet haben, von größtem Nutzen hätte sein können. Sie hatte ein ganz ausgesprochenes Talent in dieser Richtung« (Holmes in *Das Zeichen der Vier*, R2).

Mortimer, James, M.R.C.S. Von 1882 bis 1884 Anstaltschirurg am Charing Cross Hospital. Gewinner des Jackson-Preises für Vergleichende Pathology für seinen Essay »Ist Krankheit ein Atavismus?«. Korrespondierendes Mitglied der Schwedischen Gesellschaft für Pathologie. Autor von »Einige sonderbare Fälle von Atavismus« (Lancet, 1882) und »Machen wir Fortschritte?« (Journal of Psychology, März 1883). Heiratete 1884 und ließ sich als Gemeindearzt von Grimpen, Thursley und High Barrow in Grimpen, Dartmoor, Devonshire, nieder. Hausarzt und persönlicher Freund von Sir Charles Baskerville, dessen geheimnisumwitterten Tod er Holmes zur Kenntnis brachte. »Sie interessieren mich sehr, Mr. Holmes ... Ein Abguß Ihres Schädels, Sir,

wäre, solange nicht das Original zur Verfügung steht, die Zierde jedes anthropologischen Museums« (Mortimer in *Der Hund der Baskervilles*, R3).

Moulton, Francis Hay. Ehemaliger Goldsucher und rechtmäßiger Gatte von Hatty Doran, der kalifornischen Erbin. »Ich rede aus Höflichkeit von einem Gentleman; tatsächlich sah er ganz gewöhnlich aus« (Lord St. Simon in *Der adlige Junggeselle*, E1).

Mount-James, Lord. Einer der reichsten Männer Englands. Onkel von Godfrey Staunton, dem Rugby-Internationalen. »Er war in schäbiges

LORD MOUNT-JAMES

101

Schwarz gekleidet ... im ganzen machte er den Eindruck eines sehr ländlichen Pfarrers oder eines bezahlten Begräbnisteilnehmers« (Watson). »Der alte Knabe ist beinahe achtzig – außerdem völlig gichtbrüchig. Man sagt, er könne seinen Billardstock mit seinen Knöcheln kalken« (Cyril Overton in *Der verschollene Three-Quarter*, E3).

Munro, Grant (»Jack«). Hopfenhändler aus Norbury, Surrey. Verheiratet mit Effie, Witwe von John Hebron aus Atlanta, New Jersey, deren unerklärliches Verhalten ihn dazu veranlaßte, Holmes auf den Fall *Das gelbe Gesicht* (E2) aufmerksam zu machen. »Pfeifen sind gelegentlich von außerordentlichem Interesse ... Der Besitzer ist offensichtlich ein kräftiger Mann, Linkshänder, mit ausgezeichnetem Gebiß, achtlos in seinen Gewohnheiten und nicht auf Sparsamkeit angewiesen« (Holmes).

Munro, Colonel Spence. Der frühere Arbeitgeber von Violet Hunter, bevor sie für Jephro Rucastle zu arbeiten begann (*Die Blutbuchen*, E1).

Murdoch, Ian. Mathematiklehrer am Privatinstitut ›The Gables‹ bei Fulworth, Sussex. »Er schien in irgendeiner fernen, abstrakten Region von irrationalen Größen und Kegelschnitten zu leben; mit dem gemeinen Alltag verband ihn offenbar nur wenig« (Holmes in *Die Löwenmähne*, E5).

Murillo, Don Juan. Gestürzter zentralamerikanischer Diktator, der inkognito bei Oxshott, Surrey, lebte. Siehe auch **Henderson** (*Wisteria Lodge*, E4).

Musgrave, Reginald. M.P., ›Hurlstone Manor‹, West Sussex. Gehörte der Nebenlinie einer der ältesten Familien des Königreichs an; Kommilitone von Holmes. »Nie sah ich sein bleiches, scharfgeschnittenes Gesicht ... ohne ihn mit grauen Bogengängen und Fenstern mit Stabwerk und all den ehrwürdigen Trümmern eines Lehenssitzes in Verbindung zu bringen« (Holmes in *Das Musgrave-Ritual*, E2).

Neligan, John Hopley. Sohn eines Teilhabers der ehemaligen West-Country-Bank Dawson & Neligan. Von der Polizei des Mordes an Captain Peter Carey verdächtigt. »Können Sie sich vorstellen, daß dieser blutarme Jüngling in der Lage war, einen so entsetzlichen Schlag zu führen?« (Holmes in *Der Schwarze Peter*, E3).

Norberton, Sir Robert, ›Shoscombe Old Place‹ bei Crendall, Berkshire. Herrenreiter (Zweiter beim Derby), Boxer, Athlet und Pferdezüchter – Besitzer des Derbysiegers Shoscombe Prince. »Er zählt zu jenen Männern, die ihre eigentliche Generation verpaßt haben. Er hätte ein Haudegen in den Tagen Georgs des Vierten sein sollen: Er ist Boxer, Athlet, waghalsiger Wetter auf dem Rennplatz, Liebhaber schöner Damen und steckt, soviel man hört, derartig tief in Schwulitäten, daß er wohl nie wieder herausfindet« (Watson in *Shoscombe Old Place*, E5).

Oberstein, Hugo, alias »Pierrot«. Ausländischer Geheimagent, der in den Neunzigerjahren von der Adresse Caulfield Gardens 13, Kensington, aus in London operierte. Wurde im November 1895 bei seiner Rückkehr aus Paris im Charing Cross Hotel verhaftet und in der Folge zu fünfzehn Jahren Gefängnis verurteilt. »Kleine Fische gibt es in Hülle und Fülle, aber nur wenige Männer, die sich an eine so große Sache heranwagen würden« (Mycroft Holmes in *Die Bruce-Partington-Pläne*, E4).

Oldacre, Jonas, alias »Cornelius«; ›Deep Dene House‹, Lower Norwood, Surrey. Alteingesessener, prosperierender Bauunternehmer. Junggeselle; einstmals Verlobter der Mutter von John Hector McFarlane. »Er war eher ein bösartiger und verschlagener Affe als ein Mensch; das war er schon immer, seit seiner Jugend« (Mrs. McFarlane in *Der Baumeister aus Norwood*, E3).

Openshaw, John, aus Horsham, Surrey. Geboren 1866 als Sohn von Joseph Openshaw aus Coventry, dem Inhaber des Patents für den unzerreißbaren Openshaw-Fahrradreifen. Neffe von Elias Openshaw, der mit der Post eine rätselhafte Sendung von fünf Orangenkernen erhielt. 1887 in der Nähe der Waterloo Bridge ertrunken. »Der junge Openshaw wird nicht lange ungerächt bleiben« (Holmes in *Die fünf Orangenkerne*, E1).

Ormstein, Wilhelm Gottsreich Sigismund von, Großherzog von Kassel-Falstein und Erbkönig von Böhmen. Verlobter von Clothilde Lothman von Sachsen-Meningen, der zweiten Tochter eines skandinavischen Königs. Ehemals eng liiert mit Irene Adler. Trat in seinem Londoner Hotel (dem ›Langham‹) unter dem Namen Baron von Kramm auf. »Seine Kleidung war in einer Weise kostbar, die in England als schlechter Geschmack gegolten hätte« (Watson in *Ein Skandal in Böhmen*, E1).

W.G.S. v. ORMSTEIN

Overton, Cyril, Trinity College, Cambridge. Kapitän der Rugby-Mannschaft der Universität Cambridge. »Zwei Zentner nichts als Fleisch und Knochen« (Watson in *Der verschollene Three-Quarter*, E3).

Parr, Lucy. Zweites Kammermädchen bei der Familie Alexander Holder in ›Fairbank‹, Streatham; wurde zusammen mit ihrem einbeinigen Geliebten verdächtigt, die berühmte Beryll-Krone gestohlen zu haben. »Sie ist sehr hübsch und hat etliche Bewunderer, die bisweilen das Haus umlagert haben« (Alexander Holder in *Die Beryll-Krone*, E1).

Peterson. Londoner Dienstmann; Finder des Hutes und der Gans in *Der blaue Karfunkel* (E1). »Ein sehr ehrlicher Kerl« (Holmes).

Phelps, Percy (»Kaulquappen«-Phelps). Staatsbeamter, wohnhaft ›Briarbrae‹, Woking. Neffe von Lord Holdhurst und Schulfreund Watsons. Hatte eine sehr angeschlagene Gesundheit, nachdem ein geheimer Vertrag über die Zusammenarbeit der englischen und italienischen Flotte von seinem Schreibtisch im Außenministerium entwendet worden war. »Er hatte, wie ich mich entsinne, überaus gute Verbindungen, und schon damals, als wir allesamt noch kleine Jungen waren, wußten wir, daß der Bruder seiner Mutter Lord Holdhurst, der große Politiker der Konservativen, war. Diese glänzende Verwandtschaft nützte ihm allerdings

wenig in der Schule« (Watson in *Der Flottenvertrag*, E2).

»Pinner, Arthur und Harry«. Londoner Agent bzw. Leitender Direktor der Franco-Midland Eisenwaren Gesellschaft (englische Niederlassung: Corporation Street 126 B, Birmingham). Siehe auch unter **Beddington.** »Natürlich erwartet man, daß zwei Brüder einander ähneln, aber nicht, daß sie den gleichen Zahn auf die gleiche Weise gefüllt haben« (Hall Pycroft in *Der Angestellte des Börsenmaklers*, E2).

Porlock, Fred. *Nom de plume* eines gelegentlich für Holmes arbeitenden Informanten. Seine chiffrierte Botschaft gab Holmes den ersten Hinweis auf die merkwürdigen Ereignisse in Birlstone, Sussex. »Porlock ist wichtig, nicht seinetwegen, sondern wegen des großen Mannes, mit dem er in Verbindung steht. Stellen Sie sich den Lotsenfisch neben dem Hai vor, den Schakal neben dem Löwen – irgend etwas Unbedeutendes verbündet mit etwas Furchtbarem« (Holmes in *Das Tal der Angst*, R4).

Prendergast, Jack. 1855 wegen Betrugs nach Australien deportiert, jedoch an Bord der Sträflingsbark ›Gloria Scott‹, auf der er eine Meuterei angezettelt hatte, verschollen. »Du hältst es doch nicht für wahrscheinlich, daß ein Mann, der alles tun könnte, sich im stinkenden Gefängnis eines rattenzernagten, ungezieferverseuchten, modrigen alten Sarges von Chinafahrer den Hosen-

PROFESSOR PRESBURY

boden durchwetzt?« (Prendergast in *Die ›Gloria Scott‹*, E2).

Presbury, Professor. Berühmter Physiologe an der Universität Camford. Geboren 1842. Witwer; eine Tochter; 1903 Verlobung mit Alice, einer Tochter von Professor Morphy, dem Inhaber des Lehrstuhls für Vergleichende Anatomie in Camford. »Ein stattlicher Mann mit vollen Gesichtszügen, ernst, hochgewachsen und mit einem Gehrock angetan; seinem Auftreten eignete jene Würde, deren man als Dozent bedarf« (Watson in *Der Mann mit dem geduckten Gang*, E5).

Presbury, Edith. Professor Presburys Tochter, verlobt mit Trevor Bennett, dem Assistenten ihres Vaters. »Ein aufgewecktes hübsches Mädchen vom herkömmlichen englischen Typ« (Watson in *Der Mann mit dem geduckten Gang*, E5).

Pycroft, Hall. Börsenmakler im Angestelltenverhältnis, vormals bei Coxon & Woodhouse, Drapers' Gardens. Designierter Geschäftsführer der Franco-Midland Eisenwaren Gesellschaft. »Ein smarter, junger Mann der City, aus der Klasse, die man als Cockneys bezeichnet, aus der sich jedoch unsere famosen Freiwilligen-Regimenter rekrutieren und bessere Athleten und Sportsmänner als aus jedem anderen Menschenschlag auf diesen Inseln« (Watson in *Der Angestellte des Börsenmaklers*, E2).

Rance, John. Polizei-Constable, wohnhaft Audley Court 46, Kennington Park Gate. Bemerkte Licht im Fenster eines leerstehenden Hauses (Lauriston Gardens 3, nahe der Brixton Road) und entdeckte bei näherer Untersuchung die Leiche des ermordeten Enoch J. Drebber. »Ich fürchte, Rance, Sie werden in der Truppe nie aufsteigen. Ihr Kopf da, den sollten

Sie nicht zur Zierde tragen, sondern auch gebrauchen« (Holmes in *Eine Studie in Scharlachrot*, R1).

Ras, Daulat. Indischer Student am St. Luke's College. »Ein stiller unergründlicher Bursche ... Kommt mit seiner Arbeit gut zurecht, wenn auch das Griechische seine schwache Seite ist« (Hilton Soames in *Die drei Studenten*, E3).

Ronder, Eugenia. Ehemalige Zirkusartistin. Witwe des Schaustellers Ronder (›Ronders Raubtier-Schau‹), der in Abbas Parva, Berkshire, unter Begleitumständen, in die ein nordafrikanischer Löwe namens »Sahara King« verwickelt war, den Tod fand. »Aus der Frau, die Tiere im Käfig gehalten hatte, schien durch eine Vergeltung des Schicksals nun selbst ein Tier im Käfig geworden zu sein« (Watson in *Die verschleierte Mieterin*, E5).

EUGENIA RONDER & SAHARA KING

Ross, Colonel. Besitzer des Trainingsstalls von King's Pyland bei Tavistock, Devonshire, aus dem am Vorabend des Wessex-Cup-Rennens sein berühmtes Rennpferd »Silberstern« gestohlen wurde. »Das Verhalten des Colonel mir gegenüber war ein klein wenig herablassend« (Holmes in *Silberstern*, E2).

»Ross, Duncan«. Gründer der Liga der Rotschöpfe mit Hauptquartier in Pope's Court 7, Fleet Street; deren Vermögensverwalter und – stellvertretend für die Liga – Arbeitgeber von Jabez Wilson. »Wir sind schon zweimal mit Perücken und einmal mit Farbe getäuscht worden. Ich könnte Ihnen Geschichten von Schusterpapp erzählen, die Sie mit Abscheu vor der menschlichen Natur erfüllen würden« (Ross in *Die Liga der Rotschöpfe*, E1).

Roundhay, Reverend; Pfarrer von Tredannick Wollas in Cornwall, der Gemeinde, welcher Mortimer Tregennis, der Bruder der Opfer des »Grauens von Cornwall«, angehörte. Junggeselle und Archäologe. »Er war ein Mann mittleren Alters, rundlich und leutselig und konnte, was das Sagengut dieser Gegend anbelangte, aus dem Vollen schöpfen« (Watson in *Der Teufelsfuß*, E4).

Roylott, Dr. Grimesby. Letzter Überlebender der Roylotts aus Stoke Moran, Surrey, einer der ältesten angelsächsischen Familien Englands. Als das Familienvermögen aufgezehrt war, studierte er Medizin und praktizierte in Kalkutta. Hatte eine lange Haftstrafe zu verbüßen, nachdem er seinen eingeborenen Butler in einem Wutanfall zu Tode geprügelt hatte, und kehrte danach mit seiner Frau und seinen Stiefzwillingstöchtern nach England zurück. Seine Frau kam bei einem Eisenbahnunglück bei Crewe ums Leben. »Ein zum Manischen neigendes hitziges Temperament ist bei den Männern der Familie immer erblich gewesen, und im Fall meines Stiefvaters ist es, wie ich annehme, durch seinen langen Aufenthalt in den Tropen noch verschlimmert worden ... Vorige Woche hat er den Grobschmied des Orts über ein Geländer in den Fluß geworfen« (Helen Stoner in *Das gesprenkelte Band*, E1).

Rucastle, Jephro, ›The Copper Beeches‹ bei Winchester. Nahm Violet Hunter als Gouvernante in seine Dienste. Vater zweier Kinder – einer Tochter namens Alice aus erster Ehe und eines Sohnes aus zweiter Ehe: »Ein lieber kleiner Wildfang, gerade sechs Jahre alt. Ach, wenn Sie ihn nur sehen könnten, wie er Kakerlaken mit dem Pantoffel totschlägt!« (Rucastle in *Die Blutbuchen*, E1).

Ryder, James. Verwalter im Hotel ›Cosmopolitan‹ zur Zeit, als der unschätzbar wertvolle Karfunkel der Gräfin von Morcar gestohlen wurde. »Der kleine Mann stand da und blickte von einem zum anderen, mit halb ängstlichen, halb hoffnungsvollen Augen, wie einer, der nicht sicher weiß,

ob er vor einer Glückssträhne oder einer Katastrophe steht« (Watson in *Der blaue Karfunkel*, E1).

St. Clair, Neville, wohnhaft in ›The Cedars‹ bei Lee, Kent. Sohn eines Schulmeisters aus Chesterfield; reiste umher, spielte Theater und arbeitete als Reporter bei einer Londoner Abendzeitung, ehe er ins Geschäftsleben eintrat. Kehrte eines Abends im Jahre 1889 nicht von der City nach Hause zurück; seine Frau glaubte aber, ihn kurz danach an einem Fenster der Opiumhöhle ›Bar of Gold‹ gesehen zu haben. »Mr. St. Clair ist jetzt siebenunddreißig Jahre alt, ein Mann mit maßvollen Gewohnheiten, ein guter Ehemann, ein sehr zärtlicher Vater und überhaupt sehr beliebt bei allen, die ihn kennen« (Holmes in *Der Mann mit der entstellten Lippe*, E1).

St. Clair, Mrs. Neville. Neville St. Clairs Frau; Tochter eines Bierbrauers. »Diese nette kleine Frau« (Holmes). »Eine kleine blonde Frau ... gekleidet in eine Art leichter *mousseline de soie*, mit ein wenig flaumigem rosa Chiffon an Hals und Ärmeln« (Watson in *Der Mann mit der entstellten Lippe*, E1).

St. Simon, Lord Robert Walsingham de Vere. Geboren 1846; zweiter Sohn des Herzogs von Balmoral. Ehemaliger Stellvertreter Minister für die Kolonien. Wappen: Azur, drei Zackensterne über einem schwarzen Querbalken. Enttäuschter Bräutigam

LORD ST. SIMON

von Hatty Doran, der amerikanischen Erbin. »Er ist einundvierzig Jahre alt, also reif genug für eine Heirat« (Holmes in *Der adlige Junggeselle*, E1).

Saltire, Lord Arthur. Einziger legitimer Sohn und Erbe des sechsten Herzogs von Holdernesse. Schüler der Abtei-Schule bei Mackleton, Derbyshire, aus der er plötzlich verschwand. »Ich glaubte, meine Schule habe ihren Zenit erreicht, als vor drei Wochen der Herzog von Holdernesse seinen Sekretär zu mir schickte und mir bedeuten ließ, daß der junge Lord Saltire, sein zehnjähriger einziger Sohn und Erbe, meiner Obhut anvertraut werden sollte ... Er war ein entzückender Knabe« (Dr. Thorneycroft Huxtable in *Die Abtei-Schule*, E3).

Sandeford, Mr., aus Reading. Besitzer der sechsten Napoleonbüste, die Holmes in *Die sechs Napoleons* (E3) aufspürte und ihm für zehn Pfund abkaufte. »Ein älterer, rotgesichtiger Mann mit grauem Backenbart« (Watson).

Scott Eccles, John, ›Popham House‹, Lee, Kent. Junggeselle; Bekannter von Aloysius Garcia, in dessen Haus er sich zum Zeitpunkt von Garcias Ermordung im Jahre 1892 aufhielt. »In seiner gravitätischen Miene und seinem würdevollen Auftreten stand die Geschichte seines Lebens geschrieben. Von den Gamaschen bis zu der goldgeränderten Brille war er ein Konservativer, Kirchgänger und rechtschaffener Bürger, orthodox und traditionsverhaftet bis zum Äußersten« (Watson in *Wisteria Lodge*, E4).

Selden, »der Mörder von Notting Hill«. Zu lebenslänglichem Gefängnis in Dartmoor verurteilt; seine Tat war so gräßlich gewesen, daß die Todesstrafe aufgrund von Zweifeln an seiner Zurechnungsfähigkeit in eine Haftstrafe umgewandelt wurde. Entfloh 1889 und hielt sich auf dem Dartmoor verborgen, wo er schließlich tot aufgefunden wurde. »Von Verbrechen zu Verbrechen ist er immer tiefer gesunken ... aber für mich, Sir, ist er immer noch der kleine, kraushaarige Junge, den ich gepflegt und mit dem ich gespielt habe« (Mrs. Barrymore in *Der Hund der Baskervilles*, R3).

Shafter, Ettie. Geboren 1856; Tochter des aus Deutschland gebürtigen Jacob Shafter, der in der Sheridan Street, Vermissa, USA, eine Pension führte. Ehelichte 1875 in Chicago Birdy Edwards, starb jedoch wenige Jahre später in Kalifornien. »Sie gehörte zum deutschen Typ, helle Haut und blonde Haare; in reizvollem Kontrast dazu stand ein Paar schöner, dunkler Augen« (*Das Tal der Angst*, R4).

»Shlessinger, Rev. Dr.«. Deckname von Henry (»Holy«) Peters, einem aus Australien gebürtigen Hochstapler, Entführer etc. Besonderes Kennzeichen: Verunstaltung durch einen Biß, den er 1889 bei einer Saloonschlägerei in Adelaide davongetragen hatte. Liiert mit Annie Fraser, die sich als seine Gattin ausgab. »Einer der skrupellosesten Halunken, die Australien je hervorgebracht hat – und für ein so junges Land hat es doch schon einige recht vollkommene Exemplare dieser Gattung produziert (Holmes in *Das Verschwinden der Lady Frances Carfax*, E4).

BARTHOLOMEW SHOLTO

Sholto, Bartholomew und Thaddeus. Zwillingssöhne des am 28. April 1882 verstorbenen Majors John Sholto, vormals vom 34. Infanterieregiment von Bombay. Bartholomew wurde 1888 in seinem Hause ›Pondicherry Lodge‹ in Upper Norwood mit Gift ermordet. »Ich bin nun mal ein Mensch von zurückgezogener Wesensart und, wie ich sagen möchte, delikatestem Geschmack, und es gibt nichts Unästhetischeres als einen Polizisten. Ich habe einen angeborenen Widerwillen gegenüber allen Erscheinungsformen des gemeinen Materialismus« (Thaddeus Sholto in *Das Zeichen der Vier*, R2).

Simpson, Fitzroy. Amateur-Buchmacher; von ausgezeichneter Herkunft und Bildung. Brachte beim Pferderennen ein Vermögen durch. Verhaftet unter dem Verdacht, Silberstern, den Favoriten des Wessex Cup entführt und dessen Trainer ermordet zu haben. »Eine Überprüfung seines Wettbuches ergab, daß er Wetten in Höhe von fünftausend Pfund gegen den Favoriten abgeschlossen hatte« (Holmes in *Silberstern*, E2).

Slaney, Abe. Ehemaliger Verlobter von Elsie Cubitt und gleichzeitig Mitglied der Bande ihres Vaters in Chicago. »Es war ein großer, stattlicher, braungebrannter Bursche, gekleidet in einen grauen Flanellanzug und Panamahut; er hatte einen strotzenden schwarzen Bart und eine aggressive Hakennase« (Watson in *Die tanzenden Männchen*, E3).

109

ABE SLANEY

Small, Jonathan. Aus Worcestershire stammend; ließ sich als noch Minderjähriger zum 3. Regiment der *Buffs* anwerben, um einer amourösen Verwicklung zu entfliehen. Während seiner Dienstzeit in Indien kam er durch ein Krokodil um sein rechtes Bein, worauf er als dienstuntauglich aus der Armee entlassen wurde und eine Stelle als Aufseher auf einer Indigo-Plantage annahm. Entkam einem Massaker der Aufständischen und überlebte die Belagerung von Agra, wurde aber später zum Tode verurteilt, da er zusammen mit drei Indern an der Ermordung eines reichen Kaufmanns beteiligt gewesen war. Die Strafe wurde in lebenslängliche Haft auf den Andamanen umgewandelt, von wo er später zusammen mit einem Eingeborenen in einem Kanu entkam und sich schließlich nach London durchschlug. Wurde von Athelney Jones wegen Beteiligung an der Ermordung von Bartholomew Sholto verhaftet. »Irgendwie mutet es mich schon seltsam an, daß ich, der ich einen rechtmäßigen Anspruch auf die Summe von einer halben Million habe, die erste Hälfe meines Lebens damit verbrachte, auf den Andamanen einen Wellenbrecher zu bauen, und nun die andere Hälfte wohl damit verbringen werde, in Dartmoor Entwässerungsgräben zu buddeln« (Small in *Das Zeichen der Vier*, R2).

Smith, Mordecai. Bootsbesitzer (Smiths Landeplatz gegenüber von Millbank). Eigentümer des Dampfkahns ›Aurora‹, der bei der Verfolgungsjagd auf der Themse eine Rolle spielte. »Weshalb sollte er Fragen stellen, solange der Schnaps ausreicht und die Bezahlung gut ist?« (Holmes in *Das Zeichen der Vier*, R2).

Smith, Willoughby. Sekretär von Professor Coram in ›Yoxley Old Place‹ bei Chatham, Kent. Schulbesuch in Uppingham und Cambridge. »Ein anständiger, ruhiger, fleißiger Bursche ohne irgendeine schwache Stelle. Und doch ereilte ihn heute morgen im Arbeitszimmer des Professors, unter Umständen, die eindeutig auf Mord weisen, der Tod« (Stanley Hopkins in *Der goldene Kneifer*, E3).

Smith, Violet. Die einsame Radfahrerin aus Charlington. Tochter von James Smith, dem verstorbenen Dirigenten des Orchesters am Imperial Theatre. Musiklehrerin der Tochter von Mr. Carruthers von ›Chiltern Grange‹, Surrey, einem mutmaßlichen Freund ihres vor kurzem in Johannesburg verstorbenen Onkels Ralph. Heiratete Cyril Morton, einen Angestellten der Midland Electric Company in Coventry, später Seniorpartner des Elektrogeschäfts Morton & Kennedy in Westminster. »Ihr Gesicht hat etwas Vergeistigtes ... das nicht von der Schreibmaschine kommen kann. Diese Dame ist Musikerin« (Holmes in *Die einsame Radfahrerin*, E3).

Soames, Hilton. Tutor und Dozent am St. Luke's College in »einer unserer großen Universitätsstädte«, der

Holmes wegen des Problems mit den *Drei Studenten* (E3) aufsuchte. »Ich hatte sein unruhiges Wesen schon immer gekannt, doch bei jener Gelegenheit befand er sich in einem Zustand von solch unbeherrschter Erregung, daß offensichtlich etwas sehr Ungewöhnliches geschehen war« (Watson).

»Spaulding, Vincent«, alias John Clay; Mörder, Dieb, Falschmünzer und Fälscher. Enkel eines Herzogs von königlichem Geblüt und ehemaliger Schüler von Eton und Oxford. »Er bringt es fertig, in der einen Woche in Schottland einen Einbruch zu verüben und in der nächsten in Cornwall Geld für den Bau eines Waisenhauses zu sammeln« (Peter Jones in *Die Liga der Rotschöpfe*, E1).

Stackhurst, Harold. Gelehrter und ehemaliger College-Ruderer; Leiter des Privatinstituts ›The Gables‹ bei Fulworth, Sussex. »Seit dem Tag, an dem ich an die Küste gezogen war, hatten wir uns angefreundet, und er war der einzige Mensch, mit dem ich so gut auskam, daß wir einander abends ohne vorherige Einladung besuchen konnten« (Holmes in *Die Löwenmähne*, E5).

Stamford. Assistenzarzt am St. Bartholomew's Hospital, der während seiner Ausbildungszeit unter Watson gearbeitet hatte. Ein zufälliges Wiedersehen mit ihm in der Criterion Bar führte dazu, daß er Watson und Sherlock Holmes miteinander bekannt-

machte. »Der Anblick eines freundlichen Antlitzes in Londons großer Wüstenei ist für einen einsamen Mann wahrhaft angenehm. Vormals war Stamford nicht gerade mein Busenfreund gewesen, aber nun begrüßte ich ihn begeistert« (Watson in *Eine Studie in Scharlachrot*, R1).

Stangerson, Joseph; früher wohnhaft in Salt Lake City, Utah. Sohn eines Ältesten der Kirche der Heiligen der Letzten Tage und Privatsekretär von Enoch J. Drebber. Wurde in Hallidays Pension in der Little George Street, London, ermordet aufgefunden. »Er war schlau, dieser Stangerson, und immer auf der Hut« (Jefferson Hope in *Eine Studie in Scharlachrot*, R1).

Stapleton, John und Beryl, von ›Merripit House‹, Dartmoor, Devonshire; Nachbarn der Familie Baskerville. John war ehemaliger Direktor der Privatschule St. Oliver's in York und begeisterter Naturforscher; Entdecker der Vandeleur-Motte. »Seine graue Kleidung und sein ruckartiges, unregelmäßiges Vordringen im Zickzack ließen ihn selbst einer großen Motte ähneln« (Watson). Beryl Stapleton war es, die Sir Henry die Warnung zukommen ließ, er solle Dartmoor verlassen und nach London zurückkehren. »Sie hat etwas Tropisches und Exotisches an sich, das einen einzigartigen Kontrast zu ihrem kühlen, leidenschaftslosen Bruder bildet« (Watson in *Der Hund der Baskervilles*, R3).

DR. WATSON & BERYL STAPLETON

Stark, Colonel Lysander (»Fritz«). Mörder und Falschmünzer aus Eyford, Berkshire. »Ein Mann von weit mehr als mittlerer Größe, aber überaus dürr. Ich glaube nicht, daß ich jemals einen so dünnen Mann gesehen habe« (Victor Hatherley in *Der Daumen des Ingenieurs*, E1).

Staunton, Godfrey. Der verschollene Three-Quarter-Spieler des Rugbyteams der Universität Cambridge. Spielte in der englischen Nationalmannschaft (fünfmal) und bei Blackheath. Neffe und Erbe von Lord Mount-James. »Ob beim Zuspiel, beim Tackling oder beim Dribbeln – niemand kann ihm das Wasser reichen« (Cyril Overton in *Der verschollene Three-Quarter*, E3).

Steiler, Peter (der Ältere). Besitzer des Hotels ›Englischer Hof‹ in Mei-

ringen, Schweiz, in dem Holmes und Watson vor der Sache am Reichenbach-Fall übernachteten. War drei Jahre lang Ober im Grosvenor Hotel in London gewesen. (*Das letzte Problem*, E2).

Sterndale, Dr. Leon. Berühmter Löwenjäger und Forschungsreisender. Ständige Aufenthaltsorte: Afrika und Beauchamp Arriance in Cornwall. Verheiratet, aber von seiner Frau getrennt lebend. Entfernter Cousin der Familie Tregennis. »Ich habe so lange Zeit unter Wilden und jenseits von Recht und Gesetz gelebt, daß es mir zur Gewohnheit geworden ist, nach meinem eigenen Gesetz zu leben« (Sterndale in *Der Teufelsfuß*, E4).

Stockdale, Barney. Ehemann von Susan, dem Dienstmädchen von Mrs. Mary Maberley von ›Die Drei Giebel‹, Harrow Weald. Mitglied der Spencer-John-Bande und Auftraggeber von Steve Dixie. »Ihre Spezialität sind Überfälle, Einschüchterungen und dergleichen« (Holmes in *Die Drei Giebel*, E5).

Stoner, Helen, ›Stoke Moran Manor House‹ bei Leatherhead, Surrey. Geboren 1853; Tochter von Generalmajor Stoner von der Bengalischen Artillerie; Zwillingsschwester der verstorbenen Julia Stoner und Stieftochter von Dr. Grimesby Roylott. Verlobt mit Percy, dem zweiten Sohn von Mr. Armitage aus Crane Water bei Reading. »Ich habe niemanden, an den ich mich wenden könnte – niemanden, außer einem, und dieser arme Bursche kann mir nicht sehr viel helfen« (Helen Stoner in *Das gesprenkelte Band*, E1).

Straker, John, alias William Darbyshire. Ehemaliger Jockey; Trainer im Gestüt von Colonel Ross, King's Pyland bei Tavistock, Devonshire. Wurde anscheinend bei dem Versuch, die Entführung des berühmten Rennpferdes Silberstern zu verhindern, ermordet. »Er war mir stets ein ausgezeichneter Angestellter« (Colonel Ross). »Als Mann von Welt wissen Sie, Colonel, daß man nicht die Rechnungen anderer Leute mit sich herumträgt« (Holmes in *Silberstern*, E2).

Sutherland, Mary, Lyon Place 31, Camberwell. Tochter eines Klempners mit Geschäft in der Tottenham Court Road. Stieftochter von James Windibank und Verlobte Hosmer Angels. Erbin ihres Onkels Ned aus Auckland, Neuseeland. »Eine große Frau, die eine schwere Pelzboa um den Nacken und eine lange, gekräuselte, rote Feder in einem breitkrempigen Hut trug, den sie in der koketten Art der Herzogin von Devonshire schräg über dem Ohr sitzen hatte« (Watson in *Eine Frage der Identität*, E1).

Sylvius, Graf Negretto, Moorside Gardens 136, London N.W.; Großwildjäger, Sportler, Kartenspieler und Lebemann. In eine ganze Reihe von Fällen verwickelt, die Watson nicht aufzeichnete: den Zugüberfall an der Riviera, 1892, den Credit-Lyonnais-Scheckbetrug und die Fälle

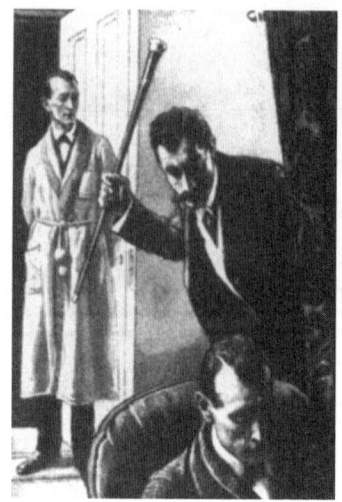

NEGRETTO SYLVIUS

von Mrs. Harold und Miss Minnie Warrender. »Vielleicht haben Sie von seinem Ruf als Großwildschütze schon gehört. Es wäre in der Tat ein triumphaler Abschluß seiner exzellenten Jägerkarriere, wenn er seinen Trophäen auch noch mich hinzufügen könnte« (Holmes in *Der Mazarin-Stein*, E5).

Tonga. Eingeborener der Andamanen-Inseln, der sich mit Jonathan Small anfreundete und ihm mit seinem Kanu zur Flucht aus der Strafkolonie verhalf. Darauf begleitete er Small auf seinen Reisen und ließ sich auf englischen Jahrmärkten als »der schwarze Menschenfresser« zur Schau stellen. Kam bei der Jagd nach dem Agra-Schatz ums Leben. »Irgendwo im dunklen Schlamm, tief unten auf dem Grund der Themse,

114

ruhen die Gebeine dieses seltsamen Besuchers an unseren Gestaden« (Watson in *Das Zeichen der Vier*, R2).

Tregennis, Brenda, ›Tredannick Wartha‹ bei Tredannick Wollas, Cornwall. Schwester von Mortimer, George und Owen Tregennis. »Ihr dunkles, klar geschnittenes Gesicht hatte auch im Tod noch etwas von seiner Schönheit bewahrt« (Watson in *Der Teufelsfuß*, E4).

Tregennis, George und Owen, ›Tredannick Wartha‹ bei Tredannick Wollas, Cornwall. Zogen sich von ihrem Zinnminen-Unternehmen in Redruth zurück, um zusammen mit ihrer Schwester ein Leben in Abgeschiedenheit zu führen. Opfer des »Grauens von Cornwall«. »George und Owen grölten Liederfetzen und schnatterten wie zwei große Affen« (Mortimer Tregennis in *Der Teufelsfuß*, E4).

Tregennis, Mortimer, wohnhaft im Pfarrhaus von Tredannick Wollas, Cornwall. Bruder von Brenda, George und Owen Tregennis. »Ein raffinierter und verschlagener Mensch voller Ränke« (Dr. Leon Sterndale in *Der Teufelsfuß*, E4).

Trelawney Hope, der Sehr Ehrenwerte Minister für Europäische Angelegenheiten mit privatem Wohnsitz in Whitehall Terrace. »Sein ansehnliches Gesicht verzerrte sich in einem verzweifelten Krampf, und er raufte sich die Haare. Für einen Augenblick sahen wir den Mann, wie er wirklich war – impulsiv, hitzig und überaus sensibel« (Watson in *Der zweite Fleck*, E3).

Trelawney Hope, Lady Hilda. Gattin des Sehr Ehrenwerten Trelawney Hope und Tochter des Herzogs von Belminster. »Einen Augenblick darauf wurden unseren bescheidenen Gemächern, die an diesem Morgen bereits so ausgezeichnet worden waren, durch den Eintritt der liebreizendsten Frau ganz Londons noch weitere Ehren zuteil« (Watson in *Der zweite Fleck*, E3).

Trevelyan, Dr. Percy. Doktor der Medizin; Absolvent der Universität von London; Träger des Bruce-Pinkerton-Preises mit dazugehöriger Medaille für seine Monographie über unklare Nervenschäden. Konnte dank der Protektion eines gewissen Mr. Blessington eine untergeordnete Stellung am King's College-Hospital aufgeben und in der Brook Street 403 eine Privatpraxis eröffnen. »Sein Alter mochte nicht mehr als drei- oder vierunddreißig Jahre betragen, doch sein verhärmter Gesichtsausdruck und ungesunder Teint deuteten auf ein Leben, das seine Kraft erschöpft und ihn seiner Jugend beraubt hatte« (Watson in *Der niedergelassene Patient*, E2).

»Trevor«, James. Friedensrichter aus Donnithorpe bei Langmere, Norfolk. Vormals als James Armitage Angestellter eines Londoner Bankhauses. War im Alter von zweiundzwanzig

Jahren der Unterschlagung schuldig befunden und zur Deportation nach Australien verurteilt worden. Einer der wenigen Überlebenden des Sträflingsschiffes ›Gloria Scott‹, das 1855 auf der Fahrt von Falmouth nach Australien mit fast allen hundert Sträflingen und der gesamten Mannschaft verschollen war. Schlug sich in der Folge als Goldgräber und Boxer durch, bis er nach England zurückkehrte. »Er war ein Mann von geringer Bildung, doch einer beträchtlichen Menge ungestümer Kraft, physisch wie auch geistig« (Holmes in *Die ›Gloria Scott‹*, E2).

JOHN TURNER

Trevor, Victor. Teepflanzer; Sohn von Friedensrichter James Trevor. Ehemaliger Studienfreund von Holmes. »Trevor war der einzige Mensch, den ich kannte, und das auch nur aufgrund des Zufalls, daß sich sein Bullterrier eines Morgens, als ich zum Gottesdienst ging, an meinen Knöchel hängte« (Holmes in *Die ›Gloria Scott‹*, E2).

Turner, John, Grundbesitzer; Boscombe Valley bei Ross-on-Wye, Herefordshire. Machte sein Geld in Australien, wo er auch Charles McCarthy kennenlernte, dem er später eine seiner beiden Farmen verpachtete. Witwer; Vater von Alice Turner. »Der wirre Bart, der graue Schopf und die buschig herabhängenden Augenbrauen trugen dazu bei, seiner Erscheinung einen Anflug von Würde und Macht zu geben« (Watson). »Ich hatte damals den Namen Black Jack von Ballarat« (Turner in *Das Rätsel von Boscombe Valley*, E1).

Turner, Alice. Einzige Tochter von John Turner, und von Kindesbeinen an befreundet mit James, dem Sohn von Charles McCarthy. »Seinen Geschmack kann ich aber nicht bewundern, wenn es tatsächlich stimmt, daß er eine so charmante junge Dame wie diese Miss Turner nicht heiraten will« (Watson in *Das Rätsel von Boscombe Valley*, E1).

von Bork. Deutscher Geheimagent im Vorfeld des Ersten Weltkrieges; wurde vom Kaiser wegen seiner bemerkenswerten Spionagetalente für eine Sondermission ausgewählt. »Der gerissenste Geheimagent ganz Europas« (Baron von Herling). »Er war eine Klasse für sich« (Holmes in *Seine Abschiedsvorstellung*, E4).

von Herling, Baron. Oberster Sekretär der Deutschen Gesandtschaft in London im Jahre 1914. »Selbst das Himmelszelt dürfte dann nicht mehr ganz so friedlich aussehen, wenn die Versprechungen des wackeren Zeppelin Wahrheit werden« (von Herling in *Seine Abschiedsvorstellung*, E4).

Walter, Sir James. Leiter der U-Boot-Abteilung im Arsenal von Woolwich zur Zeit des Diebstahls der Bruce-Partington-Pläne (1895), für deren Sicherheit er verantwortlich war. Er starb wenige Tage nach dem Vorfall. »Mein Bruder, Sir James, war in Angelegenheiten der Ehre sehr empfindlich. Eine Affäre wie diese konnte er nicht verkraften« (Colonel Valentine Walter in *Die Bruce-Partington-Pläne*, E4).

Walter, Colonel Valentine. Geboren 1845; jüngerer Bruder von Sir James Walter. Wurde im November 1895 in Caulfield Gardens 13, Kensington, verhaftet. »Aber was den Mord anbelangt, da bin ich so unschuldig wie Sie selbst« (Colonel Walter in *Die Bruce-Partington-Pläne*, E4).

Warren, Mrs., Great Orme Street, London W.C.; Frau eines Aufsehers von Morton & Wainright in der Tottenham Court Road. Holmes hatte zweimal Gelegenheit, in Zusammenhang mit Mietern von ihr in Aktion zu treten. »Die Zimmervermieterin besaß all die Beharrlichkeit und Raffinesse, die ihrem Geschlecht eigen ist« (Watson in *Der Rote Kreis*, E4).

Westbury, Violet. Verlobte von Arthur Cadogan West. Dieser hatte sie, als sie gemeinsam unterwegs ins Theater waren, unvermittelt verlassen, wenige Stunden bevor seine Leiche neben der U-Bahn-Linie gefunden wurde. »Er muß einem Gebot von höchster Dringlichkeit gefolgt sein, sonst hätte er sein Mädchen nicht einfach so im Nebel stehen lassen« (Holmes in *Die Bruce-Partington-Pläne*, E4).

Whitney, Isa. Patient von Watson und Ehemann einer alten Schulfreundin der ersten Mrs. Watson. Bruder des verstorbenen Elias Whitney, D.D., Prinzipal des Theologischen Colleges von St. George's. »Isa Whitney ... war dem Opium sehr ergeben. Soviel ich weiß, war ihm diese Gepflogenheit aus einer närrischen Laune heraus erwachsen, als er nämlich in seiner Collegezeit nach der Lektüre von De Quinceys Beschreibungen seiner Träume und Erfahrungen seinen Tabak mit Laudanum tränkte, in einem Versuch, die gleichen Wirkungen zu erzielen. Wie so viele andere stellte auch er fest, daß es leichter ist, diese Gewohnheit anzunehmen als sich von ihr loszusagen« (Watson in *Der Mann mit der entstellten Lippe*, E1).

Wiggins. Gassenjunge ohne festen Wohnsitz. Anführer der Baker-Street-Spezialeinheit. »Keiner von ihnen hatte jedoch Zeit zu sprechen gefunden, als an die Tür geklopft wurde und der Sprecher der Straßenbettler, der junge Wiggins, seine unscheinbare und unappetitliche Gestalt in den Raum einbrachte« (Watson in *Eine Studie in Scharlachrot*, R1).

Wilder, James. Natürlicher Sohn und Sekretär des sechsten Herzogs von Holdernesse. Halbbruder von Lord Saltire. »Als junger Mann, Mr. Holmes, war ich so verliebt, wie es einem im Leben nur einmal passiert ... Doch sie starb und hinterließ dieses eine Kind, um das ich mich ihretwegen gesorgt und gekümmert habe« (Holdernesse in *Die Abtei-Schule*, E3).

Williamson. Pächter von ›Charlington Hall‹ bei Farnham, Surrey, wo er allein mit einem kleinen Stab Bedensteter lebte. »Es geht ein Gerücht, daß er Geistlicher sei oder war; aber ein oder zwei Vorfälle während seines kurzen Aufenthalts in der Hall kamen mir merkwürdig unklerikal vor« (Holmes in *Die einsame Radfahrerin*, E3).

JABEZ WILSON

Wilson, Jabez, Coburg Square. Verwitweter Pfandleiher mit nachlassendem Geschäft; wurde von seinem Gehilfen Vincent Spaulding bei der Liga der Rotschöpfe eingeführt. »Unser Besucher wies alle Kennzeichen eines durchschnittlichen, normalen britischen Geschäftsmannes auf: beleibt, wichtigtuerisch, behäbig ... Alles in allem war an diesem Mann nichts besonders bemerkenswert, abgesehen von seinem feuerroten Schopf« (Watson in *Die Liga der Rotschöpfe*, E1).

Windibank, James, Lyon Place 31, Camberwell. Stiefvater von Mary Sutherland. Reisender für die Wein-Importfirma Westhouse & Marbank in der Fenchurch Street. »Er würde sich schrecklich aufregen, wenn ich auch nur an einem Ausflug der Sonntagsschule teilnehmen wollte« (Mary Sutherland in *Eine Frage der Identität*, E1).

Windigate. Wirt des ›Alpha Inn‹ beim British Museum. »Der rotgesichtige Wirt mit der weißen Schürze« (Watson in *Der blaue Karfunkel*, E1).

Winter, Kitty. Eines der Opfer von Baron Adelbert Gruner; von Shinwell Johnson angeworben, um Holmes dabei zu helfen, Violet de Merville von der Ehe abzuhalten. »Eine schlanke, flammenartige junge Frau mit blassem, angespanntem Gesicht; es war jugendlich und doch schon so ausgelaugt von Sünde und Sorge, daß man ablesen konnte, was für schreckliche Jahre ihre leprösen Spuren hinterlassen hatten« (Watson in *Der illustre Klient*, E5).

Wood, Henry. Ehemaliger Korporal bei den Royal Mallows (dem vormals 117ten Infanterieregiment). Wurde während des Großen Aufstandes in Indien von Rebellen gefangengenommen und später in Nordindien als Sklave gehalten. Lebte als umherziehender Zauberkünstler in Afghanistan und Punjab, bis er im hohen Alter nach England zurückkehrte. »Sie sehen mich jetzt mit einem Rücken wie ein Kamel und mit ganz krummen Rippen, aber es gab eine Zeit, da war Corporal Henry Wood der schneidigste Mann im 117ten Infanterieregiment« (In *Der Verwachsene*, E2).

Woodley, John. Freund und Partner von Robert Carruthers von ›Chiltern Grange‹ bei Farnham, Surrey, wo er Violet Smith, die Musiklehrerin, mit seinen Aufmerksamkeiten belästigte. »Mr. Woodley machte auf mich einen sehr abstoßenden Eindruck. Ständig machte er mir Augen« (Miss Smith). »Wollen Sie etwa behaupten, daß dieses Mädchen, dieser Engel, für den Rest ihres Lebens an den Wilden Jack Woodley gebunden sein soll?« (Carruthers in *Die einsame Radfahrerin*, E3).

Wright, Theresa. Dienstmädchen von Lady Brackenstall in ›Abbey Grange‹, Marsham, Kent, und früher deren Amme. Gebürtige Australierin. »Ein Hausmädchen, wie man sie heute nicht mehr findet« (Stanley Hopkins in *Abbey Grange*, E3).

HOLMES, WATSON & HENRY WOOD

Die Plots aller Stories

von
Michael und Mollie Hardwick

Deutsch von Leslie Giger

ABBEY GRANGE

Laut Watson war die Sache mit Abbey Grange das letzte Abenteuer von Sherlock Holmes, das er der Öffentlichkeit mitzuteilen vorhatte. Holmes, so erfahren wir, setzt der Veröffentlichung seiner Erlebnisse nämlich zunehmend Widerstand entgegen, was uns in diesem Fall nicht einmal so sehr erstaunt: »Wer waren schon diese banalen Gauner, daß er sich an ihnen die Hände schmutzig machen sollte? Ein erfahrener Facharzt für abstruse Krankheiten, den man zu einem Fall von Masern herbeizöge, würde etwas von der Verärgerung spüren, die ich in den Augen meines Freundes las.«

Lady Brackenstall hatte die drei Mitglieder der Randall-Bande beim Einbruch in ihr Haus überrascht. Diese hatten sie, nachdem sie in Ohnmacht gefallen war, mit einer Glockenschnur an einen Stuhl gefesselt, und als Sir Eustace selbst auf den Plan getreten war, hatten sie ihm den Schädel eingeschlagen, und zwar mit solcher Wucht, daß die Tatwaffe, ein schwerer Schürhaken, davon verbogen wurde. Nachdem sie sich an einer Flasche eines ausgezeichneten Jahrgangs gelabt hatten, verschwanden sie mit ein paar Stücken Silbergeschirr. Allzu peinlich erinnert Holmes sich nun daran, daß er mit einem Achselzucken über den Fall hinweg-

gegangen war und den ersten Zug nach London zurück genommen hatte. Wie hatte er nur die Bedeutung der halb geleerten Flasche, der drei Weingläser und der Tatsache, daß die Lady an den Stuhl gefesselt war, übersehen können? Dabei lag der entscheidende Anhaltspunkt die ganze Zeit in Lady Brackenstalls australischer Herkunft und ihrem dortigen Bekanntenkreis.

The Strand Magazine, 1904 (E3)

DIE ABTEI-SCHULE

Holmes und Watson haben in ihrer Wohnung in 221 B zwar schon manchen dramatischen Auftritt erlebt, aber noch nie einen dramatischeren als den von Dr. Thorneycroft Huxtable, einem Schulleiter aus Nordengland, der beim Eintreten zuerst einmal bewußtlos zu Boden stürzt. Von Watsons Wundermedizin – einem Brandy – wieder auf die Beine gebracht, fleht er die beiden an, sie möchten ihm helfen, Skandal und Ruin von seiner Schule abzuwenden. Der junge Lord Saltire sei verschwunden. Der Deutschlehrer der Schule sei ebenfalls weg, und die Polizei habe den einleuchtenden Schluß gezogen, es liege ein Fall von Entführung vor.

Nachdem Holmes erfahren hat, daß der Deutsche mitsamt seinem Fahrrad verschwunden ist, hält er es für nötig, die Untersuchung auszudehnen auf die Umgebung der Abtei-Schule, eine Wildnis wogenden Moorlandes, die praktisch nur von ein paar Schafen bewohnt wird. Eine eintägige Spurensuche geht aber offenbar über Holmes' Kräfte: Von Watson gestützt, humpelt er zu einem entlegenen Gasthaus, um ein Transportmittel aufzutreiben.

Holmes wundert sich über Kuhspuren in einem Moor, in dem es keine Kühe gibt, beobachtet den Sekretär des Herzogs von Holdernesse in unziemlicher Umgebung und hält dem Aristokraten in dessen eigenem herzoglichem Haus eine wohlverdiente Standpauke.

The Strand Magazine, 1904 (E3)

DER ADLIGE JUNGGESELLE

»Ich hatte meine Schlüsse in diesem Fall schon gezogen, ehe unser Klient den Raum betreten hatte«, kann Holmes einem verblüfften Watson mitteilen. Doch weder ein im voraus gezogener Schluß noch die Aufgeblasenheit eines Lord St. Simon können ihn davon abhalten, der Frage nachzugehen, weshalb der Adlige mitten in den Hochzeitsfeierlichkeiten von seiner reichen amerikanischen Braut Hatty Doran verlassen wurde. Auch die Polizei hat ihre Schlüsse bereits gezogen – daß sie nämlich von einer früheren Empfängerin der Gunstbezeigungen Seiner Lordschaft weggelockt worden ist, einer gewissen Flora Miller, deren Hinauswurf zu einem früheren Zeitpunkt eines der markanten Ereignisse dieser unglücklichen Festivität gebildet hatte. Doch Holmes' Gedanken

kreisen um die Sache mit dem Bouquet, um den Mann in der ersten Bankreihe in der Kirche und eine Quittung von einem der wenigen Londoner Hotels, die erlesen genug sind, 8 Shilling für ein Bett und 2 Shilling 6 Pence für ein Frühstück zu verlangen – und auch zu erhalten.

Zwar ist der englische Aristokrat, nachdem er die Lösung erfahren hat, nicht bereit, sich zu einem freundschaftlichen Abendessen niederzulassen, der »ganz gewöhnlich« aussehende Amerikaner aber wohl, was Holmes zu der Bemerkung veranlaßt: »Es ist mir immer eine Freude, einem Amerikaner zu begegnen, Mr. Moulton, denn ich gehöre zu denen, die daran glauben, daß die Torheit eines Monarchen und die Stümperei eines Ministers vor vielen Jahren unsere Nachkommen doch nicht daran hindern werden, eines Tages Bürger desselben weltweiten Landes unter einer Flagge zu sein, die den Union Jack und das Sternenbanner vereint.«

The Strand Magazine, 1892 (E1)

DER ANGESTELLTE DES BÖRSENMAKLERS

Nach dem Konkurs der Firma, der er fünf Jahre lang gedient hatte, ist der junge Börsenmaklergehilfe Hall Pycroft mehrere Monate arbeitslos gewesen, bis er endlich eine Stelle bei einem der ersten Finanzhäuser Londons ergattert hat. Noch ehe er diese aber antreten kann, bietet sich ihm eine noch bessere Aussicht: Der Agent der Franco-Midland Eisenwaren Gesellschaft, Harry Pinner, tritt an ihn heran, und da Pycroft offenbar dem Bild entspricht, das er sich aufgrund von Empfehlungen von ihm gemacht hat, zögert er nicht, ihm den Posten eines Geschäftsführers seiner Firma anzubieten. Seine Einstellung ist von der Zustimmung von Pinners Bruder Harry, dem Gründer und designierten leitenden Direktor dieser neuen Gesellschaft, abhängig; doch gibt sie dieser bereitwillig, nachdem er mit Pycroft im vorläufigen Büro der Firma in Birmingham gesprochen hat.

Pycroft ist jedoch beunruhigt. Anstatt in Paris seinen Posten antreten zu können, muß er in Birmingham Listen von Eisenwaren- und Möbelgeschäften aus einem Adreßbuch abschreiben. Und nachdem er seinen Arbeitgeber hat lachen sehen, entschließt er sich, Sherlock Holmes aufzusuchen, der, während er herausfindet, warum man Mr. Pycroft so beharrlich in der Provinz festhält, leider zu spät kommt, um in London einen Mord zu verhindern.

The Strand Magazine, 1893 (E2)

DER BAUMEISTER AUS NORWOOD

Die Polizei ist dem ungestümen jungen Anwalt John Hector McFarlane schon auf den Fersen, als er unangemeldet in den Salon von Baker Street 221 B stürzt. Kaum hat er begonnen, eine Geschichte zu erzählen, die Holmes' ständige Klage, das Verbrechen sei auch nicht mehr das, was es vor Moriartys Tod gewesen sei, für eine Weile verstummen lassen wird, da trifft auch schon Inspektor Lestrade ein, um ihn zu verhaften wegen des Mordes an Jonas Oldacre, einem Baumeister im Ruhestand aus Lower Norwood, dessen verkohlte Reste in einem ausgebrannten Holzlager entdeckt worden sind. Mit Vorbehalten ist Holmes für einmal bereit zuzugeben, daß Lestrade starke Argumente hat. McFarlane war unstreitig Oldacres letzter Besucher vor dessen Tod. Sein blutbefleckter Stock wurde am Tatort gefunden; und die Sache scheint vollends eindeutig, als der Beschuldigte angibt, er habe kürzlich Oldacres Testament aufgesetzt, in welchem der Baumeister ihm den größten Teil seines Vermögens vermacht habe. Doch selbst ein Scotland-Yard-Beamter kann zuviel des Guten vorgesetzt bekommen – in diesem Fall des Mörders blutigen Daumenabdruck, der auf mysteriöse Weise erst *nach* dessen Festnahme entstanden ist. Holmes schließt auf einen fehlenden Zeugen und täuscht eine Brandstiftung vor, um ihn hervorzulocken.

The Strand Magazine, 1903 (E3)

DIE BERYLL-KRONE

Der »Verrückte«, dessen absonderliches Zuschreiten auf Baker Street 221 B Watson beobachtet, entpuppt sich als niemand anders als Alexander Holder, einer der führenden Bankiers von London. Seine Erregung scheint berechtigt. Die unschätzbar wertvolle Beryll-Krone, ein Schatz von nationaler Bedeutung, den er als Sicherheit für ein hohes Darlehen er-

halten hatte, ist gestohlen worden. Sie ist danach zwar wieder aufgetaucht, nur fehlt jetzt ein Stück. Es ist die Identität des mutmaßlichen Diebs, die einen der vornehmsten Bürger in eine so bedauernswerte Lage gebracht hat: Holder hatte mitten in der Nacht seinen eigenen Sohn Arthur dabei ertappt, wie er offenbar Stücke aus der Krone herausbrach.

Am Schauplatz der Untat testet Holmes seine Kräfte und die Bruchfestigkeit von Gold, betrachtet die Spur eines einbeinigen Gemüsehändlers, legt sich mit einem Schurken an und ist schließlich in der Lage, Mr. Holder eine kleine Moralpredigt über das

Verhältnis zu seinen Kindern zu halten.

The Strand Magazine, 1892 (E1)

DER BLAUE KARFUNKEL

Als Watson bei Holmes vorbeischaut, um ihm, etwas verspätet, frohe Weihnachten zu wünschen, trifft er diesen in die Betrachtung eines unansehnlichen alten Filzhutes versunken an. Der Hut sowie eine schöne fette Gans wurden Holmes von Peterson, einem Dienstmann, gebracht, der sie aufgelesen hatte, nachdem ihr Besitzer aus einer Straßenprügelei entflohen war. Während Holmes dabei ist, aus dem Hut den Charakter seines Besitzers, eines Henry Baker, herauszulesen, taucht Peterson erneut auf: Diesmal bringt er einen Edelstein mit, den seine Frau im Kropf der Gans gefunden hat, welche Holmes ihm zum Verzehr überlassen hatte. Holmes identifiziert den Stein als den unschätzbar wertvollen Blauen Karfunkel der Gräfin von Morcar, der mutmaßlich von einem Klempner, der in ihrem Hotelzimmer das Kamingitter reparierte, gestohlen worden ist. Die Ermittlungen führen Holmes und Watson zu einem Gasthof beim British Museum und zu dem Stand eines Geflügelhändlers auf dem Markt von Covent Garden.

Nachdem Holmes eine Wette verloren hat, bringt er immer noch genügend Mitgefühl auf, um in der Jahreszeit der Vergebung ein Verbrechen nicht weiter zu verfolgen.

The Strand Magazine, 1891 (E1)

DIE BLUTBUCHEN

Einer arbeitslosen Gouvernante, die an ein Jahresgehalt von 48 Pfund gewöhnt ist, kann Mr. Jephro Rucastles Angebot von 30 Pfund im Vierteljahr nicht anders als verlockend erscheinen – von einem Detail abgesehen: den sonderbaren Bedingungen, die er zur Auflage macht. Miss Violet Hunter müßte bereit sein, sich dort hinzusetzen, wo man es ihr sagt, auf Verlangen bestimmte Kleider anzuziehen und, was am schlimmsten ist, ihr schönes kastanienbraunes Haar ganz kurz zu schneiden. Ökonomische Erwägungen geben schließlich den Ausschlag: Immerhin ist Mr. Rucastle

verheiratet, und die Anordnungen seiner Frau sind, wenn auch exzentrisch, so doch von der Art, »die eine Dame unbesorgt befolgen kann«. Doch beschließt Miss Hunter mit Recht, ihre Zweifel Sherlock Holmes anzuvertrauen, ehe sie abreist, um die Aufsicht über den sadistischen sechsjährigen Erben von *The Copper Beeches* bei Winchester zu übernehmen. Nach dem Empfang ihres dringenden Telegramms machen Holmes und Watson sich reisefertig, um ihr unverzüglich zu Hilfe zu eilen und zu ermitteln, welche der sieben Erklärungsmöglichkeiten für die bereits bekannten Tatsachen sich angesichts der neuen Informationen, die ihrer harren, als die richtige erweist; wie sich herausstellt, handelt es sich um Informationen über einen Hund, der so groß ist wie ein Kalb, über ein verschlossenes Zimmer in einem unbewohnten Flügel des Hauses sowie über einen unverschämten Herumtreiber, der nichts Besseres zu tun hat, als von der Straße aus zuzusehen, wie Miss Hunter sich vor Lachen über die Witze ihres Brotherrn schüttelt. »Watson, ich glaube, es könnte nicht schaden, wenn Sie Ihren Revolver bereithielten«, fühlt Holmes sich zu bemerken veranlaßt; und kurz darauf wird er auch schon gebraucht.

The Strand Magazine, 1892 (E1)

DIE BRUCE-PARTINGTON-PLÄNE

Ein junger Mann, der eines trüben Winterabends im Jahre 1895 mit seiner Verlobten zu einem Londoner Theater geht, läßt plötzlich ihren Arm los und verschwindet ohne ein Wort der Erklärung im Nebel. Er kehrt nicht zurück. Vielmehr ist dies das letzte Mal, daß sie ihn gesehen hat. Am Morgen darauf wird seine Leiche neben den Geleisen der Untergrundbahn gefunden – kurz vor der Station Aldgate. Sein Kopf ist, vermutlich durch einen Sturz aus dem Zug, zerschmettert.

Der Inhalt der Taschen des Toten veranlaßt Mycroft Holmes, in amtlicher Eigenschaft seinen Bruder Sherlock zu einer dringenden Untersuchung herbeizurufen. Sie enthalten nämlich die Pläne für das Bruce-Partington-U-Boot, das am eifersüchtigsten gehütete Geheimnis der Regierung. Die Pläne sind unter ausgeklügelten Sicherheitsvorkehrungen im Arsenal von Woolwich aufbewahrt worden, wo der Verblichene als Büroangestellter gearbeitet hat.

Wie sie in seinen Besitz gelangen konnten – und, was noch dringlicher ist, wohin die drei wichtigsten dieser

zehn Dokumente verschwunden sind –, soll Holmes herausfinden. Die Führer seiner Nation erwarten die Lösung von ihm, und in Windsor läßt eine alte Dame nach einer smaragdenen Krawattennadel schicken.

The Strand Magazine, 1908 (E4)

CHARLES AUGUSTUS MILVERTON

Nachdem Watson gerade gehört hat, wie Holmes Charles Augustus Milverton als den übelsten Menschen von ganz London bezeichnet, ist er erstaunt, zu erfahren, daß diese Giftschlange von einem Menschen sich auf Holmes' Einladung hin gleich bei ihnen einfinden wird. Während des folgenden Gesprächs kann Watson nur voll ohnmächtiger Wut zusehen, wie Holmes sich demütigen und übertrumpfen lassen muß. Holmes ist sich nämlich der Schwäche seiner Position – oder vielmehr derjenigen seiner Klientin – voll bewußt. Milverton ist vor kurzem in den Besitz gewisser Briefe gelangt, die Lady Eva Brackwell, die schönste *débutante* der letzten Saison, deren Hochzeit mit dem Grafen von Dovercourt in zwei Wochen stattfinden soll, unbedachtsamerweise einem jungen Manne geschrieben hat. Die öffentliche Bekanntmachung dieser Briefe würde ihren gesellschaftlichen Ruin und das Ende ihrer Hochzeitspläne bedeuten. Milverton stellt übertriebene Forderungen für die Herausgabe der Briefe, und Holmes vermag sie nicht herunterzuhandeln.

Tollkühne Maßnahmen sind erforderlich, und die von Holmes ergriffenen sind es in der Tat. Unter Mißachtung seiner lebenslänglichen Abneigung gegen Frauen verlobt er sich mit einem Hausmädchen namens Agatha, wird Klempner und lehnt es für einmal ab, die Polizei bei der Untersuchung eines Mordes zu unterstützen.

The Strand Magazine, 1904 (E3)

DER DAUMEN DES INGENIEURS

Dr. Watson wird früh aus dem Bett geholt, um einen Notfallpatienten namens Victor Hatherley zu verarzten, der nach dem Verlust seines Daumens wohl verblutet wäre, besäße er nicht sein Fachwissen über die Hydraulik. Der Bericht des Patienten von seinem »Unfall« bewegt Watson dazu, ihn eilends zu Holmes zu bringen, dem er seine Geschichte wiederholen soll.

Hatherley erzählt von einem Besuch, den ein gewisser Colonel Lysander Stark ihm in seinem Büro abgestattet habe, um ihn zu bitten, sich gegen ein Honorar, das praktisch das Doppelte seiner Einnahmen von drei Jahren ausmachte, unverzüglich zu seinem Haus in Berkshire zu begeben und dort eine hydraulische Presse zu reparieren, die zur Förderung von Walker-Erde gebraucht werde. Höchste Verschwiegenheit sei ihm eingeschärft worden: Sollten nämlich die Nachbarn des Colonels vom Vorhandensein dieses wertvollen Rohstoffs auf ihren Grundstücken erfahren, so würden sie sich nicht dazu bereitfinden, ihm das walker-erdehaltige Land

zu verkaufen. Hatherley hatte den Auftrag übernommen, doch nach Inspektion der Presse hatte er die unbesonnene Bemerkung gemacht, eine so gewaltige Maschine sei für einen so simplen Vorgang ja wohl kaum erforderlich. In der Folge kam er nicht nur um sein Honorar, sondern auch um einen Daumen.

Dank der kurzen Beschreibung eines flüchtig im Laternenschein gesehenen Pferdes und seiner Erinnerung an Seeräubergeschichten braucht Holmes nicht lange, um eine Erklärung und ein Wort tröstlichen Rates abgeben zu können.

The Strand Magazine, 1892 (E1)

DER DETEKTIV
AUF DEM STERBEBETT

Das Auftauchen von Mrs. Hudson in Watsons Wohnung, fernab ihrer Domäne in der Baker Street, hat etwas Ungewöhnliches an sich. Sie bringt denn auch alarmierende Neuigkeiten: Sherlock Holmes liegt im Sterben. Seit er von der Arbeit an einem Fall unter chinesischen Matrosen unten am Fluß in einer Gasse in Rotherhithe zurückgekehrt ist, hat er weder Speise noch Trank zu sich genommen, die ganze Zeit über nur im Bett gelegen und wie ein Kind vor sich hingeplappert; es geht sichtlich abwärts mit ihm, er lehnt aber jede ärztliche Hilfe ab.

Das Erscheinen des getreuen Watson an seinem Krankenlager ist ihm auch kein großer Trost. Der Doktor, der um seines Freundes willen das Risiko eingeht, sich mit einer so tödlichen und rätselhaften Krankheit wie dem Tapanuli-Fieber oder der Schwarzen Formosafäulnis anzustekken, sieht sich von Holmes als bloßer praktischer Arzt mit mediokren Qualifikationen zurückgewiesen. Zumindest heimst er ein wenig Lob für seine Qualitäten als Laufbursche ein, nachdem er den aus Sumatra kommenden Mr. Culverton Smith ans Sterbebett geholt hat – den einzigen Menschen, der das Wissen, wenn auch nicht unbedingt die Neigung, besitzt, eine Heilung herbeizuführen.

Collier's (USA), Nov. 1913;
The Strand Magazine, Dez. 1913 (E4)

DIE DREI GARRIDEBS

»Wenn Sie einen Garrideb ausfindig machen können – da steckt Geld drin«, sagt Holmes zu Watson. Ein amerikanischer Millionär dieses Namens hat ein merkwürdiges Vermächtnis hinterlassen: Offenbar soll sein gesamtes Vermögen – geschätzt auf 15 000 000 Dollar – zu gleichen Teilen unter drei beliebigen Personen männlichen Geschlechts namens Garrideb aufgeteilt werden. Und einer dieser raren Sorte, der Amerikaner John Garrideb, sucht wie wild nach zwei weiteren. Einen hat er bereits entdeckt: Nathan Garrideb, der wie er selber keinen männlichen Verwandten hat, der das Trio vervollständigen und sie damit alle reich machen könnte. Nathan ist deshalb auf die glänzende Idee gekommen, Sherlock Holmes den Auftrag zu geben, die Suche zu einem erfolgreichen Abschluß zu bringen. Seine Hilfe scheint jedoch überhaupt nicht mehr erforderlich: John Garrideb hat nämlich in einer Zeitung die Anzeige eines Howard Garrideb gefunden, eines Konstrukteurs von Landwirtschaftsmaschinen aus Birmingham.

Collier's Magazine (USA), Okt. 1924;
The Strand Magazine, Jan. 1925 (E5)

DIE DREI GIEBEL

»Wer von den Genelmen is Masser Holmes?« grüßt beim Eintritt ins Wohnzimmer von Baker Street 221 B eine gewaltige dunkelhäutige Gestalt in einem knalligen, graukarierten Anzug und mit wallender, lachsfarbener Krawatte. Aber wenn auch Steve

Dixie Sherlock Holmes nicht erkennt, so erkennt dieser doch jenen und erinnert den schwarzen Boxer daran, daß ihm dessen Verbindung zu Barney Stockdale und der Spencer-John-Bande bekannt ist. Dixies Warnung – »Ich hab n Freund, der is interessiert von wegen Harrow – Sie wissen, was ich mein – und der will keine Einmische von Ihnen nicht« – scheint zu einem Hilfegesuch zu passen, welches Mrs. Mary Maberley aus Harrow Weald an Holmes gerichtet hat.

Mrs. Maberley ist die verwitwete Mutter von Douglas Maberley, einem glänzenden jungen Diplomaten, der, bis er an einer Lungenentzündung starb, Attaché in Rom gewesen war – laut Auskunft seiner Mutter war sein Tod das Resultat einer Liebesbeziehung zu »einer Teufelin«. Dies ist aber nicht die Ursache für ihren gegenwärtigen Kummer. Ein Häusermakler hat ihr im Auftrag eines ungenannten Klienten einen guten Preis für ihr Haus samt allem Mobiliar angeboten; von ihrem Anwalt wurde sie jedoch darauf hingewiesen, daß sie sich dadurch jeglichen Rechtes begäbe, irgendwelche, selbst die persönlichsten Gegenstände aus dem Hause zu entfernen. Während Mrs. Maberley Holmes all dies erzählt, registriert sein feines Gehör ein pfeifendes Atmen draußen vor der Tür, und im Handumdrehen hat er eine weitere Verbindung zu dem skrupellosen Barney Stockdale hergestellt.

Liberty Magazine (USA), Sept. 1926;
The Strand Magazine, Okt. 1926 (E5)

DIE DREI STUDENTEN

Trotz all seiner Klagen über den Niedergang des Verbrechertums und den Mangel an beachtenswerten Fällen ist Sherlock Holmes bisweilen wenig erfreut, wenn er bei einer seiner übrigen Tätigkeiten unterbrochen wird. So ist er beispielsweise ausgesprochen mißmutig, als er mitten in mühseligen Forschungsarbeiten über frühenglische Urkunden in »einer unserer großen Universitätsstädte« von dem Tutor und Dozenten des College of St. Luke's, Mr. Hilton Soames, wegen irgendeiner belanglosen Sache mit einem griechischen Prüfungstext gestört wird. Doch schon bald regt sich sein Interesse, und seine gute Laune kehrt zurück. Eine wichtige Prüfung, bei der es um ein hohes Stipendium geht, steht bevor. Die Prüfungsbögen, vertrauensvoll hinter verschlossenen Türen aufbewahrt, sind durchwühlt worden. Die simple Frage lautet: Von welchem der drei Kandidaten, die am ehesten Zugang zu ihnen gehabt haben könnten? Dem armen, aber sportlich begabten Sohn eines Bankrotteurs? Dem brillanten, aber leichtlebigen Müßiggänger? Oder dem unergründlichen, in Griechisch schwachen Inder? Die einzigen konkreten Hinweise sind ein paar Bleistiftschnitzel und zwei schwarze, teigartige Klümpchen, grob pyramidenförmig und mit Sägespänen durchsetzt.

The Strand Magazine, 1904 (E3)

DIE EINSAME RADFAHRERIN

Am Samstag, dem 23. April 1895, unterbricht Miss Violet Smith Holmes mitten in einem höchst abstrusen und komplizierten Problem. Miss Smiths Problem mag daneben trivial erscheinen, hat aber auch seinen Reiz.

Vor einiger Zeit hatten sie und ihre verwitwete Mutter mit Erstaunen eine Anzeige in der *Times* gelesen, in der nach ihrem Aufenthaltsort geforscht wurde. Die Anzeige war, wie sie bald herausfanden, von einem Mr. Carruthers und einem Mr. Woodley aufgegeben worden; die beiden waren aus Südafrika zurückgekommen, wo sie Miss Smiths Onkel Ralph kennengelernt hatten, von dem die Smiths nichts mehr gehört hatten, seit er vor 25 Jahren dorthin ausgewandert war. Carruthers und Woodley behaupteten, er sei verarmt in Johannesburg

gestorben, habe sie aber bei seinem letzten Atemzug gebeten, Miss Smith und ihre Mutter ausfindig zu machen und dafür zu sorgen, daß es ihnen an nichts fehle. Carruthers bot Miss Smith pflichtgetreu eine gut bezahlte Stelle als Musiklehrerin seiner kleinen Tochter in seinem Haus Chiltern Grange bei Farnham in Surrey an. Dieser Posten erwies sich als sehr angenehm, bis Mr. Woodley zu einem einwöchigen Besuch eintraf.

Seit einiger Zeit beobachtet Miss Smith, die jeden Samstag mit dem Fahrrad über eine einsame Straße zum Bahnhof fährt, um in London ihre Mutter zu besuchen, einen Radfahrer, der sie verfolgt – einen Mann mit dunklem Bart. Stets taucht er an derselben Stelle auf, um dann wieder spurlos zu verschwinden. Offenbar braut sich um Miss Smith eine finstere Intrige zusammen.

Als Holmes es mit dem widerwärtigen Woodley zu tun bekommt, macht er von seinen boxerischen Fähigkeiten Gebrauch, und ein dramatischer Wettlauf gegen die Zeit endet mit dem Schrei: »Du kommst zu spät! Sie ist meine Frau!« und der Replik: »Nein, deine Witwe!«, worauf ein Revolverschuß fällt.

The Strand Magazine, 1904 (E3)

DER ERBLEICHTE SOLDAT

Endlich erliegt Holmes Watsons Überredungskünsten und berichtet einen seiner Fälle höchstselbst: Er beginnt mit der Erinnerung an einen Besuch von einem braungebrannten, kräftigen jungen Soldaten, James

M. Dodd, der ihn um Hilfe bei der Suche nach einem ehemaligen Waffengefährten namens Godfrey Emsworth gebeten hat. Seit die beiden in Südafrika getrennt worden sind, haben sie kaum voneinander gehört, und als Dodd kürzlich bei den Eltern seines Freundes nach ihm geforscht hat, ist er mit plumpen Ausflüchten abgespiesen worden. Trotzdem kann er beschwören, daß er Godfrey für einen kurzen Augenblick gesehen hat – eine verstohlene Gestalt an einem nächtlichen Fenster, so totenbleich wie nie ein lebender Mensch zuvor.

So simpel Holmes dies Problem auch dünkt, so begibt er sich doch recht bereitwillig zum Schauplatz dieser schaurigen Erscheinung – dem Elternhaus von Godfrey Emsworth. Bevor der Hausherr ihn hinauswerfen lassen kann, kritzelt er ein einziges Wort auf ein Stück Papier – ein Wort, das jeglichen Ausdruck, außer dem der Verblüffung, aus dem Gesicht des alten Colonel Emsworth weichen läßt.

Liberty Magazine (USA), Okt. 1926;
The Strand Magazine, Nov. 1926 (E5)

DER FARBENHÄNDLER IM RUHESTAND

»Die alte Geschichte, Watson: ein treuloser Freund und ein wankelmütiges Eheweib.« Diese beiden bringen den alten Josiah Amberley, Farbenhändler im Ruhestand aus Lewisham, in Holmes' Empfangszimmer: Seine junge Frau ist nämlich mit ihrem Liebhaber verschwunden, und mit ihnen ein großer Teil von Mr. Amberleys Ersparnissen. Watson vertritt Holmes bei der Untersuchung dieses Falles: Er besucht das verwahrloste alte Haus hinter seiner hohen Backsteinmauer in der Hoffnung, dort irgendeinen Hinweis auf das verschwundene Paar zu finden. Er bekommt nur sehr wenig heraus, begegnet jedoch einer verdächtigen Erscheinung – einem Mann mit dickem Schnauzbart, dunkler Sonnenbrille und einer Freimaurer-Krawattennadel.

Das mysteriöse Telegramm von einem Pfarrer in Essex läßt Amberley und Watson zu der Jagd auf ein Phantom aufbrechen. Denn die Lösung des Falls des Farbenhändlers im Ruhestand liegt nicht im ländlichen Essex, sondern in Lewisham, in dem alten Haus, das nach frischer Farbe riecht. Holmes muß dafür auf eine weitere seiner mannigfaltigen Fähigkeiten zurückgreifen: »Die Einbrecherei war

schon immer ein Gewerbe, auf das ich mich, wenn mir danach gewesen wäre, hätte verlegen können; ich zweifle kaum daran, daß ich es darin zum Meister gebracht hätte.«
Liberty Magazine (USA), Dez. 1926; *The Strand Magazine*, Jan.1927 (E5)

DER FLOTTENVERTRAG
Watsons Schulfreund Percy Phelps hatte dank seiner hohen Geburt einen fliegenden Start in den Staatsdienst. Jetzt ist er so weit, daß er bedauert, je geboren worden zu sein, von einer erfolgreichen Karriere im Außenministerium schon ganz zu schweigen. Vom Außenminister, seinem Onkel, mit der Abschrift des ungeheuer wichtigen Flottenvertrages zwischen England und Italien betraut, war Phelps eines Abends allein in seinem Büro geblieben, um mit der Arbeit weiterzukommen. Nachdem er für einen Moment hinausgegangen war,

um einen schlafenden Portier zu wekken, der ihm eine Tasse Kaffee machen sollte, hörte er voller Entsetzen in dem Raum, den er gerade verlassen hatte, die Klingel läuten. Er eilte zurück und fand das Zimmer noch immer leer, aber der Vertrag war verschwunden. Die Fenster – dreißig Fuß über der Erde – waren von innen verschlossen; auf dem cremefarbenen Linoleum fanden sich keinerlei Fußspuren, obwohl es draußen seit etlichen Stunden geregnet hatte. Und welcher Dieb würde schon die Klingel läuten, um seine Gegenwart anzuzeigen, und so die Zeit, die ihm zur Flucht bleibt, noch weiter verkürzen? Was Wunder, daß der arme Phelps unter dieser Belastung vorüber-

gehend den Verstand verlor. Und während er sich nun erholt, muß er zwei weitere Schocks erleben – den einen in seinem Krankenzimmer, den anderen am Frühstückstisch in Baker Street 221 B.

The Strand Magazine, 1893 (E2)

EINE FRAGE DER IDENTITÄT
Zu Watsons Überraschung ruft die weitschweifige und belanglose Erzählung von Miss Sutherland, der großen Frau mit großem Hut mit großer Feder, keinerlei Zeichen von Ungeduld bei Holmes hervor. Die Sorge der Tochter eines verstorbenen Klempners um ihren verschwundenen zukünftigen Bräutigam Mr. Hosmer Angel (»Ich habe ihn auf dem Ball

der Rohrleger kennengelernt«) scheint wenig wirklich Interessantes zu bieten. Die Umstände ihrer traurigen Lage sind Holmes nicht einmal neu: Mindestens zwei parallele Fälle gibt es in seiner Kartei. Es ist nicht so sehr ihr Problem als vielmehr »das Mädchen selbst«, das Holmes interessiert; und zwar in Verbindung mit der Bedeutung von Ärmeln, der Aussagekraft von Daumennägeln und dem Gedanken, daß oft große Dinge an einem Schnürsenkel hängen. Ein Gespräch mit ihrem Stiefvater Mr. James Windibank genügt, um bis auf ein einziges Detail alles zu klären; und Holmes hat nicht vor, sich daran die Finger zu verbrennen. Zu sehr ist er des alten persischen Sprichworts eingedenk: »Gefahr droht dem, der das Tigerjunge stiehlt, und Gefahr auch dem, der einer Frau ein Trugbild nimmt.«

The Strand Magazine, 1891 (E1)

DIE FÜNF ORANGENKERNE

Colonel Elias Openshaw war der erste, der einen Briefumschlag mit fünf Orangenkernen zugeschickt erhielt, welcher in Pondicherry aufgegeben worden war und auf dessen Innenseite mit roter Tinte die Buchstaben »K.K.K.« gekritzelt waren. Ein paar Wochen später war er tot – allem Anschein nach hatte er selbst Hand an sich gelegt. Der nächste Empfänger von Orangenkernen war sein Bruder Joseph. Diesmal kam der Brief von weniger weit her – aus Dundee –, und Joseph Openshaws Tod trat entsprechend schneller ein.

Kein Wunder also, daß der junge John Openshaw so spät in so stürmischer Nacht in die Baker Street 221 B eilt. Der an ihn adressierte Brief war nur wenige Meilen entfernt aufgegeben worden; und zwei kostbare Tage sind infolge seiner Unentschlossenheit und der Verständnislosigkeit der Polizei bereits verstrichen. Der Fall sei einer der phantastischsten, die ihnen je untergekommen seien, versichert Holmes seinem Freund und Kollegen. Binnen kurzem wird er auch zu seiner persönlichen Angelegenheit: Sherlock Holmes' Stolz ist nämlich verletzt worden.

The Strand Magazine, 1891 (E1)

DAS GELBE GESICHT

Selbst wenn Holmes sich einmal irrte, kam die Wahrheit ans Licht, bemerkt Watson am Anfang dieses Berichts über einen der Mißerfolge seines Freundes.

Holmes und Watson kehren von einem Frühlingsspaziergang im Regent's Park heim und erfahren, daß in ihrer Abwesenheit ein Klient vorgesprochen habe – »ein sehr unruhiger Gentleman«. Mr. Grant Munro gesteht, er komme wegen seiner Frau. Drei Jahre seien sie nun glücklich verheiratet, doch in den letzten Tagen habe er – obwohl sie ihn unvermindert liebe – das Gefühl, es sei eine Schranke zwischen sie getreten. Effie Munro hatte früher Effie Hebron geheißen – sie war die Witwe eines amerikanischen Anwalts gewesen. Nachdem dieser und ihr Kind an Gelbfieber gestorben waren, kehrte sie mit einem ansehnlichen Vermögen nach England zurück und lernte Grant Munro kennen. Sie heirateten und lebten überaus glücklich in ihrem halb ländlichen Haus in Norbury, bis Mrs. Munro eines Tages ohne weitere Erklärungen 100 Pfund von ihm verlangte. Als Munro kurz darauf zufällig an einem Cottage in der Nachbarschaft vorbeikam, bemerkte er, daß es nicht mehr leerstand. Während er noch rätselte, wer die neuen Mieter wohl sein mochten, sah er im Fenster ein seltsames Gesicht, das »etwas Unnatürliches und Unmenschliches« hatte. Einige Tage später sah er seine Frau aus eben diesem Hause treten, und ein böser Verdacht stieg in ihm auf. Sie aber weigerte sich, diesen zu zerstreuen oder irgend eine Erklärung abzugeben.

»Ich fürchte, das ist eine üble Geschichte, Watson«, sagt Holmes; doch für einmal haben seine Schlußfolgerungen nur sehr wenig mit den Tatsachen zu tun.

The Strand Magazine, 1892 (E2)

DAS GESPRENKELTE BAND

Als Miss Julia Stoner ihrer Schwester zuschrie: »Oh mein Gott! Helen! Es war das Band!«, hatte sie damit keineswegs etwas Tontechnisches im Sinn; sie fügte nämlich hinzu: »Das gesprenkelte Band!« und fiel dann in eine Ohnmacht, aus der sie nie wieder erwachte. Als Helen Stoner den Vorfall Sherlock Holmes berichtet, neigt sie zu der Ansicht, es sei der Gedanke an eine Zigeunerbande oder genauer genommen deren gefleckte Kopf-

tücher gewesen, der ihrer Schwester durch den wirren Kopf gespukt sei.

Wie üblich arbeitet Holmes mehr aus Liebe zu seiner Kunst als um des Geldes willen, und er verlangt von einer Untersuchung nur, daß sie »in den Bereich des Ungewöhnlichen oder gar des Phantastischen« falle; und ohne daß er seine Prinzipien dehnen mußte, trifft dies auf die bemerkenswerten Vorkommnisse in Stoke Moran zu. Das Ungewöhnliche ist im Überfluß vorhanden: nächtliches Pfeifen, ein Gepard und ein Pavian, die auf dem Besitz frei herumlaufen, ein jähes Klirren, als falle ein Stück Metall zu Boden; und die immer bedrohliche Gegenwart des prügelnden, tyrannischen Dr. Grimesby Roylott, der es verdient, zusammen mit Palmer und Pritchard zu den berüchtigsten Vertretern seiner Profession gezählt zu werden. Doch wenn Dr. Roylott auch einen Schürhaken mit bloßen Händen krummbiegen kann, so kann Holmes ihn mit den seinen wieder geradebiegen; und Watson birgt seinen getreuen *Eley No. 2* in der Tasche, der ihnen eine Nacht durchstehen hilft, die bis zum Morgengrauen jede Menge Entsetzliches zu bieten verspricht.

The Strand Magazine, 1891 (E1)

DIE ›GLORIA SCOTT‹

»Eher grotesk als sonst was« findet Watson die Botschaft, bei deren Lektüre Friedensrichter Trevor vor Entsetzen vom Schlag gerührt wurde: »Das versprochene Wind-Spiel für Sie ist wie vereinbart aus London eingetroffen. Hudson, der Hundeführer, hat, meinen wir, alles Nötige dazu gesagt bekommen. Es laufen hier Bemühungen, Sie zu veranlassen, um jeden Preis Ihr erfolgreiches Züchter-Leben aufzugeben.«

Der Fall ist eine Reminiszenz aus Holmes' Studentenzeit. Er hatte damals bei seinem Freund Victor Trevor, dem Sohn des Friedensrichters, zu Besuch geweilt und daher zufällig miterlebt, wie ein unheimlicher Seemann namens Hudson dort vorgesprochen hatte, der angeblich vor dreißig Jahren ein Schiffskamerad des Friedensrichters gewesen war. Ein älterer, erfahrenerer Holmes hätte wohl auf der Stelle die Gefahr gewittert, die hinter des Seemanns Bitte um gastliche Aufnahme lauerte. Doch obwohl er seine große Karriere noch nicht begonnen hatte, brauchte er nicht lange zu warten, bis er dringendst aufgefordert wurde, ins Haus des sterbenden Friedensrichters zu kommen, um dort die seltsame Geschichte einer Meuterei auf einem Sträflingstransport nach Australien zu vernehmen.

The Strand Magazine, 1893 (E2)

DER GOLDENE KNEIFER

Novemberwind heult durch die Baker Street, wütend peitscht der Regen an die Fenster von 221 B, indes ein einsamer Wagen von der Oxford Street her angeplatscht kommt. Der junge Stanley Hopkins von Scotland Yard ist auf dem Weg, die Ruhe zweier Gentlemen mit seiner Geschichte vom Tod des jungen Willoughby Smith in Yoxley Old Place, Kent, zu stören.

Willoughby Smith war der Sekretär von Professor Coram gewesen, dessen stiller Junggesellenhaushalt keinerlei Verdachtsmomente bietet. Und doch hat man den Sekretär im Arbeitszimmer des Professors aufgefunden – mit einer tödlichen Wunde in der Halsschlagader, die ihm mit einem kleinen

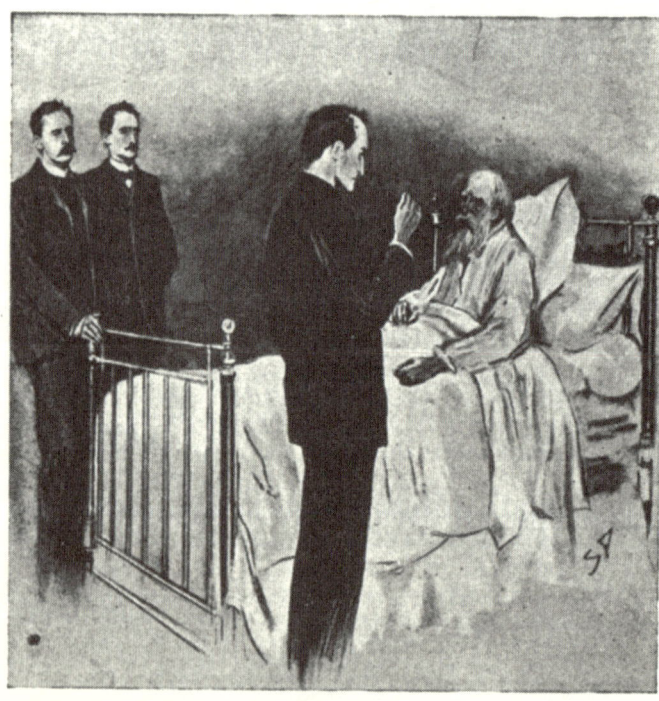

Siegellack-Messer beigebracht worden war. Dem Hausmädchen, das ihn gefunden hatte, konnte er nur noch den rätselhaften Satz zumurmeln: »Der Professor ... es war sie.« Das ist nicht eben viel: Doch Holmes braucht nichts weiter als den goldenen Kneifer, Hopkin's Bericht über das Verbrechen und dessen Schauplatz, und schon ist er in der Lage, das Signalement einer Person, die er noch nie gesehen hat, die es sich aber dringend zu suchen empfiehlt, auf ein Stück Papier zu kritzeln.

The Strand Magazine, 1904 (E3)

DER GRIECHISCHE DOLMETSCHER

Holmes ist, was seine Familie und sein früheres Leben betrifft, immer so zurückhaltend gewesen, daß Watson aus allen Wolken fällt, als er ihn beiläufig von »meinem Bruder Mycroft« sprechen hört. Doch binnen einer Stunde wird Watson diesem bemerkenswerten älteren Bruder vorgestellt und findet Holmes' großherzige Behauptung bestätigt, daß dieser Bruder, wären sie sich auch in anderer Hinsicht gleich, sogar noch der bessere Detektiv hätte werden können als er selbst.

Watson macht auch die Bekanntschaft eines Clubgenossen von Mycroft Holmes, eines griechischen Dolmetschers, der eine merkwürdige Geschichte zu erzählen hat: Er sei aus seiner Wohnung entführt und dazu überredet worden, die auf einer Schiefertafel geführte Unterhaltung mit einem geknebelten und ausgehun-

gerten Athener zu dolmetschen, dem es dabei gelungen sei, ihm mitzuteilen, er werde seit drei Wochen gefangengehalten. Hätte er fünf Minuten mehr gehabt, es wäre Melas wohl geglückt, die ganze Geschichte herauszubringen – vor der Nase der wachsamen Kerkermeister; doch der dramatische Auftritt einer großen, anmutigen Frau hatte das Gespräch in Tumult enden lassen. Nachdem er in Clapham Common freigelassen worden war, hatte Melas keine Zeit verloren und sein Abenteuer Mycroft Holmes mitgeteilt, der der Sache seither so gründlich nachgegangen war, wie es seine angeborene Faulheit nur zuließ. Nun aber ist Mycroft froh, den Fall seinem energischeren jüngeren Bruder übergeben zu können. Melas verschwindet zum zweitenmal, aber Holmes und Watson wissen genug, um einen, wenn auch nicht gleich zwei Morde verhindern zu können.

The Strand Magazine, 1893 (E2)

DER HUND DER BASKERVILLES

»Mr. Holmes, es waren die Fußspuren eines gigantischen Hundes!«

Dr. James Mortimer senkt seine Stimme fast zu einem Flüstern, als er Holmes und Watson von dem plötzlichen und rätselhaften Tod Sir Charles Baskervilles von Baskerville Hall in Dartmoor, Devon, erzählt. Seine Leiche habe keinerlei Spuren von Gewaltanwendung erkennen lassen, aber sein Gesicht sei unglaublich verzerrt gewesen, so daß in der Gegend das Gerücht ging, er sei vor Schreck gestorben. Denn auf den Baskervilles lastet der Fluch des Hundes, einer schrecklichen geisterhaften Bestie, die im Jahre 1648 den ruchlosen Hugo Baskerville getötet hat und seither seine Nachkommen heimsucht und in ihr Verderben hetzt. »Ich habe bis jetzt meine Nachforschungen auf diese Welt beschränkt«, meint Holmes nachdenklich; doch bittet er Dr. Mortimer, den jungen Erben, Sir Henry Baskerville, in die Baker Street 221 B zu bringen. Sir Henry erweist sich als realistischer und robuster junger Mann, der den größten Teil seines Lebens in Kanada und den Staaten verbracht hat. So unbedeutende Vorkommnisse wie das Verschwinden eines Schuhs aus seinem Hotelzimmer oder ein Brief, in welchem man ihm nahelegt, sich vom Moor fernzuhalten, können ihn nicht daran hindern, seine Erbschaft anzutreten.

Holmes ist zu beschäftigt, um selbst nach Devon fahren zu können, und läßt Watson mit Sir Henry hinfahren. Watson ist etwas eingeschüchtert angesichts der gruseligen Atmosphäre des Moors und des recht düsteren Familiensitzes, wird aber von Mr. und Mrs. Barrymore, dem Butler und dem Hausmädchen, herzlich willkommen geheißen. Barrymore befindet sich jedoch auf Holmes' Liste der Verdächtigen, da er laut Testament des verstorbenen Sir Charles einiges Geld geerbt hat; und die Frau, die Watson in der Nacht weinen hört, kann nur Mrs. Barrymore sein. Am nächsten Tag trifft Watson einen Nachbarn, Mr. Stapleton, einen Naturforscher, und dessen hübsche Schwester, die Watson bedeutet, er solle nach London zurückfahren. Am Rand des großen Grimpen-Sumpfs hört er ein langgezogenes leises Klagen; laut Stapleton ist dies der Hund der Baskervilles, der nach seinem Opfer heult. Der Hund ist offensichtlich nicht das einzige Lebewesen auf dem Moor. Auch ein Sträfling hält sich dort versteckt. Aber erst als Watson eine weitere Gestalt, die er im Moor gesehen hat, aufstöbert, kann er ins Herz des Rätsels vordringen.

The Strand Magazine,
August 1901 – April 1902 (R3)

DER ILLUSTRE KLIENT

Ein anonymer Klient ist nicht nach Holmes' Geschmack, doch weist der ihm von Sir James Damery vorgetragene Fall genug interessante Züge auf, um Holmes' ablehnende Haltung zu überwinden. Die blinden Leidenschaft, die der berüchtigte Baron Adelbert Gruner in der Tochter eines so trefflichen alten Soldaten wie General de Merville hat entfachen können, muß nach Holmes' wie auch nach Damerys Meinung so schnell und radikal wie möglich ein Ende gesetzt werden.

Holmes lernt seine Gegner am liebsten von Angesicht zu Angesicht kennen, um sich selbst ein Bild von ihnen machen zu können; dies führt zu einer fruchtlosen Begegnung mit dem Baron. Sein Versuch, direkt auf die gefährdete junge Dame einzuwirken, hat nicht nur keinen Erfolg, sondern auch katastrophale Auswirkungen.

Die Drohung des Barons, jeglicher Einmischung auf seine eigene Art zu begegnen, war kein Bluff gewesen; und so liest Watson an der Charing Cross Station fassungslos den Zeitungsaushang: »MORDANSCHLAG AUF SHERLOCK HOLMES«. In den darauffolgenden Stunden erfährt die Nation, daß der große Detektiv die Woche kaum überleben dürfte, indes Watson sich im Auftrag des Sterbenden vierundzwanzig Stunden lang dem Studium chinesischer Keramik widmet und Miss Kitty Winter in der Vorfreude auf eine langersehnte Rache schwelgt.

Collier's (USA), November 1924;
The Strand Magazine, Febr.–März 1925
(E5)

DIE JUNKER VON REIGATE

Holmes ist erschöpft. Selbst seine eiserne Konstitution mußte versagen, nachdem er zwei Monate hintereinander nicht weniger als fünfzehn Stunden pro Tag gearbeitet hatte, um schließlich für sein Vorgehen im Fall des Baron Maupertius und der Netherland-Sumatra Company die Glückwünsche ganz Europas ernten zu können. Watson benutzt die Gelegenheit, um eine Einladung seines alten Freundes aus der Zeit des Afghanistan-Feldzugs, Colonel Hayter, anzunehmen, und die beiden besuchen ihn in seinem friedlichen Junggesellenheim bei Reigate in Surrey.

Aber die Gegend um Reigate erlebt nicht gerade ihre friedlichste Zeit. Soeben haben Diebe die Bibliothek eines benachbarten Gutsherrn heimgesucht; und wenige Stunden nach Holmes' Ankunft trifft die Kunde von weiteren kriminellen Aktivitäten ein –

SP

diesmal handelt es sich um Mord. Watsons ärztliche Einwände können es nicht verhindern, daß sein Patient der Einladung des den Fall bearbeitenden Polizeibeamten, »mal herüberzukommen« und mitzuhelfen, Folge leistet. Die damit verbundene Anstrengung löst bei Holmes jedoch einen Schwächeanfall aus, und man kann es seinen Gefährten nicht verdenken, daß sie zu dem Schluß kommen, er sei im Moment geistig nicht ganz auf der Höhe. Allerdings ist er immer noch rege genug, um mit Hilfe moderner graphologischer Methoden den Mord an einem Kutscher aufzuklären.

The Strand Magazine, 1893 (E2)

DAS LEERE HAUS

Drei Jahre nach Sherlock Holmes' Tod hat Watson das Interesse an kriminellen Angelegenheiten, das sein so sehr betrauerter Freund in ihm erweckt hatte, noch nicht verloren. Wie ganz London findet er die Umstände der Ermordung des Ehrenwerten Ronald Adair ebenso unerklärlich wie faszinierend. Der junge Mann wurde in seinem verschlossenen Zimmer in dem Haus in der Park Lane, das er zusammen mit seiner Mutter und seiner Schwester bewohnte, erschossen. Als Watson sich unter die Gaffer vor dem Haus mischt, sich ihre Theorien anhört und vergeblich versucht, selbst eine zu bilden, zieht er den Zorn eines älteren, verwachsenen Mannes auf sich, dem er aus Versehen ein paar Bücher aus den Händen gestoßen hat. Nach Hause zurück-

gekehrt, weilt er noch keine fünf Minuten in seinem Arbeitszimmer, als der seltsame alte Büchersammler hereingeführt wird und ein Verkaufsgespräch beginnt.

Watson wendet ihm kurz den Rükken zu, um einen Blick auf seine Bücherregale zu werfen, und als er sich wieder dreht, hat sich der Alte in einen lächelnden Sherlock Holmes verwandelt. Watson fällt zum ersten Mal in seinem Leben in Ohnmacht. Als er wieder zu sich kommt, sieht er, daß es tatsächlich Holmes ist, der ihm den Kragen geöffnet und Brandy eingeflößt hat. Er vernimmt den schier unglaublichen Bericht, wie Holmes um Haaresbreite dem Tode entrann und danach durch mehrere Länder streifte, und läßt sich mit Vergnügen zur Teilnahme an einer Untersuchung einladen, die die beiden Abenteurer diesmal in ein leeres Haus führt, ihrer ehemaligen Wohnung in der Baker Street genau gegenüber liegt. Hier wird Watson einem weiteren alten Kämpen aus Indien begegnen: Colonel Sebastian Moran, der »beste Großwildjäger, den unser Östliches Empire je hervorgebracht hat« und – seit Moriartys Tod – der gefährlichste Mann Londons.

The Strand Magazine, 1903 (E3)

DAS LETZTE PROBLEM

Nur um den kürzlich veröffentlichten Leserbrief des Colonel James Moriarty, in welchem dieser das Andenken seines Bruders verteidigt, nicht unwidersprochen zu lassen, bringt der bedrückte Watson es über sich, die Einzelheiten des verheerendsten Tages seines Lebens aufzuzeichnen.

Er erinnert sich, wie sehr ihn eines Aprilabends Holmes' zunehmende Magerkeit und Blässe und der für seinen Freund untypische Vorschlag überrascht hatten, sie sollten auf der Stelle zu einem scheinbar ziellosen Urlaub auf dem Kontinent aufbrechen. Erst nachdem Holmes ihm von dem schon lange andauernden Kampf der Geistesriesen erzählt und ihm gegenüber zum ersten Mal den Namen von Professor Moriarty erwähnt hatte, war ihm aufgegangen, daß es bei diesem Problem, dessen physische und geistige Anforderungen sogar die fast übermenschlichen Kräfte seines Freundes bis zum Äußersten strapazierten, auf Biegen und Brechen ging.

Aus dem Lande zu kommen trotz Moriartys Überwachungsnetz, hatte sich als ein hektisches Unterfangen erwiesen; dem war aber, wie Watson sich wehmütig erinnert, eine zauberhafte Woche im Rhonetal gefolgt,

wenn diese auch überschattet wurde
von der Nachricht, daß es in Baker
Street 221 B gebrannt hatte und,
schlimmer noch, daß Moriarty dem
Polizeinetz, das sich dank Holmes'
Bemühungen mit Erfolg um den Rest
seiner Organisation zusammengezo-
gen hatte, entschlüpft war. Am 4. Mai
1891 – diesem schicksalhaftesten aller
Tage! – hatten sie noch jenen Umweg
zum Reichenbach-Fall gemacht, wo
Watson dann völlig ahnungslos einem
ihm nachgeschickten Boten gefolgt
war, um einer Landsmännin beizuste-
hen, die in den letzten Zügen lag; und
als er sich auf dem Rückweg einmal
kurz nach seinem Freund umwandte,
sah er »das letzte, was ich auf dieser
Welt je von ihm sehen sollte«.

The Strand Magazine, 1893 (E2)

DIE LIGA DER ROTSCHÖPFE

Da seine Pfandleihe in einer Flaute
steckt, nimmt Jabez Wilson mit dop-
pelter Freude zur Kenntnis, daß er,
ohne bisher auch nur die geringste
Ahnung davon gehabt zu haben,
einen beträchtlichen Vermögenswert
mit sich herumträgt. Nie wäre er auf
den Gedanken gekommen, daß sein
schöner roter Haarschopf und bloße
vier Stunden täglicher Arbeit ihm vier
Pfund die Woche einbringen könnten,
hätte das Schicksal ihm nicht einen
neuen Gehilfen, Vincent Spaulding,
zugeführt, welcher mit einem scharfen Auge für Kleinanzeigen begabt
ist. Aus einer Schlange Rothaariger
aller Schattierungen – »Stroh, Zitro-
ne, Orange, Ziegel, irischer Hühner-
hund, Leber, Tonerde« – welche die

Fleet Street verstopft, wird er zu seiner angenehmen Überraschung von Mr. Duncan Ross auserwählt.

Seine Aufgabe ist zwar nicht gerade sehr erhebend: Er soll die *Encyclopaedia Britannica* abschreiben. Doch ist die Stelle im Grunde ein Ruheposten – ein exzentrischer amerikanischer Millionär will damit seine Sympathie für seine rothaarigen Mitbrüder bekunden und seiner alten Heimatstadt einen guten Dienst erweisen. In der Tat sagt diese Arbeit dem Pfandleiher so sehr zu, daß er sich, als sie ein jähes Ende findet, bemüßigt fühlt, Sherlock Holmes aufzusuchen, der die Lösung dieses »Drei-Pfeifen-Problems« durch einen nächtlichen Besuch im Kellergewölbe einer Londoner Bank herbeiführt.

The Strand Magazine, 1891 (E1)

DIE LÖWENMÄHNE

Holmes lebt im Ruhestand an der Kanalküste. Als er eines Morgens einen Kliffspaziergang macht, findet er sich plötzlich einem Rätsel gegenüber, wie es sich ihm in der Zeit, da er noch berufstätig war, auch nicht verwirrender hätte stellen können. Fitzroy McPherson, der Physiklehrer einer in der Nähe gelegenen Schule, kommt vom Strand, wo er ein Bad genommen hat, hochgestolpert, bricht zusammen und stirbt mit den Worten: »Die Löwenmähne!« Er ist nur halb bekleidet, und sein Rücken ist mit Striemen bedeckt, als sei er gnadenlos mit einer Drahtpeitsche gegeißelt worden.

In einem so entlegenen Teil von Sussex ist es nicht schwer, einen Verdächtigen ausfindig zu machen. Der Naheliegendste ist ein Lehrerkollege: Ian Murdoch, dessen aufbrausendes Temperament ihn früher einmal äußerst brutal mit McPhersons Hund umgehen ließ und der, wie nun ruchbar wird, einst sein Nebenbuhler um die Zuneigung der Dorfschönheit Maud Bellamy gewesen war. Daß eben jener Hund im Verlauf der Ermittlungen stirbt, ist für Holmes weniger eine Überraschung denn eine Manifestation der »schönen, treuen Natur der Hunde«. Doch warum hat er sich dafür genau die Stelle ausgesucht, an der auch schon sein Herrchen gestorben war? Ist auch er das Opfer einer rachsüchtigen Fehde...?

Liberty Magazine (USA), Nov. 1926; *The Strand Magazine*, Dez. 1926 (E5)

DER MANN MIT DEM GEDUCKTEN GANG

Eine sonderbare Veränderung scheint sich mit Professor Presbury vollzogen zu haben, seit er sich im Alter von einundsechzig Jahren mit der jungen Tochter eines Kollegen verlobt hat. Seine Vorlesungen sind noch immer so brillant wie eh und je, doch hat er jetzt etwas Heimlichtuerisches und Verschlagenes an sich. Er hat kein Vertrauen mehr zu seinem Sekretär Trevor Bennett, den er stets wie einen Sohn oder jüngeren Bruder behandelt hatte; und in letzter Zeit hat sein treuer Wolfshund Roy schon zweimal Anstalten gemacht, seinen Herrn zu beißen.

Die Veränderung scheint auf eine mysteriöse Reise zurückzugehen, von der man nur soviel weiß, daß sie ihn für einige Zeit nach Prag geführt hat. Daß er sich auf dem Kontinent aufgehalten hat, belegt auch ein geschnitztes Kästchen typisch deutscher Machart, das er von der Reise zurückgebracht hat und das nun sicher verschlossen in seinem Instrumentenschrank steht und von niemandem angefaßt werden darf. Aber Sherlock Holmes muß sich bei einem der letzten Fälle seiner Karriere noch mit anderen Merkwürdigkeiten herumschlagen: zum Beispiel mit geheimen Briefen von einem Korrespondenten in Ostlondon, dessen Handschrift wenig gebildet wirkt; und mit der etwas übertriebenen Art des Professors, auf Freiersfüßen zu wandeln.

The Strand Magazine, 1923 (E5)

DER MANN MIT DER ENTSTELLTEN LIPPE

Watson holt Isa Whitney aus der ›Bar of Gold‹, einer Opiumhöhle in der Nähe des Londoner Hafens heraus, wo dieser eine halbe Woche verdöst hat; dabei begegnet er Holmes, der ihn mit nach Kent nimmt, zum Haus eines anderen Vermißten namens Neville St. Clair, eines Geschäftsmanns, der seit vier Tagen nicht mehr nach Hause gekommen ist. Mrs. St. Clair erzählt ihnen, sie sei am Tage nach dem

Verschwinden ihres Mannes an der ›Bar of Gold‹ vorbeigekommen und habe dort sein Gesicht kurz am Fenster auftauchen sehen. Die Polizei hat auf der Fensterbank eines auf den Fluß gehenden Zimmers Blutspuren festgestellt. In demselben fragwürdigen Etablissement sind auch Teile von St. Clairs Kleidung hinter einem Vorhang versteckt und eine Schachtel Bauklötze gefunden worden, die er seinem kleinen Sohn mitzubringen versprochen hatte. Der Bewohner des Zimmers, in dem diese Entdeckungen gemacht wurden, Hugh Boone, ein unheimlicher Krüppel und stadtbekannter Bettler, sitzt unter dem Verdacht, den Vermißten ermordet zu haben, in Haft. Inzwischen wurde der Mantel des Vermißten auf einer Sandbank im Fluß gefunden, beschwert mit dem Inhalt seiner Taschen: 421 Pennies und 70 Halfpennies.

Holmes findet heraus, daß die Lösung dieses bizarren Problems nicht im Fluß, sondern in St. Clairs Badezimmer liegt – eine Schlußfolgerung, auf die er nach einer Unze Shagtabak und einer auf fünf Kissen durchwachten Nacht kommt.

The Strand Magazine, 1891 (E1)

DER MAZARIN-STEIN

Als Watson auf einen Sprung in seinem ehemaligen Zuhause vorbeischaut, überrascht es ihn nicht, von Billy dem Hausburschen zu hören, daß Holmes im Bett liegt und schläft – an einem lieblichen Sommerabend, um sieben Uhr. Billy sagt ihm, sein Herr sei zur Zeit schwer beschäftigt. Keine Geringeren als der Premierminister und der Innenminister hätten kürzlich »auf diesem Sofa da« gesessen; schließlich ist die Wiederbeschaffung des verschwundenen Krondiamanten ein Anliegen von nationalem Interesse. Eine Holmes-Puppe, die in Leseposition am Fenster sitzt, erinnert Watson an den Fall *Das leere Haus*, und als Holmes auftaucht, bestätigt dieser fröhlich, daß er in Kürze mit einem Anschlag auf sein Leben rechne, bei dem einmal mehr ein Luftgewehr eine Rolle spielen soll. Als Billy zurückkommt, um zu verkünden, daß der Möchtegern-Attentäter vor der Tür steht, ist Watson wie in alten Tagen zum Handeln bereit. Statt dessen muß er Holmes auf dessen Bitte hin verlassen und mit einem Wagen zu Scotland Yard fahren, überzeugt, seinen alten Kameraden im Stich zu lassen und einem vorzeitigen Ende durch die Hand des Grafen Negretto Sylvius preiszugeben. Holmes indessen verabschiedet sich voller Zuversicht von ihm. Der große Musikliebhaber vertraut darauf, daß die Hoffmannsche Barkarole selbst das wildeste Gemüt zu besänftigen vermag.

The Strand Magazine, 1921 (E5)

DAS MUSGRAVE-RITUAL

Ein zerknittertes Stück Papier, ein altmodischer Messingschlüssel, ein Holzpflock, an dem ein Bindfadenknäuel befestigt ist, und drei rostige alte Metallscheiben: diese sonderbare Sammlung ist alles, was Holmes übriggeblieben ist zur Erinnerung an einen seiner frühesten Fälle, die merkwürdige – und in mancher Hinsicht einzigartige – Episode mit dem Musgrave-Ritual.

Wie der Fall der *Gloria Scott* gehört auch dieser noch in die Zeit, bevor er sich mit Watson zusammentat und in der Baker Street Wohnsitz nahm. Auch in diesen Fall ist ein Bekannter vom College verwickelt; diesmal ist es Reginald Musgrave, Erbe von Ländereien in West Sussex und dem Herrenhaus von Hurlstone, dem vielleicht ältesten bewohnten Gebäude im ganzen Land. Ein weiteres Erbe, das Musgrave zugefallen ist, sind die Dienste des Familienbutlers Brunton; Dienste, deren er sich allerdings nicht sehr lange erfreuen konnte. Das plötzliche Verschwinden eben dieses Butlers ist es nämlich, das ihn beim jungen Sherlock Holmes in der Montague Street Rat suchen läßt. Er will herausfinden, was seither aus diesem Mann geworden ist, dem er gekündigt hatte, weil er einen Schreibtisch durchwühlt und ein Dokument gelesen hatte, das sich auf eine gewisse Familienzeremonie – das Musgrave-Ritual – bezog. Holmes kommt dabei nicht nur dem Butler, sondern auch einem Schatz auf die Spur.

»Wem gehörte sie?«
»Ihm, der nicht mehr ist.«
»Wer soll sie haben?«
»Er, der da kommen wird.«
Als sich herausstellt, wovon hier die Rede ist, ist selbst Holmes überrascht.

The Strand Magazine, 1893 (E2)

DER NIEDERGELASSENE PATIENT

Wie Hall Pycroft, dem Maklergehilfen, eröffnet sich Dr. Percy Trevelyan die Aussicht auf Reichtum in einem Moment, wo er es am wenigsten erwartet, und zwar in Form eines Vorschlages, der ihm von einem ihm völlig Fremden gemacht wird. Mr. Blessingtons Plan ist unkonventionell, aber ziemlich logisch; er will dem mittellosen, aber brillanten jungen Arzt eine Praxis im West End einrichten, sämtliche Kosten übernehmen, ihm ein Taschengeld aussetzen und als Gegenleistung drei Viertel der Einnahmen haben. Andere investieren in Aktien und Anleihen: Warum sollte er sein Geld nicht in eine lebendige Kapitalanlage investieren? Außerdem hat er ein schwaches Herz und braucht ständige medizinische Betreuung, so daß es ihm äußerst gelegen käme, seinen Wohnsitz in die Räumlichkeiten über der Praxis zu verlegen.

Nicht dies, sondern die darauffolgenden Ereignisse veranlassen Dr. Trevelyan, Sherlock Holmes zu konsultieren. Wieso regt Mr. Blessington sich so über die Nachricht von einem Einbruch im West End auf? Wieso reagiert er so hysterisch auf die Entdeckung, daß man in seine Wohnung eingedrungen ist, obwohl überhaupt nichts von Wert angerührt wurde? Und was ist aus dem russischen Adligen geworden, der nach einem kataleptischen Anfall verschwunden ist?

The Strand Magazine, 1893 (E2)

DIE PAPPSCHACHTEL

Von all den Leuten, die dafür in Frage kommen, ein Postpaket mit zwei frisch abgeschnittenen menschlichen Ohren zu erhalten, hätte man Miss Susan Cushing, einer still in Croydon vor sich hin lebenden alleinstehenden Dame mittleren Alters, wohl die geringsten Chancen eingeräumt. Allerdings hatte sie früher einmal Zimmer an Medizinstudenten vermietet, und bekanntlich sind schon schlimmere Dinge als Ohren aus Seziersälen herausgeschmuggelt worden.

Holmes jedenfalls nimmt Inspektor Lestrades Einladung, sich den Fall einmal anzusehen, mit Freuden an; und nachdem er die Schnur, mit der das grausige Paket zugebunden war, gesehen und beschnüffelt und das Packpapier und die darauf angebrachte Adresse (»geschrieben mit einer breiten Feder, vermutlich einem ›J‹, und einer sehr billigen Tinte«) genau untersucht hat, drängt es ihn sehr, selber ein Wort mit der entrüsteten Miss Cushing zu sprechen. Ein einziger Blick auf ihr Profil genügt im Grunde schon. Während er die Antwort auf ein Telegramm abwartet, genehmigt Holmes sich in aller Ruhe eine Flasche *Claret* und unterhält Watson mit Paganini-Anekdoten. Nach dem Eintreffen der Antwort kann er Lestrade versichern, daß nicht etwa ein Streich, sondern ein schrecklicher Mord verübt worden ist; und als besondere Dreingabe sagt er ihm auch noch den Namen des Mörders.

The Strand Magazine, 1893 (E4)

DAS RÄTSEL VON BOSCOMBE VALLEY

Die Erfahrungen mit dem Lagerleben in Afghanistan haben Watson zu einem schnellen, stets aufbruchsbereiten Reisenden mit nur wenigen und schlichten Bedürfnissen gemacht. Und daher fällt es ihm nicht schwer, einem am Frühstückstisch erhaltenen Aufgebot von Holmes Folge zu leisten und ihn rechtzeitig auf dem Bahnsteig in Paddington Station zu treffen, um mit ihm den 11.15-Zug ins West Country zu besteigen. Der Fall, den sie untersuchen sollen, ist scheinbar simpel – und eben darum ist er es nicht: »Je gewöhnlicher und unauffälliger ein Verbrechen ist, desto schwieriger ist es zu durchschauen« – ein Aphorismus, den Holmes bekanntlich mehr als einmal geäußert hat.

Zwei Leute hatten Charles McCarthy von seinem Gutshaus in Richtung Boscombe Pool fortschreiten sehen, und einer von ihnen hat bemerkt, daß sein Sohn, James McCarthy, ihm kurz darauf mit einem Gewehr gefolgt war. Wenige Zeit später hatte ein blumenpflückendes Kind die zwei Männer heftig streiten sehen, und noch etwas später war der jüngere der beiden vom Teich zurückgerannt gekommen – ohne Gewehr, ohne Hut und blutbefleckt – und hatte die Nachricht überbracht, sein Vater sei von einem Unbekannten ermordet worden. Was Wunder, daß er nun in einer Zelle sitzt und auf seinen Prozeß beim nächsten Gerichtstermin wartet. Doch Holmes kann noch mit einer weiteren tiefsinnigen Bemerkung aufwarten: »Nichts ist trügerischer als eine offensichtliche Tatsache.«

The Strand Magazine, 1891 (E1)

DER ROTE KREIS

Mrs. Warren hatte Verdruß mit ihrem Mieter. Freilich zahlte er gut – 5 Pfund die Woche waren eine stattliche Summe für ein paar Zimmer in der Great Orme Street, nahe beim British Museum – aber seine Gewohnheiten ließen sehr zu wünschen übrig. Er hatte die hohe Miete unter der Bedingung angeboten, daß man ihn vollkommen in Ruhe lasse, ja daß man ihm nicht einmal die Mahlzeiten ins Wohnzimmer bringe. Allfällige Weisungen an Mrs. Warren würden in Form schriftlicher Mitteilungen erfolgen. Durchaus akzeptabel, findet Holmes, als sie ihn konsultiert. Doch als Mrs. Warrens Gatte in eine Droschke verfrachtet wird, eine Stunde lang herumgefahren und dann von den zwei seinen Blicken verborgenen Entführern auf Hampstead Heath hinausgeworfen wird, kommt Holmes zu dem naheliegenden Schluß, daß die beiden Männer den unglücklichen Mr. Warren mit dem Mieter verwechselt haben müssen. Er findet es jetzt allmählich an der Zeit, ein wenig mehr über diesen Mann zu erfahren, der interessant genug ist, entführt zu werden; und so kommt es denn, daß er und Watson hinter der Tür von Mrs. Warrens Abstellraum Stellung beziehen, von wo aus sie den Mieter, wenn er herauskommt, um sein Tablett zu holen, mit Hilfe eines Spiegels erspähen können. Was sie zu sehen bekommen, ist allerdings nicht das schnauzbärtige Gesicht, das sie erwartet haben.

Und bevor Mrs. Warrens Sorgen aus der Welt geschafft sind, muß erst noch ein Signalcode geknackt werden und ein Beauftragter der amerikanischen Detektei Pinkerton auf den Plan treten.

The Strand Magazine, 1911 (E4)

DER SCHWARZE PETER

Im Hinterzimmer einer Metzgerei hängt ein totes Schwein an einem Haken von der Decke, und ein Gentleman in Hemdsärmeln sticht wütend mit einem riesigen Speer darauf ein. Sherlock Holmes führt ein praktisches Experiment durch, das den Tod von Captain Peter Carey erhellen könnte; dieser war noch am Dienstag »vom Trinken erhitzt und wild wie ein gefährliches Raubtier« gewesen – am Mittwoch morgen fand man ihn mit einer schweren Harpune an der Wand seiner »Kajüte« aufgespießt. So trifft es sich gut, daß Holmes (wie Watson uns berichtet) zu dieser Zeit, anno 95, auf dem Gipfel seiner körperlichen wie auch seiner geistigen Kräfte ist. Ein Schwein mit einem einzigen Stoß zu durchbohren, findet er heraus, geht sogar über seine fast übermenschlichen Kräfte – eine der wenigen bedeutsamen Tatsachen in einem Fall, bei dem die einzigen konkreten Anhaltspunkte eine Flasche Rum und zwei Gläser, ein Tabaksbeutel aus Seehundfell mit den Initialen »P.C.« sowie ein Notizbuch mit Aufzeichnungen über Wertpapiere sind.

Trotz seiner Verärgerung darüber, daß so viel Zeit mit unzulänglichen polizeilichen Nachforschungen vergeudet wurde, ist Holmes von dem Fall sichtlich angetan. Watson hütet sich, nach Einzelheiten zu fragen, wenn Holmes nicht freiwillig damit herausrückt; doch die Tatsache, daß mehrere rauhe Gesellen in 221 B vorgesprochen haben, um nach Captain Basil zu fragen, ist ein sicheres Zeichen dafür, daß sich irgend etwas tut. Einer dieser Männer, ein Harpunierer von gigantischem Körperbau, scheint durchaus eine Lösung für das Problem der Schweinestecherei anzubieten, und Holmes rät Watson, seinen Revolver in Reichweite zu behalten.

The Strand Magazine, 1904 (E3)

DIE SECHS NAPOLEONS

Warum sucht jemand Morse Hudsons Geschäft in der Kennington Road auf, zertrümmert auf dem Ladentisch eine Gipsbüste Napoleons und läuft anschließend davon? Warum wird in das Haus Dr. Barnicots, eines Sammlers von Napoleonreliquien, einzig dem Zweck eingebrochen, einen weiteren Gipskopf des Kaisers zu zertrümmern – eine von zwei bei Morse Hudson gekauften genau gleichen Büsten? Und warum wird auch die zweite, die er in seiner Praxis aufgestellt hatte, in tausend Stücke geschlagen? Diese Fragen, die Inspektor Lestrade so sehr verwirrten, sind es nach Holmes' Meinung durchaus wert, daß man ihnen nachgeht. Irgendwo läuft ein interessanter Monomane herum;

womöglich ein Mann, dessen Vorfahren in den Napoleonischen Kriegen zu Schaden gekommen sind. Jedoch überläßt er Lestrade die Ermittlungsarbeit, bis der Journalist Horace Harker meldet, man habe *seine* Napoleonbüste gestohlen und bei der Verfolgung des Diebs sei er über die Leiche eines Mannes mit einer klaffenden Wunde am Hals gestolpert.

»So, Watson«, sagt Holmes, »ich denke, wir haben noch ein langwieriges und ziemlich kompliziertes Tagewerk vor uns.« Und er hat recht. Der entrüstete und redselige Morse Hudson gibt ihnen einen Hinweis auf die Identität des Toten und womöglich auch auf die des Bilderstürmers.

The Strand Magazine, 1904 (E3)

SEINE ABSCHIEDSVORSTELLUNG

August 1914: Von Bork, jener mächtige und schwer faßbare deutsche Agent, der der Regierung Seiner Majestät so viel Ärger bereitet hat, soll seinen Wohnsitz auf den Klippen – »dieses ruhige Landhaus, von dem die Hälfte all dessen, was in England an Unheil gestiftet wird, ausgeht« – bald verlassen und nach Berlin zurückkehren. Nur ein Stück fehlt ihm noch zur Vervollständigung seiner Beute: ein Dokument über Marinesignale. »Aber dank meinem Scheckbuch und dem wackeren Altamont wird die Sache heute abend wieder im Lot sein«, sieht von Bork voraus. Und da tritt dieser Altamont auch schon auf den Plan: ein verbitterter, reizbarer, England hassender Irisch-Ame-

rikaner, der sich zur Tarnung seiner Spionagetätigkeit als Automobilfachmann ausgibt. Er springt aus seinem Wagen und schwenkt ein kleines braunes Paket über dem Kopf: »Heut abend können Sie den roten Teppich für mich ausrollen, Mister. Das letzte Schäfchen ist nun auch im Trockenen!« Hinter ihm richtet sich sein Chauffeur, ein kräftig gebauter, älterer Mann mit grauem Schnauzbart, auf eine längere Wartezeit ein. Es hat den Anschein, als sollten Britanniens Feinde triumphieren. Aber Sherlock Holmes hat noch einen letzten Auftritt gut.

The Strand Magazine, 1917 (E4)

SHOSCOMBE OLD PLACE

Shoscombe Prince ist Englands bester Hengst; und das muß er auch sein, wenn sein Eigentümer, Sir Robert Norberton, dem Ruin durch seine Gläubiger entgehen soll. Er setzt alles, was er hat, auf den Sieg seines Pferdes im Derby; aber siegen kann dieses natürlich nur, falls es überhaupt unter Sir Roberts Farben laufen kann. Und niemand weiß besser als der verarmte Spieler, wie gering die Wahrscheinlichkeit hierfür geworden ist.

Kein Wunder also, daß Sir Robert sich in letzter Zeit so seltsam benimmt: daß er sich nachts heimlich zu der alten Kirchengruft schleicht; daß er den Lieblingsspaniel seiner Schwester weggegeben hat. Doch an Holmes ist es, die Bedeutung von noch wesentlich unheimlicheren Phänomenen zu ergründen: die des mensch-

AN DER ITALIENISCHEN FRONT, 1916

Silberstern, das berühmteste Rennpferd des Landes und 3:1-Favorit für den wertvollen Wessex Cup, ist entführt und sein Trainer John Straker ermordet worden – allem Anschein nach bei dem Versuch, das Tier zu befreien. Fitzroy Simpson, ein Amateur-Buchmacher, sitzt bereits als Hauptverdächtiger beider Verbrechen in Haft und hat freimütig zugegeben, sich in jener fatalen Nacht in der Nähe des Stalls von Silberstern herumgetrieben zu haben, kurz bevor man den Stallburschen betäubt aufgefunden hatte.

Nach Holmes' Ansicht aber könnte ein geschickter Anwalt die Indizienbeweise gegen Simpson in Fetzen reißen. Sollte er tatsächlich schuldig sein, müssen andere Beweise her. Ein sehr eigenartiges Messer, ein Wachsstreichholz, ein lahmes Schaf und ein Hund, der in jener Nacht nicht aktiv wurde, scheinen ihm mit einiger Sicherheit die echte Lösung des Falles bereitzuhalten.

The Strand Magazine, 1892 (E2)

EIN SKANDAL IN BÖHMEN

Der König von Böhmen hat sich für eine unbesonnene Liaison die falsche Frau ausgesucht. Irene Adler, mit dem »Gesicht der schönsten aller Frauen« und dem »Verstand des entschlossensten aller Männer«, läßt sich nicht so leicht abschieben, und die Hochzeit des Königs mit der zweiten Tochter eines skandinavischen Monarchen wird wohl kaum ohne Zwischenfälle über die Bühne gehen. Es sind nur noch drei Tage bis zur Hochzeit, und Seine Majestät tut gut daran, Sherlock Holmes zu engagieren, der einen letzten Versuch unternehmen soll, in den Besitz einer bestimmten Photographie zu gelangen, ehe Irene diese an die königlichen Eltern der Braut weiterleiten kann.

Holmes wird seinen ganzen Scharfsinn brauchen. Fünf erfolglose Versuche wurden bereits von anderen unternommen, und eine Frau von Irenes Charakter ist ein ernstzunehmender Gegner. Doch auch Holmes hat so seine Mittel, unter anderem die Fähigkeit, einen alkoholisierten Pferdeknecht und einen liebenswürdigen und einfältigen nonkonformistischen Geistlichen zu spielen; und er besitzt – für einen so eingeschworenen Frauenverächter – eine erstaunliche Kenntnis der weiblichen Psychologie.

The Strand Magazine, 1891 (E1)

EINE STUDIE IN SCHARLACHROT

John H. Watson, ein ehemaliger Armeearzt, kehrt verwundet mit einer Rente von elfeinhalb Shilling pro Tag aus dem Zweiten Afghanistan-Krieg nach London zurück. Er hat weder ein Zuhause noch Freunde. In der Criterion Bar erzählt er dem jungen Stamford, einem seiner früheren Assistenten im St. Bartholomew's Hospital, von seinen Schwierigkeiten; zufällig kann dieser ihm helfen. Er kennt einen Mann, der sich soeben in der Baker Street eine Wohnung gemietet hat und nun jemanden sucht, mit dem er sie teilen kann: Dieser Mann ist Sherlock Holmes.

Die beiden Männer haben noch nicht lange zusammen gewohnt und sich mit den exzentrischen Eigenarten voneinander vertraut gemacht, als Watson erfährt, Holmes sei »Beratender Detektiv« und unterstütze die Arbeit von Scotland Yard auf privater Basis. Gleichsam zur Bestätigung taucht plötzlich ein Fall auf, und Watson wird aufgefordert, an dem Abenteuer teilzunehmen.

»Eine üble Sache in 3, Lauriston Gardens, nahe der Brixton Road«, so beschreibt ihn Inspektor Tobias Gregson. Ein Amerikaner namens Enoch J. Drebber wurde ermordet, und bis auf das mit Blut an eine Wand geschmierte deutsche Wort »Rache« gibt es keinerlei Anhaltspunkte – zumindest nicht für Gregson und seinen Kollegen Lestrade. Holmes vermag ein wenig mehr zu folgern, und er ist nicht so sehr überrascht wie die Polizei, als Stangerson, der Privatsekretär des Toten, ermordet wird, *nachdem* der Hauptverdächtige hinter Schloß und Riegel gebracht worden ist – und wieder steht in der Nähe das Wort ›Rache‹ mit Blut geschrieben.

Wo die Polizei und deren Hilfsmittel versagen, hat Holmes mit den seinen Erfolg. Ist nicht ein einziges Mitglied der Baker-Street-Spezialeinheit soviel wert wie ein Dutzend Polizisten?

Beeton's Christmas Annual, 1887 (R1)

DAS TAL DER ANGST

Holmes erhält einen chiffrierten Brief, in dem einzig die Worte »Douglas« und »Birlstone« lesbar sind. Er stammt von einem seiner Informanten, Porlock mit Namen, einem Handlanger von Professor Moriarty – »dem größten Ränkeschmied aller Zeiten ... dem Zentralgehirn der Unterwelt«. In *Whitaker's Almanach* findet Holmes den Schlüssel zu der Geheimschrift und entziffert die Botschaft als eine dringende Aufforderung, nach Birlstone in Sussex zu kommen, wo ein gewisser Douglas in Gefahr ist. In diesem Augenblick kommt Inspektor MacDonald von Scotland Yard mit der erstaunlichen Nachricht, daß Mr. Douglas vom Birlstone Manor House an diesem Morgen auf entsetzliche Weise ermordet worden ist. Holmes ist ganz und gar nicht überrascht und wittert einen interessanten Fall: »Vorläufig sehe ich nur zweierlei mit Gewißheit: ein großes Gehirn in London und einen toten Mann in Sussex. Die Verbindung dazwischen, die werden wir aufspüren.«

In Birlstone erfahren Holmes und Watson, daß der verstorbene John Douglas ein liebenswerter und beliebter Amerikaner gewesen war, der Gefahren gleichgültig gegenübergestanden hatte. Seine Frau ist Engländerin. Zur Zeit seiner Ermordung hatten sie einen Freund zu Gast gehabt, einen Mr. Cecil Barker, und dieser hatte die Leiche seines Gastgebers, dessen Schädel vom Schuß aus einer abgesägten Flinte fast völlig zerschmettert war, entdeckt. Daneben hatte ein Zettel gelegen, auf dem mit Tinte gekritzelt stand: »V.V.341«; außerdem war dem Toten der Ehering vom Finger gezogen worden. Holmes bemerkt auf Douglas' Unterarm ein Brandzeichen und stellt fest, daß von den zwei Hanteln, mit denen Douglas zu trainieren pflegte, jetzt nur noch eine aufzufinden ist. Des weiteren fällt ihm Barkers seltsames Verhalten auf und die Tatsache, daß Mrs. Douglas nicht eben den Eindruck einer untröstlichen Witwe macht. Die Dunkelheit und Dr. Watsons Schirm verhelfen zur Lösung des Problems und zur Enthüllung finsterer Machenschaften in den Kohlenrevieren Amerikas.

The Strand Magazine, September 1914 – April 1915 (R4)

DIE TANZENDEN MÄNNCHEN

Mit der Bemerkung »Jedes Problem wird höchst kindisch, wenn man es Ihnen erst einmal erklärt hat«, reicht Holmes Watson ein Stück Papier, auf dem sich eine Reihe einfach gezeichneter tanzender Männchen in verschiedenen Tanzpositionen befindet. Der Empfänger dieses »kleinen Rätsels« war ein Mr. Hilton Cubitt aus Norfolk. Wegen einer ähnlichen Reihe von Zeichen ist kürzlich seine amerikanische Frau Elsie fast zu Tode erschrocken, wenn sie ihm auch nicht sagen will, wieso. Auch von ihrer Vergangenheit oder ihrer Familie hat sie ihrem vertrauensseligen Gatten nie etwas erzählt, da sie einige unerfreuliche Beziehungen eingegangen war, die sie zu vergessen wünscht. Doch

nun gleicht sie »einer Traumwandlerin, sie ist wie betäubt, und das Entsetzen lauert ständig in ihrem Blick«; und Hilton Cubitt hat beschlossen, Holmes darum zu bitten, herauszufinden, was es wohl sein mag, das sie in Angst und Schrecken versetzt.

Nachdem Holmes die tanzenden Männchen zwei Stunden lang studiert hat, springt er mit einem Ausruf der Befriedigung auf, schreibt ein langes Telegramm und bemerkt: »Falls ich die erhoffte Antwort erhalte, werden Sie Ihrer Sammlung einen sehr hübschen Fall hinzufügen können, Watson.« Aber der Fall entpuppt sich als alles andere als hübsch: Selbst für Holmes schreitet das Verhängnis zu schnell voran.

The Strand Magazine, 1903 (E3)

DER TEUFELSFUSS

»Setzen Sie ihnen doch das Grauen von Cornwall vor – seltsamster Fall meiner ganzen Laufbahn« telegraphiert Holmes an Watson. Und er hat nicht übertrieben.

Man schreibt das Frühjahr 1897. Holmes hat sich überarbeitet und macht eine Ruhekur in einem kleinen Cottage bei Poldhu Bay an der Küste Cornwalls. Mit der Ruhe ist es allerdings vorbei, als zwei Besucher eintreffen – der Pfarrer des nahegelegenen Weilers Tredannick Wollas und Mr. Mortimer Tregennis, der im Pfarrhaus Logis genommen hat. Holmes und Watson vernehmen eine entsetzliche Geschichte. Am Abend zuvor hatte Mr. Tregennis mit seinen zwei Brüdern und seiner Schwester in deren Haus Tredannick Wartha Karten gespielt. Als er sich von ihnen verabschiedet hatte, war alles in bester Ordnung gewesen; am folgenden Morgen aber hatte man die drei noch immer am Kartentisch sitzend vorgefunden: Brenda war tot, und ihre beiden Brüder lachten, grölten und sangen in völliger geistiger Umnachtung.

Von der Tatsache abgesehen, daß an einem Frühlingsabend ein Feuer im Kamin angemacht worden ist, findet Holmes am Tatort nichts Bemerkenswertes. Während er und Watson über die Klippen spazieren und nach steinzeitlichen Pfeilspitzen suchen, denkt er über den Fall nach. Als sie in ihr Landhaus zurückkommen, erwartet sie ein weiterer Besucher – und zwar kein Geringerer als Dr. Leon Sterndale, der große Löwenjäger und Forschungsreisende. Weitere unheimliche und tragische Ereignisse stehen bevor, und Holmes und Watson selbst geraten in schreckliche Gefahr.

The Strand Magazine, 1910 (E4)

DIE THOR-BRÜCKE

Nach monatelangem beruflichem Stillstand ist Holmes froh, wieder einen Klienten zu haben: J. Neil Gibson, millionenschwerer Goldkönig aus Amerika und nunmehr Eigentümer von Thor Place, einem beträchtlichen Anwesen in Hampshire. Dieser mächtige Magnat sucht Hilfe – nicht für sich selbst, sondern für die Gouvernante seiner beiden Kinder, Miss Grace Dunbar. Gibsons Frau, eine

verwelkte tropische Schönheit, ist in der vorhergehenden Nacht im Park von Thor Place aufgefunden worden: Sie hatte ein Abendkleid an, einen Schal um die Schultern und eine Revolverkugel im Kopf. Ein Revolver, aus dem eine Patrone abgefeuert worden war, wurde im Schrank von Miss Dunbar gefunden, die – soweit sich aus dem Verhalten ihres Arbeitgebers ihr gegenüber schließen läßt – schon seit längerer Zeit die besten Chancen hatte, im Falle des Ablebens seiner Frau deren Nachfolgerin zu werden.

Die Beweise gegen sie sind erdrückend, und Holmes' Abneigung gegen ihren Arbeitgeber ist deutlich spürbar; hinzu kommt, daß sein Geist durch die mangelnde Übung vielleicht etwas träge geworden ist. Doch ein Gespräch mit der Beschuldigten und ein paar Stockschläge auf das Geländer der Brücke sind ihm Anlaß genug, zu verkünden, daß dieser Fall in England Furore machen wird, und er erinnert Watson daran, seinen Revolver mitzunehmen.

The Strand Magazine, 1922 (E5)

DER VAMPIR VON SUSSEX

»Was wissen wir von Vampiren?« fragt Holmes Watson, nachdem er eine merkwürdige Mitteilung erhalten hat von einer Anwaltskanzlei, deren Klient, Mr. Robert Ferguson, sich in dieser Sache an sie gewandt hat. Ein kurzes Studium seiner Aufzeichnungen zum Vampirismus bringt Holmes zu der Überzeugung, daß Mr. Ferguson, was immer ihm Sorge macht, nicht allzu ernst genommen werden braucht. Doch ein Brief Fergusons, der sich als alter Freund Watsons entpuppt, läßt ihn seine Meinung ändern.

Ferguson lebt in zweiter Ehe; er hat einen fünfzehnjährigen Sohn von seiner ersten Frau und einen elf Monate alten von seiner zweiten, einer Peruanerin. Obwohl gewöhnlich von sanftem Wesen und ihrem Manne ergeben, hat Mrs. Ferguson ihm in letzter Zeit durch ihr jähzorniges Verhalten gegenüber Jacky, dem älteren Sohn, und durch Handlungen, die als Mordversuche an ihrem eigenen Sohn interpretiert werden müssen, Kummer gemacht. Das Kindermädchen hatte sie dabei ertappt, wie sie das Kind offenbar in den Hals biß – Blut floß daraus hervor. Als Ferguson sie darauf zur Rede stellte, flüchtete sie sich in ihr Zimmer.

Holmes und Watson fahren nach Lamberley in Sussex und besuchen die Familie Ferguson: die schöne, verzweifelte Frau, die um ihr Baby bettelt, ihr Verhalten aber nicht erklären will; Jacky, den verkrüppelten Jungen; und das Baby, an dessen Hals noch immer die böse Wunde zu sehen ist. Außerdem gibt es da noch einen Hund, dessen Zustand Holmes zu interessieren scheint.

»Von Ihrem Standpunkt aus muß die Sache doch außerordentlich delikat und kompliziert erscheinen«, meint Ferguson. Doch Holmes lächelt: delikat ja; aber kompliziert ganz und gar nicht.

Hearst's International Magazine (USA), *The Strand Magazine*, Januar 1924 (E5)

DIE VERSCHLEIERTE MIETERIN

»Die schrecklichsten menschlichen Tragödien spielten sich oft in Fällen ab, die ihm die geringsten Möglichkeiten zu persönlichem Eingreifen boten«, bemerkt Watson und führt als ein Beispiel hierfür die Sache mit der *Verschleierten Mieterin* an.

Eine ihm bekannte Hauswirtin aus South Brixton bittet Holmes, er möge doch einmal ihre Mieterin besuchen, deren Gesicht sie in sieben Jahre nur ein einziges Mal zu sehen bekommen hat; dafür hat sie aber oftmals ihre Stimme »Mord!« rufen hören. Der Name der geheimnisvollen Mieterin – Ronder – weckt eine Erinnerung in Holmes, und bald durchblättert er seine Kollektaneen-Bücher nach dem Bericht von der Tragödie in Abbas Parva, Berkshire: Vor einigen Jahren war die Belegschaft von Ronders Raubtier-Schau aus ihren Zelten gestürzt und hatte im Licht der Laternen ihren Chef mit zermalmtem Hinterkopf daliegen sehen, während seine Frau von dem nordafrikanischen Löwen, der fauchend über ihr stand, so zerfleischt worden war, daß sie dem Tode nahe sein mußte. Für einmal besteht Holmes' Aufgabe jedoch nicht darin, zu handeln, sondern sich ein Geständnis anzuhören; ein Geständnis, das ihn zu einer so offenen Sympathiekundgebung hinreißt, wie Watson es kaum je an ihm gesehen hat.

Liberty Magazine (USA), Januar 1927; *The Strand Magazine*, Februar 1927 (E5)

DER VERSCHOLLENE
THREE-QUARTER

Der Rugbymannschaft von Cambridge droht eine Niederlage: Der Three-Quarter vom rechten Flügel, Godfrey Staunton, ist in der Nacht vor dem Spiel gegen Oxford verschwunden. Der Kapitän der Cambridger Mannschaft, Cyril Overton, ist von Scotland Yard an Holmes verwiesen worden – an einen Mann also, der vom Rugby und seinen Giganten keine Ahnung hat. Am Abend zuvor, in Bentleys Privathotel in London, sei Staunton blaß und beunruhigt gewesen, erinnert sich sein Kapitän. Dies habe vielleicht etwas mit der Nachricht zu tun gehabt, die ihm ein rauh aussehender Geselle überbracht habe, mit dem er dann Richtung *Strand* weggegangen sei; seither habe man nichts mehr von ihm gehört. Während Holmes auf einem Löschpapier des Hotels die Worte »Helfen Sie uns um Gottes willen« entziffert – Teil eines von Staunton abgeschickten Telegramms –, erscheint ein schäbig gekleideter, kleiner alter Mann im Eingang: Es ist Lord Mount-James, der reiche alte Verwandte des Vermißten. Auch er weiß nichts vom Aufenthaltsort seines Neffen; den einzigen Anhaltspunkt bietet demnach das verstümmelte Telegramm, und Holmes begibt sich zum Telegraphenamt, wo er eine Information erhält, die ihn und Watson zum Ausgangspunkt einer Reise bringt: King's Cross Station.

The Strand Magazine, 1904 (E3)

DAS VERSCHWINDEN DER
LADY FRANCES CARFAX

Watson, der sich seit einigen Tagen rheumakrank und alt fühlt, erscheint der Vorschlag einer Reise nach Lausanne – völlig gratis – als glänzende Alternative zum bloßen türkischen Bad. Da Holmes es vermeiden möchte, die Londoner Verbrecherwelt durch seine Abwesenheit in ungesunden Aufruhr zu versetzen, schickt er ihn allein auf die Fährte von Lady Frances Carfax, von der man zuletzt gehört hat, daß sie – ohne Begleitung und mit dem kostbaren Familienschmuck, der ihr noch geblieben ist, im Gepäck – den Kontinent bereist. Watson hat sich trotz seiner häufigen Zusammenarbeit mit Holmes leider nur wenig von der Kunst des Detektivs angeeignet, und nachdem er von seinem Hauptverdächtigen beinahe zu Tode geprügelt worden ist und eine wie ihm schien, spaßhaft gemeinte Erkundigung hinsichtlich des linken Ohrs eines Missionars nicht beantwortet hat, wird er nach London zurückbeordert, ehe er noch weitere Schnitzer machen kann.

Bevor der Fall ausgestanden ist, erfährt der arme Watson freilich die Genugtuung, Holmes fragen zu hören: »Was ist nur aus dem bißchen Hirn geworden, das Gott mir gegeben hat?« Tatsächlich sieht es so aus, als sei ›Holy‹ Peters zu schlau für ihn gewesen; und als Holmes endlich die Bedeutung eines für zwei Personen konstruierten Sarges erkennt, ist es schon beinahe zu spät.

The Strand Magazine, 1911 (E4)

DER VERWACHSENE

»Es handelt sich um den mutmaßlichen Mord an Colonel Barclay von
den Royal Mallows in Aldershot, den
ich untersuche«, sagt Holmes, als er
Watson an einem Sommerabend in
dessen Haus in Paddington überrascht. Der gute Doktor wollte eben
zu Bett gehen – seine Frau hat dies
bereits getan –, doch erliegt er der
Verlockung, sich Holmes' neues Problem anzuhören.

Colonel Barclay von den Royal
Mallows hatte, wie alle verheirateten
Offiziere, außerhalb der Kaserne
gewohnt, und zwar in einer Villa
namens Lachine. Er war ein Mann von
unberechenbarem Wesen und gewalt-
tätigen Anwandlungen, doch seiner
Frau gegenüber, an der er sehr hing,
hatte er diese Seite seines Wesens
offenbar nie hervorgekehrt. Dennoch
hatte man einen Streit zwischen den
beiden gehört, kurz bevor ein Schrei
des Colonels seinen Kutscher veranlaßte, sich in das Damenzimmer zu
begeben, wo er seinen Herrn mause-
tot in einer Blutlache liegend fand
und Mrs. Barclay bewußtlos neben
ihm. Der Kutscher war durch die
Gartentür hineingelangt, da die Zim-
mertür verschlossen war und der
Schlüssel fehlte. Ein Dritter mußte
ebenfalls vom Garten in den Raum
gekommen sein, denn draußen entdeckte man Fußabdrücke und Spuren
eines weiteren Eindringlings, eines
kleinen Tieres. »Weder Hund noch
Katze, noch Affe, noch sonst irgendein
Wesen, das uns vertraut ist«, sagt Holmes beim Betrachten der Abdrücke.

Was war das für ein seltsames Tier?
Warum hatte man Mrs. Barclay ihren
Mann anschreien hören: »Du Feigling! Gib mir mein Leben zurück!«?
Das Problem wird durch den wan-
dernden Zauberkünstler Henry Wood
gelöst, und Holmes hat allen Grund,
zu ihm zu sagen: »Ihre Erzählung ist
höchst interessant.«

The Strand Magazine, 1893 (E2)

WISTERIA LODGE

Mr. John Scott Eccles ist ein Junggeselle mit geselligen Neigungen. Diese
hatten ihm eine Einladung nach Wisteria Lodge, dem zwischen Esher
und Oxshott in Surrey gelegenen
Wohnsitz des jungen Spaniers Garcia,
eingebracht. Das Haus hatte sich als
höchst bedrückend erwiesen, und
Mr. Eccles' erster Abend daselbst
wurde nicht heiterer dadurch, daß
sein Gastgeber eine Nachricht erhielt,
worauf er noch geistesabwesender
wurde und in finsteres Brüten ver-
sank. Als der Gast am nächsten Morgen erwachte und nach Garcias Diener klingelte, erhielt er keine Antwort,
worauf er nach unten eilte – und fest-
stellen mußte, daß er allein im Hause
war. Der Verlauf seines Besuchs in
Wisteria Lodge führt ihn zu Holmes
und die Polizei wiederum zu Mr. Eccles – Garcia ist nämlich auf der Allmende von Oxshott aufgefunden worden: Sein Schädel war zerschmettert,
und in seiner Tasche hatte er einen
Brief von Eccles.

Holmes und Watson besuchen den
Bull in Esher, vernehmen die Erzählung eines Polizisten von einem

schrecklichen Gesicht an einem Fenster, entdecken einige grausige Gegenstände und finden sich schließlich auf der Spur des Tigers von San Pedro widerwärtigen Angedenkens.

»Ein chaotischer Fall, mein lieber Watson.«

Collier's (USA), Aug. 1908; *The Strand Magazine*, Sept. – Okt. 1908

(E4)

DAS ZEICHEN DER VIER

Sherlock Holmes ist des Nichtstuns überdrüssig und wendet sich seinem alten Tröster, dem Kokain, zu: »Mein Geist rebelliert gegen den Stillstand. Man gebe mir Probleme zu lösen, man gebe mir Arbeit... Was nützt es denn, Doktor, Fähigkeiten zu besitzen, wenn es kein Feld sie anzuwenden gibt?« Kaum hat er dies gesagt, da wird ihm eine Karte hereingebracht – die Karte von Mary Morstan. Sie erweist sich als eine derart reizende junge Dame, daß Watson im Handumdrehen sein empfängliches Herz verliert. Holmes hingegen interessiert nur das Rätsel, das sie ihm aufgibt. Mary Morstan ist die Tochter von Captain Morstan, einem Offizier der Indischen Armee, der vor zehn Jahren in London verschwunden ist; seitdem hat man nichts mehr von ihm gehört. Vier Jahre nach seinem merkwürdigen Verschwinden hatte Miss Morstan, die mittlerweile eine Stelle als Gesellschafterin angenommen hatte, ein anonymes Geschenk erhalten: eine sehr große, prächtige Perle. Seither hat sie jedes Jahr eine solche Perle bekommen, doch stets ohne Hinweis auf den Absender. Am Tag ihres Besuchs bei Sherlock Holmes nun war die Aufforderung an sie ergangen, sich noch am selben Abend um sieben Uhr mit dem unbekannten Spender vor dem Lyceum Theatre zu treffen. »Wenn Sie Bedenken haben, bringen Sie zwei Freunde mit. Man hat Ihnen unrecht getan, und nun soll Ihnen Gerechtigkeit widerfahren.« Holmes und Watson willigen ein, sie zu dem Rendez-vous zu begleiten; bis dahin stellt Holmes eine kleine Nachforschung an, die ergibt, daß Major Sholto, der einzige Freund des verschwundenen Captain Morstan in London, eine Woche bevor Miss Morstan die erste Perle erhalten hatte, gestorben war.

Das Rendez-vous findet statt, und ein schweigsamer Kutscher bringt die drei zu dem merkwürdigen Wohnsitz von Mr. Thaddeus Sholto – einer »Oase der Kunst in der öden Wüstenei von Südlondon«. Dieser exzentrische Hypochonder erweist sich als Sohn des verstorbenen Major Sholto und Zwillingsbruder von Bartholomew Sholto aus Pondicherry Lodge, Upper Norwood. Auf dem Sterbebett hatte Major Sholto seinen beiden Söhnen von dem herrlichen Agra-Schatz erzählt: dessen rechtmäßige Erbin sei Miss Morstan, nachdem ihr Vater bei einem Streit mit Major Sholto über die Aufteilung des Schatzes an einem Schlaganfall gestorben sei. Holmes, Watson und Miss Morstan begleiten Thaddeus Sholto nach Pondicherry Lodge, um den Schatz abzuholen, finden aber bei ihrer Ankunft den Bruder Bartholomew tödlich vergiftet vor – der Schatz ist weg. Eine Fußspur führt Holmes und Watson auf eine spannende Jagd nach dem Mörder, worauf sie schließlich die seltsame Geschichte von Jonathan Small, Tonga, dem treuen Insulaner von den Andamanen, und dem Agra-Schatz erfahren, dessen Besitz mehrere Personen mit dem Leben bezahlen mußten. *Lippincott's Monthly Magazine*, 1890 (R2)

DER ZWEITE FLECK

Selbst Sherlock Holmes hat wohl selten vornehmere Besucher empfangen als Lord Bellinger, den zweimaligen Premier Großbritanniens, und den Sehr Ehrenwerten Trelawney Hope, Minister für Europäische Angelegenheiten. Zusammen suchen sie ihn auf, um ihn zu bitten, ein verschwundenes Dokument wiederzufinden, dessen Veröffentlichung zu europäischen Verwicklungen von äußerster Tragweite führen könnte. Es handelt sich um den Brief, den Trelawney Hope vor sechs Tagen von einem ausländischen Potentaten erhalten und in einer Depeschenbox in seinem Schlafzimmer eingeschlossen hatte, ohne seine Existenz gegenüber irgend jemandem zu erwähnen. Sowohl er als auch seine Frau sind davon überzeugt, daß während der Nacht niemand das Zimmer betreten haben kann; und doch ist das Papier verschwunden, und die Lage ernst. Holmes sieht schwarz:

»Sie sind der Meinung, Sir, daß es Krieg geben wird, falls dieses Dokument nicht wiedergefunden wird?«

»Das halte ich für sehr wahrscheinlich.«

»Dann rüsten Sie sich zum Krieg, Sir.«

Nachdem seine Besucher gegangen sind, kommt Holmes die Idee, daß von den drei Männern, die dreist genug gewesen sein könnten, das Papier zu stehlen, wohl am ehesten Eduardo Lucas, Godolphin Street, Westminster, dafür in Frage kommt. Doch als gewissenhafter Leser der Tagespresse macht Watson ihn darauf aufmerksam, daß Lucas eben ermordet wurde. Und damit beginnt »der bedeutsamste internationale Fall..., zu dem Holmes jemals hinzugezogen worden war«.

The Strand Magazine, 1904 (E3)

Sherlock Holmes in Kontur

von
Zeus Weinstein

Seine Gestalt und Erscheinung allein genügten, die Aufmerksamkeit des oberflächlichen Beobachters zu erregen. Er war mehr als sechs Fuß groß und so ungeheuer hager, daß er noch weit größer wirkte. Seine Augen waren scharf und durchdringend ... und seine schmale, falkenhafte Nase verlieh ihm insgesamt den Ausdruck der Wachsamkeit und Entschlossenheit. Auch sein Kinn hatte jene Prominenz und Wucht, die den entscheidungsfreudigen Mann kennzeichnen.«

Mit diesen Worten stellte 1887 Arthur Conan Doyle seinen frischgebackenen Helden Sherlock Holmes den Lesern von ›Beeton's Christmas Annual‹ in dem Roman *Eine Studie in Scharlachrot* vor. Zu dieser Premiere steuerte der Zeichner D. H. Friston vier Illustrationen bei; zwei von ihnen zeigen Holmes, eine von beiden zeigt ihn in voller Länge. Dieses Portrait wird heutzutage von den Holmes-Bewunderern nicht gerade geschätzt; Holmes erregt zwar die Aufmerksamkeit des oberflächlichen Beobachters – aber leider nur durch seine auffallenden Koteletten und einen sonderbaren Hut: »Eine Kreuzung zwischen einem Bowler und Sombrero«, wie ein Kritiker schrieb. Immerhin ist dem Zeichner Holmes' Profil schlecht und recht gelungen – Holmes studiert in dramatischer Pose durch ein mächtiges Vergrößerungsglas das mit Blut an die Wand gemalte Wort »Rache«; um ihn herum gruppieren sich ein kaum wiederzuerkennender Dr. Watson mit einem Walroßbart und die Scotland-Yard-Beamten Gregson und Lestrade, die in ihrem Aufzug ebenfalls befremdlich wirken.

Aber es sollte noch befremdlicher kommen. Dafür sorgte niemand anders als des Autors leiblicher Vater, Charles Altamont Doyle, ein liebenswerter, versponnener Künstler, auf den sein Sohn große Stücke hielt. Charles Doyle verfertigte sechs Zeichnungen für die Buchausgabe von *Eine Studie in Scharlachrot*, die 1888 bei Ward, Lock & Company erschien. Wirft man einen flüchtigen Blick auf die mit sparsamer Feder eingefangene Szene, in der Holmes samt Begleitung zur Tür hereintritt und auf den toten Enoch Drebber stößt, dann kann man anfangs nur ahnen, wer der berühmte Detektiv sein soll – natürlich, es ist der Herr mit der königlichen Haltung und nicht eine der seltsamen Gestalten, die ihn links und rechts flankieren. Man darf annehmen, daß die Person mit dem leicht debilen Gesichtsausdruck (links) Dr. Watson veranschaulicht, die andere Inspektor Lestrade, der hier zufrieden schmunzelnd auf die gräßlich verrenkte Leiche deutet. Erfreuen wir uns kurz an den lustigen Hütchen der Herren und ihrem fein nuancierten Mienenspiel angesichts des eindeutig unfriedlich Verstorbenen, und wenden wir uns dann der Physiognomie des Helden zu. Wir wissen, Holmes war ein Meister der Maske, aber wir wissen nichts davon, daß er sich für dieses Unternehmen einer Nasenoperation unterzogen hat, denn ihn ziert ein Stupsnäschen, das sogar den allerschärfsten Beobachter irreführen muß. Mag vielleicht der gelockte Schnurr-, Kinn- und Backenbart ein künstlicher sein, in der Erzählung wird derlei Maskierung nicht erwähnt – nein, Papa Doyle nahm sich die Freiheit, den Text des Sohnes zu ignorieren und Holmes mit einem Bart auszustatten, wie er ihn selber trug. Eine weitere Zeichnung aus dem Buch präsentiert Holmes im Profil. Er nimmt gerade mit unnachahmlicher Grandezza die Parade der Baker-Street-Abteilung der Kriminalpolizei ab, seiner privaten Schnüffel-Garde von Straßenjungen, die sich auf dem Bild nicht etwa geschlossen an die Stirn greifen, sondern militärisch salutieren. Die Knaben sind recht ältlich geraten und sehen teilweise wie beleibte Mittdreißiger aus; die Figur links im Vordergrund wartet noch auf ihre Identifizierung.

Die zweite Ausgabe der *Studie in Scharlachrot* brachte Ward, Lock & Bowden mit 40 Illustrationen von George Hutchinson im Dezember 1891 heraus. Holmes' Konterfei nahm in diesem Buch mehr Platz ein (auf 11 Abbildungen) und mehr Gestalt an – wenn auch nicht vollauf zufriedenstellend. Hutchinson ist der einzige Zeichner, der die erste, denkwürdige Begegnung von Holmes und Watson im chemischen Laboratorium des Hospitals skizzierte.

James Greig illustrierte die dritte Ausgabe des Verlages (1895).

CHARLES ALTAMONT DOYLE

D. H. FRISTON

GEORGE HUTCHINSON

JAMES GREIG

CHARLES KERR

Der Sherlock Holmes auf dem Titelbild entspricht schon eher seinem Steckbrief, doch drängt sich der Verdacht auf, daß Greig es gar nicht entwarf. Der gedankenverlorene Holmes des Titels ähnelt nämlich in keiner Weise dem Holmes der Text-Illustrationen, und auf denen wiederum fällt er stets unterschiedlich aus. Auf der Darstellung der Festnahme von Jefferson Hope muß man raten, wer von den Anwesenden (der Handschellenträger Hope scheidet selbstverständlich aus) der Held aus der Baker Street ist.

Conan Doyles zweiter Holmes-Roman *Das Zeichen der Vier* erschien Februar 1890 in den Vereinigten Staaten, in ›Lippincott's Magazine‹. Das belanglose Frontispiz wies keinen Sherlock Holmes auf.

Die Buchausgabe des Romans (London 1890) begnügte sich ebenfalls mit einem Frontispiz, doch dankenswerterweise belebte der Künstler Charles Kerr die abgebildete Szene durch die Präsenz des Meisters: Wie ein Denkmal steht er neben der Leiche von Bartholomew Sholto, nur schade, daß ein Schatten unter der ziemlich levantinischen Nase dem Detektiv den Anflug eines Schnurrbärtchens verleiht. Dr. Watson erinnert entfernt an Kaiser Wilhelm II.

Zu Anfang der neunziger Jahre war die Figur Sherlock Holmes noch kein fester Begriff für die Leserschaft – so wenig, wie die Figur bisher auf dem Zeichenpapier fest umrissen worden war. Das änderte sich schlagartig, als das neugegründete ›Strand Magazine‹ eine Serie von sechs Holmes-Short-Stories abdruckte, die schnell ein großer Erfolg wurden. Die erste Geschichte, »Ein Skandal in Böhmen«, erschien im Juli 1891 mit Illustrationen von Sidney Paget, dessen Arbeit auf Anhieb die Anerkennung des Autors und des Publikums fand. Zweifellos trugen die Zeichnungen dazu bei, in der Allgemeinheit das Bild von Sherlock Holmes zu prägen. Doyle räumte allerdings später ein, daß er sich seinen Helden einerseits kraftvoller, andererseits häßlicher vorgestellt habe. Der Holmes aus der Feder von Sidney Paget wirke weitaus schmucker, höchstwahrscheinlich weil ihm sein jüngerer Bruder Walter Modell gesessen habe – was sicherlich, berücksichtige man den Gesichtspunkt der weiblichen Leserschar, von Vorteil gewesen sei.

An eben diesen Bruder Walter, selber ein Illustrator von Ruf, war
der Auftrag, die Serie zu bebildern, ergangen; der Redakteur ver-
wechselte in dem Anschreiben schlicht die Vornamen. Nun diente
Walter als lebendiges Muster für Doyles Helden und errang dadurch
einige unfreiwillige Aufmerksamkeit. Er ähnelte nämlich dem gezeichneten Roman-Protagonisten so sehr, daß er häufig in der Öffentlichkeit für den leibhaftigen Detektiv gehalten wurde. Als er bei
Gelegenheit ein Konzert besuchte und zu seinem Platz ging, erscholl
plötzlich der Ruf einer Dame: »Seht mal! Da ist Sherlock Holmes!«
 Viele Familienmitglieder und Freunde von Sidney Paget gaben
die Vorlage für die anderen Romanfiguren ab, auch Dr. Watsons
Abbild entstammt dem Bekanntenkreis. Ebenso tauchten regel-
mäßig Einrichtungsgegenstände und Kleidungsstücke des Paget-
Haushalts in den Zeichnungen auf (deren Interieurs meist recht
karg anmuten), und es war Sidney Pagets eigene Kopfbedeckung,

die Weltruhm erlangen sollte. In der Geschichte »Das Rätsel von Boscombe Valley« erwähnt Dr. Watson eine enganliegende Tuch-kappe, die sein Freund trägt. Paget verwandelte sie in seinen Deer-stalker – die Kappe mit einem Schirm vorn und hinten – und schuf ein Markenzeichen für Sherlock Holmes. Auf dem Bild sitzen die zwei Herren in einem Zug und rattern ihrem Abenteuer entgegen – neun Abenteuer weiter, in »Silberstern«, treffen wir auf fast die gleiche Szene: Die Freunde sitzen sich in einem Abteil gegenüber, Holmes mit dem Deerstalker (ausschließlich für seine Investiga-tionen auf dem Land bestimmt), Dr. Watson unverändert mit sei-nem städtischen Bowler. Diese Zeichnung, auf der sich die beiden über das Rätsel des verschwundenen Rennpferdes unterhalten, ist eine der besten von Sidney Paget: Holmes und Watson sind gut getroffen, besonders Holmes in Haltung und Ausdruck, die Zeich-nung ist lebendig, die Qualität der Gravur vorzüglich.

Denn die rein handwerkliche Übersetzung der Originalzeichnungen in Gravuren, die für die damalige Reproduktionstechnik notwendig waren, variierte beträchtlich in ihrer Ausführung. Dazu kam, daß jeder Graveur – der eine besser, der andere schlechter – seine eigene Note besaß, die ihre Spuren auf dem Block hinterließ. Für die *Abenteuer* und die *Memoiren des Sherlock Holmes* wurden im Laufe der Zeit mindestens sechs Graveure beschäftigt; kein Wunder, daß die Wiedergabe der Handschrift von Paget und damit die äußere Erscheinung von Holmes höchst unterschiedlich ausgefallen sind.

Was nicht heißt, daß Sidney Paget ihn nicht auch mal ein bißchen schmucker, mal ein bißchen häßlicher (in Doyles Sinne) portraitierte; schließlich verfertigte er allein für die ersten 12 Stories (in Buchform: *Die Abenteuer des Sherlock Holmes*) 104 Zeichnungen, davon 60 mit dem Detektiv. Für das folgende Dutzend (in Buchform: *Die Memoiren des Sherlock Holmes*; nur 11 Stories) entwarf Paget 97 Zeichnungen, und wieder tritt der Meister 60mal bildhaft in Aktion.

Im Dezember 1893 erschien im ›Strand Magazine‹ die abschließende Geschichte der zweiten Serie, »Das letzte Problem«, und Holmes war gestorben. Zum Entsetzen von Millionen Lesern und zum Frohlocken des mörderischen Autors, der seinen Quälgeist auf den Grund des Reichenbachfalls geschickt hatte – doch bald trat der Betrauerte, der ungeheuren Nachfrage wegen, erneut auf den Plan. In einem Fall, den Conan Doyle pfiffig vor Holmes' Ableben datierte.

Der Hund der Baskervilles lief von August 1901 bis April des nächsten Jahres in Fortsetzungen im ›Strand Magazine‹. Sidney Paget lieferte insgesamt 60 Zeichnungen; davon 32 mit der Gestalt des Meisters, der manchmal in glänzender (gezeichneter) Form dem

SIDNEY PAGET

Cadogan West, Arthur. Angestellter im Arsenal von Woolwich; wurde im November 1895 im Alter von siebenundzwanzig Jahren in unmittelbarer Nähe der U-Bahnstation Aldgate tot neben den Geleisen aufgefunden; allem Anschein nach war er aus einem Zug gestürzt. In seinen Taschen fanden sich Geheimdokumente von nationaler Bedeutung. »Arthur war der redlichste, loyalste und patriotischste Mensch, den man sich nur vorstellen kann« (Violet Westbury in *Die Bruce-Partington-Pläne*, E4).

Cairns, Patrick. Harpunierer (sechsundzwanzig Fahrten), ehemaliges Mannschaftsmitglied des Walfangschiffs ›Sea Unicorn‹. Im Juli 1895 wegen Mordes verhaftet. »Dieses Zimmer ist als Zelle nicht sonderlich geeignet, und Mr. Patrick Cairns belegt einen zu großen Teil unseres Teppichs« (Holmes in *Der Schwarze Peter*, E3).

Cantlemere, Lord. Leitete die Nachforschungen der Regierung im Fall des verschwundenen Mazarin-Diamanten. »Mit dem Premierminister kann ich was anfangen, und ich hab auch nichts gegen den Innenminister; der hat einen richtig umgänglichen, freundlichen Eindruck gemacht. Aber seine Lordschaft kann ich nicht leiden« (Billy, der Hausbursche in *Der Mazarin-Stein*, E5).

Carey, Captain Peter. Ehemaliger Robben- und Walfänger. Kommandant des Walfangschiffes ›Sea Uni

corn‹. Zog sich 1884 im Alter von neununddreißig Jahren von der Seefahrt zurück und ließ sich 1889 mit Frau und Tochter in ›Woodman's Lee‹ bei Forest Row in Sussex nieder, wo er 1895, von einer Harpune durchbohrt, tot aufgefunden wurde. »Sie müßten lange suchen, ehe Sie einen gefährlicheren Mann als Peter Carey fänden, und ich habe erfahren, daß er denselben Charakter auch schon hatte, als er noch sein Schiff kommandierte. Er war in seinem Gewerbe als der Schwarze Peter bekannt« (Inspektor Hopkins in *Der Schwarze Peter*, E3).

Carfax, Lady Frances. Letzte direkte Nachfahrin des Earl of Rufton; unverheiratet. Wurde, als sie von einer Reise auf dem Kontinent nach London zurückkehrte, entführt. »Eine recht tragische Gestalt, diese Lady Frances; eine schöne Frau, noch in den besten Jahren, zugleich aber, durch den Willen eines seltsamen Geschicks, das letzte, verlassene Schiff einer vor zwanzig Jahren noch stattlichen Flotte« (Holmes in *Das Verschwinden der Lady Frances Carfax*, E4).

Carruthers, Robert, auf ›Chiltern Grange‹, Farnham, Surrey. Nahm Miss Violet Smith als Musiklehrerin seiner Tochter in seine Dienste. »Mir kam es manchmal so vor, als ob mein Arbeitgeber, Mr. Carruthers, sich beträchtlich für mich interessierte. Wir sind ziemlich eng zusammen. An den Abenden spiele ich seine Begleitung. Er hat nie etwas gesagt ... aber ein

Unheimlich: Einzelne Szenen auf dem Moor. Viel düstere
Stimmung.
Dramatisch: Die Begegnungen mit dem Hund. Viel Spannung.

SIDNEY PAGET

SIDNEY PAGET

Im Oktober 1903 wurde der Detektiv exhumiert. Die nächste
Serie (in Buchform: *Die Rückkehr des Sherlock Holmes*; 13 Stories) war
die letzte, die Sidney Paget im ›Strand Magazine‹ mit 95 Zeichnungen illustrierte. Er starb am 29. Januar 1908. Paget war kein ausgesprochen begnadeter Zeichner gewesen; zuweilen glichen die Ak-
teure auf den Abbildungen in Positur und Bewegung bekleideten
Gliederpuppen. Aber er schuf einen Sherlock Holmes, der maß-
gebend für alle nachfolgenden Illustratoren wurde; er schuf unver-
geßliche Typen: einen alerten, sportlichen (keinen trotteligen und
daddygleichen) Dr. Watson; einen faszinierenden Verstandesver-
brecher, Professor Moriarty (der keinerlei primitive Attribute des

herkömmlichen Erzschurken aufweist); einen überzeugenden Mycroft Holmes. Und er schuf mit wenig Mitteln die Atmosphäre der
viktorianischen Ära, das Zeitalter der Gaslaternen und Hansom-
Cabs – die Welt von Sherlock Holmes und Dr. Watson.

Sherlock Holmes hat es ihm gedankt. In Sidney Pagets Tagebuch
findet sich unter dem Datum seiner Eheschließung folgende Ein-
tragung: »1. Juni, 1893. Unser Hochzeitstag... War ungeheuer
erfreut, zur Frühstückszeit ein wunderschönes, silbernes Zigaret-
tenetui, ein Geschenk von ›Sherlock Holmes‹, vorzufinden.«
    Fraglos hat es Arthur Conan Doyle eingewickelt.

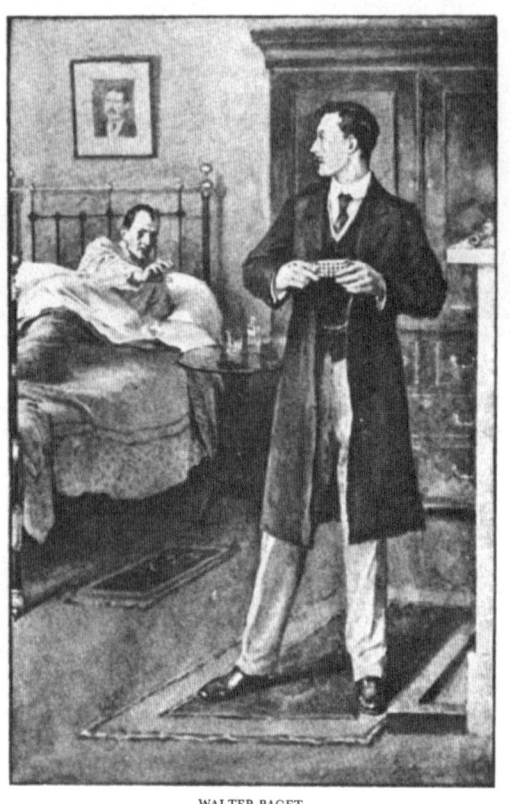

WALTER PAGET

In die Fußstapfen von Sidney Paget trat unter anderem sein Bruder Walter, an den nunmehr, und jetzt fehlerlos adressiert, der zweite Illustrationsauftrag erging – für lediglich eine Story. Walter zeichnete 4 Bilder in der Manier von Sidney (»Der Detektiv auf dem Sterbebett«; Dezember 1913), und das war's.

Ein weiterer Nachfolger war Arthur Twidle, ein Zeichner von hohem Können. Er illustrierte zwei Stories im ›Strand Magazine‹ und eine Buchausgabe.

Die Zeichnungen von Frank Wiles gefallen besonders durch gelungene Kompositionen, wirkungsvoll angewandte Halbtontechnik und gut ausgearbeitete Szenerien. Die Figuren sind in der Mehr-

ARTHUR TWIDLE

zahl treffend typisiert. Frank Wiles entwarf ein farbiges Frontispiz für Doyles Holmes-Roman *Das Tal der Angst*, der im ›Strand Magazine‹ im September 1914 anlief. Das Bild (zeitweilig irrtümlich Sidney Paget zugeschrieben; hier auf Seite 168 wiedergegeben) zeigt das unverwechselbare Profil des Meisters und wurde unendlich oft reproduziert.

Es war auch Frank Wiles, der später die letzten drei Holmes-Stories illustrierte, die 1927, drei Jahre vor dem Tod des Autors, im ›Strand Magazine‹ erschienen. Noch einmal trägt der große Detektiv seinen traditionellen Deerstalker zur Schau (»Shoscombe Old Place«). Dann fällt der Vorhang. Sherlock Holmes und Dr. Wat-

FRANK WILES

son, die ältesten und treuesten Stars des ehrwürdigen ›Strand Magazine‹, haben endgültig die Bühne verlassen.

In den Vereinigten Staaten druckten verschiedene Zeitschriften und Magazine die Holmes-Stories und -Romane vergleichsweise ungeordnet, sozusagen in bunter Reihe, ab. Weder das Abbild von Holmes noch das von Dr. Watson gewann in irgendeiner Veröffentlichung Gestalt; und wenn es kein Abklatsch von Sidney Pagets Prototyp war, verblüffte Holmes die besser bewanderten Betrachter schon mal durch seine Erscheinung als strammer All-American-Jüngling mit einem vor Gesundheit strotzenden, runden Gesicht und allzu flotter Kleidung.

W. H. HYDE

Doch auch in den Staaten wurde unvermittelt – mit einem Federstrich – ein neues, bedeutsames Holmes-Bild kreiert. Vom 26. September 1903 bis zum 28. Januar 1905 errang die Zeitschrift ›Collier's Weekly‹ mit der Story-Serie der *Rückkehr des Sherlock Holmes* einen enormen Erfolg. Die Titelillustration, die von der ersten der Geschichten, »Das leere Haus«, kündet, ist frappierend. Noch heute gilt der Holmes auf dieser Zeichnung als eine der besten grafischen Personifizierungen des Detektivs – er kniet am Rande des Reichenbachfalls und blickt in den Abgrund, in dem soeben Professor Moriarty seinen verdienten Tod fand. Abgesehen von der

bisher unerreichten Darstellung des hageren, sehnigen Spürhundes
ist auch die Spannung, die über dieser eigentlich undramatischen
Szene liegt, einzigartig wiedergegeben.

46 Illustrationen begleiteten die *Rückkehr* in ›Collier's Weekly‹,
außerdem dekorative Initialen und Vignetten, jedes einzelne Stück
von besonderem Reiz. Doch die Sensation waren und sind die zehn
farbigen Titelblätter, auf denen Holmes prangt. Der große Detektiv
hatte seinen Meister gefunden, sein Name Frederic Dorr Steele.

DORR STEELE

DORR STEELE

Im Gegensatz zu allen anderen Holmes-Interpreten des Zeichenstifts überwiegt bei Steele augenfällig das künstlerische Element. Er war ein exzellenter Kunsthandwerker, jedes der Blätter ist ein kleines – grafisch gekonnt gestaltetes – Meisterwerk; bei einigen Titeln verstärkt der leicht modische Einfluß des Art-Nouveau die plakative Wirkung.

In jenen Tagen feierte der Schauspieler William Gillette in seiner Verkörperung des Meisterdetektivs große Bühnenerfolge, und eine gewisse Ähnlichkeit der Holmes-Portraits mit Gillette ergab sich keineswegs zufällig: Steele verwendete systematische Photographien des Akteurs als Zeichenvorlage – was die Popularität des Holmes' auf dem bedruckten Papier und desjenigen auf den Brettern gegenseitig nur steigerte.

Auch Frederic Dorr Steele eskortierte den Detektiv bis zu dessen Abschiedsvorstellung, und lange Zeit zeichnete sich kein (formal) neues, zeitgemäßes Holmes-Bild in den gedruckten Medien ab. Hie und da tauchten einige mehr oder weniger geglückte und mehr oder weniger an bekannten Vorbildern orientierte Darstellungen von Holmes und Dr. Watson auf, aber kein markanter Stil gab den beiden frische Konturen – die Konturen der viktorianischen Helden verblaßten auch allmählich im Bewußtsein der Allgemeinheit. Da halfen die Bühnenfassungen, Verfilmungen und Rundfunk-Vertonungen des Kanons nicht viel. Gewiß – der Name Sherlock Holmes war und ist jedermann ein Begriff, doch gewöhnlich einzig als Synonym für einen x-beliebigen, schlauen Schnüffler. Die breite Leserschaft schrumpfte auf – wenn auch universale – Gruppen und Grüppchen der Holmes-Gemeinden zusammen. Für ein originelles und von wahrer Künstlerhand ausgeführtes Holmes-Tableau fehlten Hintergrund und der geeignete Raum. Bis...

Ja, bis ›Collier's‹ seine Seiten aufs neue aufblätterte für das Gespann aus der Baker-Street. In brandneuen Abenteuern, geschrieben von Sir Arthur Conan Doyles Sohn Adrian und John Dickson Carr.

Und abermals landete das amerikanische Magazin einen Hit – nicht allein durch die spektakuläre Wiederkehr des Helden, sondern auch durch die repräsentative Aufmachung des Ereignisses.

DORR STEELE

Robert Fawcett hieß der renommierte Künstler, der Anfang der Fünfzigerjahre die altüberlieferten Portraits von Holmes und Watson zu neuem Leben erweckte. Neu und wiederum vertraut, – wir sehen den »klassischen« Holmes und einen lebensnahen Dr. Watson in ihrem heimeligen Zimmer in der Baker-Street inmitten der liebgewonnenen Requisiten. Wir sehen die nebligen Gassen von London und verwilderte Parks, wir sehen die Hallen geheimnisvoller Landsitze und mit Nippes vollgestopfte Salons, wir sehen die schönen Klientinnen und die schurkischen Gentlemen – wir sehen die mit wahrhaft seltener Brillanz (und stimmungsvollen Farben) renovierte Welt von Sherlock Holmes und Dr. Watson, »wo es stets und immerdar 1895« ist.

Seitdem hat keiner mehr im alten Stil die Dekorationen aufgemöbelt. Die Kontur von Sherlock Holmes braucht nicht aufgefrischt zu werden.

ILLUSTRATED BY ROBERT FAWCETT

71

Holmes studied the grass around the dead man—like some lean, eager foxhound casting for its scent. Once he peered at the ground very closely

ROBERT FAWCETT

Sherlock Holmes im Kino

von
Zeus Weinstein

Mit diesem kleinen Überblick über Sherlock-Holmes-Filme wird Vollständig-keit gar nicht erst angestrebt: Allein zwischen 1981 und 1986 entstanden 26 neue Filme (TV-Produktionen mitgerechnet).
Dem Herausgeber ging es vielmehr darum, die besten, populärsten und selt-samsten Exemplare vorzustellen. Die Ergänzung um die Filme von 1987 bis 2009 besorgte Michael Ross.

Sherlock Holmes Baffled (1900); USA.

Thomas Alva Edison's American Mutoscope & Biograph Company produzierte dieses Werk von genau 35 Sekunden Spieldauer. Obwohl mit einer richtiggehenden Filmkamera aufgenommen, war der Mini-Reißer nur für Mutoskop-Guckkästen der einschlägigen Vergnügungsstätten gedacht. Edison's historisches Holmes-Abenteuer wäre der Nachwelt entgangen, hätte man nicht in der Library of Congress, Washington D. C., einen Papierdruck des Films entdeckt. Der Name des ersten Sherlock-Holmes-Darstellers bleibt ein Geheimnis; was den Helden in dem Streifen vor den Kopf stößt, verblüfft oder verwirrt, wissen wir nicht zu sagen. Doch so sehr viel kann's nicht gewesen sein.

Sherlock Holmes contra Professor Moriarty (1911); Deutschland; Vita-
scope.
Das Gute, mit Melone und zwei Revolvern, siegt: Regisseur und
Hauptdarsteller: Viggo Larsen.

Silver Blaze (1912); England/Frankreich; Eclair Company.
Ein französischer Holmes: Georges Treville; links der Titelheld.

198

Alwin Neuss / James Bragington

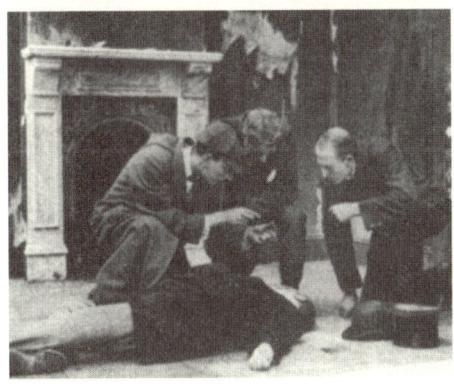

Der Hund von Baskerville (1914); Deutschland; Vitascope.
Selbst im Stummfilm nervt das Geheul: Alwin Neuss, sehr auf-
gebracht.

A Study in Scarlet (1914); England; G. B. Samuelson.
Ein elementarer Fingerzeig: James Bragington.

Sherlock Holmes (1916); USA; Essanay.
Das berühmte Bühnenstück als Film, 64 Minuten lang; der gefeierte Bühnen-Holmes – laut Orson Welles »der Erfinder des Unter-
spielens« – als Filmstar, 63 Jahre alt: William Gillette.

Sherlock-Holmes-Serie (1917); Deutschland; Kowo-Film AG.
Den Deerstalker gegen die Mütze von Ernst Thälmann einge-
tauscht? Hugo Flink.

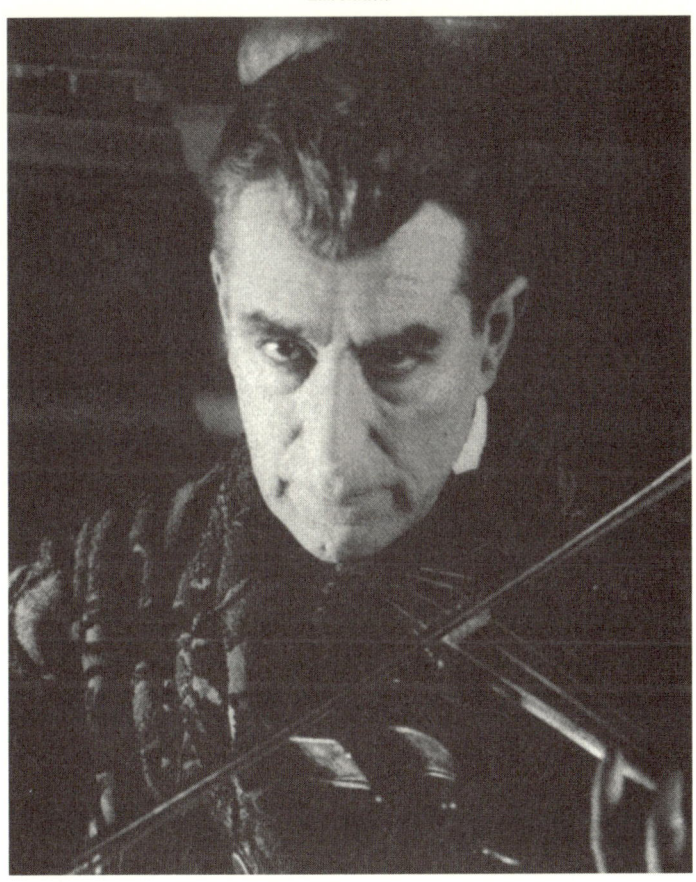

Eille Norwood

Sherlock-Holmes-Serie (1921–1923); England; The Stoll Picture Productions.
Fall auf Fall wird aufgerollt und in klassischer Manier abgespielt;
im ganzen 47 wohlgelungene Fälle: Eille Norwood.

John Barrymore

Sherlock Holmes (1922); USA; Goldwyn Pictures.
Gillettes verfilmtes Theaterstück; trotz zugkräftiger Außenaufnah-
men in London beeinträchtigen die schwerfälligen Bühnendialoge
(die man als Zwischentitel lesen, nicht etwa nur hören muß) den
Lauf des Kinomelodrams. Den Erzschurken Moriarty spielt der
deutsche Schauspieler Gustav von Seyffertitz mit erschröcklicher
Dämonie. Zum packenden Finale liefern sich die Kontrahenten
folgenden Dialog:
MORIARTY Sie glauben doch nicht, daß dies das Ende ist?
HOLMES Das hoffe ich eigentlich, Moriarty. Ich fahre morgen in die
    Flitterwochen.

Nachdenklich: John Barrymore.

Clive Brook / Robert Rendel

The Return of Sherlock Holmes (1929); USA; Paramount.
»Elementary, my dear Watson...« Der treue Freund (H. Reeves Smith, links) und das Publikum können nun endlich mit den Ohren aufnehmen, was der Meister im ersten Sherlock-Holmes-Tonfilm zu sagen hat: Clive Brook.

The Hound of the Baskervilles (1932); England; Gaumont Pictures.
Ein Reinfall, bei den Zuschauern und der Kritik, obwohl Edgar Wallace die Dialoge geschrieben hat. Der Hund gilt als bester Darsteller des Films, allerdings macht er mehr den Eindruck... »einer großen, gutmütigen Promenadenmischung, keineswegs den eines blutdürstigen Menschenfressers« (Variety). Frappierend als Holmes, weil er mit der Figur aber auch nicht die allergeringste Ähnlichkeit aufweist: Robert Rendel (links), Frederick Lloyd als Watson (Mitte), Wilfred Shine als Dr. Mortimer (rechts).

Clive Brook

Sherlock Holmes (1932); USA; Fox.

Wiederum mit Gillettes Theaterstück als Grundlage, ist der Stoff hier in die Jetztzeit (der dreißiger Jahre) transportiert und mit mancherlei technischem Schnickschnack ausgestattet worden, der fast einem James Bond der Sechziger zum Zeitvertreib dienen könnte. In seinem Laboratorium ersinnt der Meister gerade Weltbewegendes, wobei sein Tee kalt wird: Clive Brook, aufs neue. Ein anmutiges Lächeln der Braut (!) des Entrückten, verkörpert von Miriam Jordan, belohnt den weitaus aufmerksameren Dr. Watson, dessen Darsteller, Reginald Owen, bald eine Beförderung sondergleichen zuteil werden wird: Im nächsten Sherlock-Holmes-Film darf er den Namen des großen Detektivs und dessen Deerstalker tragen.

205

A Study in Scarlet (1933); USA; World-Wide.
Bloß, er tut's nicht! Auf der Leinwand ist die traditionelle Kappe
nicht mal für eine Sekunde auf seinem Haupt zu entdecken, er setzt
sie ausschließlich für Publicityfotos auf: Reginald Owen.

The Sleeping Cardinal (1931); England; Twickenham Studios.
Mit Ian Fleming als Watson und Minnie Rayner als Mrs. Hudson
sein Einstand als Holmes: Arthur Wonter.

The Sign of Four (1932); England; Associated Radio Pictures.
Diesmal trug Wontner ein Toupet.

Der namhafte Sherlock-Holmes-Kenner Vincent Starrett schreibt:
»Heutzutage ist schwerlich ein besserer Sherlock Holmes im Film
zu sehen und zu hören...«

Lady Jean Conan Doyle in einem Brief: »Ihre großartige Schauspielkunst... und meisterhafte Darstellung des Sherlock Holmes.«

Groß, hager, mit dem scharfgeschnittenen Gesicht und der
hohen Stirn, scheint er den Illustrationen des ›Strand Magazine‹
entsprungen zu sein – der »perfekte Holmes«.

Er wirkte noch in drei weiteren Holmes-Filmen mit: *The Triumph
of Sherlock Holmes* (basierend auf dem *Tal der Angst*, 1935), *The
Missing Rembrandt* (1932) und *Silver Blaze* (1937).

Die ›Sherlock Holmes Society of London‹ bat ihn 1955 als
Ehrengast zu ihrem jährlichen Galadinner: Arthur Wontner.

Bruno Güttner

Der Hund von Baskerville (1937); Deutschland; Ondra-Lamac-Film.
Abermals von einer deutschen Leine gelassen, saust der Riesen-
köter durch die Dekoration und jault um das Schloßgemäuer; vor
dieser düsteren Kulisse wirken die zeitgemäß gewandeten Protago-
nisten der späten dreißiger Jahre denkbar unangebracht. Fritz
Rasp als Butler Barrymore, Fritz Odemar als Dr. Watson und –
angetan mit Schiebermütze, Rollkragenpullover und Ledermantel
besser in eine Edgar-Wallace-Räuberpistole passend – der teutoni-
sche Ritter ohne Furcht und Tadel: Bruno Güttner.

Sherlock Holmes: Die Graue Dame (1937); Deutschland; Neue Film KG.

Dieser Film, der nicht das mindeste mit irgendeiner der Conan-Doyle-Geschichten zu tun hat, sondern einzig auf dem Stück eines Herrn Müller-Puzicka basiert, spielt in der britischen High Society, wie der kleine Moritz, bzw. Regisseur Erich Engels sie sich vorstellt; die Leute heißen Brown, Clark, Wilson, Miller, ein Mensch heißt Archibald Pepperkorn, und wir dürfen befürchten, daß der für humorige Einlagen zuständig ist. Noch schlimmer: Holmes beschäftigt einen Diener namens John, und der wird von Werner Finck gemimt; also, für allerlei Allotria scheint reichlich gesorgt. Man kann lediglich über die radikale Eliminierung des guten Watson aus dem Script frohlocken, kaum auszudenken, was der nicht alles hätte tun und schwafeln müssen, wäre er präsent. Außerdem tummelt sich auf der Leinwand ein pausbäckiger junger Mann, Jimmy Ward genannt, ein windiger Bursche, der kräftig bei einer Verbrecherbande mitmischt, in Wirklichkeit jedoch, wie sich zu böser Letzt herausstellt, für die Geheimpolizei schnüffelt, und – nun wird's endlich schaurig! – niemand anders als *wer* ist? Jawohl, Sherlock Holmes soll's leider sein: Hermann Speelmans.

The Hound of the Baskervilles (1939); USA; 20th Century Fox.
Mit Nigel Bruce als Dr. Watson und einer an Sidney Paget gemahnenden Ausstattung.

The Adventures of Sherlock Holmes (1939); USA; 20th Century Fox.
Für viele Fans ist Basil Rathbone (1892–1967) *der* Sherlock Holmes
geblieben.

The Hound of the Baskervilles. Der Titelheld. Eine Menge Tiere wurde getestet, da der Hund nicht nur bedrohlich aussehen, sondern auch aufs Wort gehorchen mußte. Das Rennen machte Chief, eine riesenhafte, 140 Pfund schwere Dogge.

Sherlock Holmes and the Voice of Terror (1942); USA; Universal.
Statt im Ersten spielt diese Adaption von *Seine Abschiedsvorstellung* während des Zweiten Weltkriegs. Hier rührt Holmes an die patrio-tischen Gefühle von Kitty (Evelyn Ankers).

Der aufwendig produzierte *Hound* und die darauf folgende Neu-
bearbeitung des Gillette-Theaterstücks zählen heute noch zu den
besten Holmes-Filmen, nicht zuletzt dank des mustergültigen Helden – ein frischgebackener, vollwertiger Holmes durchstreift das ihm
gemäße alte London der Hansom-Cabs und nebelumwallten Gaslaternen, ein geradezu idealer, neuer Mieter erfüllt die vertrauten
Räume in der Baker Street mit Tabaksqualm und Geigenspiel. Im
Temperament verschieden von dem eher gemessen aufgetretenen
Arthur Wontner, ist der Nachfolger bemerkenswert lebhaft und
energiegeladen, zudem launisch und sarkastisch; Gestalt und Physiognomie entsprechen ebenfalls dem Wunschbild: Basil Rathbone.

Die Zeitschrift ›Variety‹: »Die Figur des Holmes scheint auf
Rathbone zugeschnitten ...«

Was man von dem Film-Zuschnitt des guten Dr. Watson kaum
behaupten kann, der mit Conan Doyles Urbild bitter wenig Ähnlichkeit zeigt. Der behäbige Daddy auf der Leinwand, den Nigel

Bruce nahezu als liebenswerten Trottel gibt (das allerdings gekonnt), kommt bei einem dankbar gackernden Publikum natürlich glänzend an, prägt aber beklagenswerterweise ein schlimmes Watson-Klischee für manche künftige Rollengestaltung. Seltsam, daß nach dem Kassenerfolg der beiden Holmes-Abenteuer kein Drittes von der ›20th Century-Fox‹ in Szene gesetzt worden ist. Dafür nutzt die ›Universal‹ den ungetrübten Glanz von Holmes-Rathbone und Watson-Bruce und katapultiert das Gespann mittels eines tollkühnen Zeitsprungs in die Wirren des Zweiten Weltkriegs – und vom A-Picture der ›Fox‹ zum B-Budget des eigenen Studios.

Der hochaktuelle Auftakt in drei Folgen: Holmes kämpft für König und Vaterland gegen Nazi-Saboteure (*Sherlock Holmes and the Voice of Terror*, 1942), Verräter und Spione (u. a. Moriarty! in *Sherlock Holmes and the Secret Weapon*, 1943), fliegt im Auftrag Seiner Majestät nach Washington (*Sherlock Holmes in Washington*, 1943) und trägt eine noch nie und nirgends gesehene, beidseitig in die Schläfen gekämmte Lockentolle zur Schau (›Punch‹ über den neuartigen Schick: »The locks of Sherlock«). Vgl. S. 214. Das Baker-Street-Domizil, offensichtlich in der Zwischenzeit von keinem modischen Innenarchitekten betreten, verbleibt in einem vagen altertümlichen Zustand; auch die meisten der Holmes-Requisiten verbleiben – der herkömmliche Morgenrock und die Geige zum Beispiel –, lediglich der Deerstalker wandert in die Mottenkiste:

Im ersten Film dieser zwölfteiligen Serie greift der Meister zur gewohnten Kopfbedeckung. Watson, vorwurfsvoll: »Holmes, Sie haben versprochen...« – Holmes: »Oh, ja, richtig«, und setzt statt dessen einen weichen Tweedhut auf.

Nach den drei patriotischen Großtaten weicht die Lockenpracht einer gesitteten Frisur, Holmes' Aktivitäten bewegen sich wieder im zivilen Rahmen, und die Schauplätze und Handlungen der verschiedenen Fälle (von denen einige, mutwillig ausgeschmückt, auf bekannten Doyle-Plots basieren) rufen, trotz aller modernen Einrichtungen und Garderoben, die Atmosphäre der Vergangenheit wenigstens andeutungsweise zurück.

Sherlock Holmes Faces Death (1943) basiert auf dem *Musgrave-Ritual*. *Spider Woman* (1944) mit Gale Sondergaard in der Titel-

Basil Rathbone

rolle verwertet Elemente aus *Der Detektiv auf dem Sterbebett* und *Der Teufelsfuß; The Scarlet Claw* (1944) spielt in Canada. *The Pearl of Death* (1944) basiert auf *Die sechs Napoleons* und machte Rondo Hatton zu einem Horrorstar. *The House of Fear* (1945) verwertet die *Fünf Orangenkerne;* für *The Woman in Green* (1945) erstand Professor Moriarty zu neuem Leben; es folgten *Pursuit to Algiers* (1945), *Terror by Night* (1946) und *Dressed to Kill* (1946), und danach hatte Basil Rathbone die Nase voll von Sherlock Holmes, den er seit 1939 auch noch im Hörfunk gespielt hatte: Kinder sprachen ihn auf der Straße als Sherlock Holmes an und wollten Autogramme.

Die Filme der ›Universal‹-Serie sind spannend, gut geschrieben, gut besetzt, gut in der Regie von Roy William Neill, etliche ragen weit über ihre B-Klasse hinaus. Rathbone präsentiert seinen Holmes mit nie nachlassender Agilität, und Bruce-Watson reißt seine Possen wie gehabt.

The Hound of the Baskervilles (1959); England; Hammer Films.
Mit André Morel als Watson und Peter Cushing als Holmes bringen die auf Horrorspektakel spezialisierten ›Hammer Films‹ in den
fünfziger Jahren nicht nur Farbe in den Blutkonsum des wieder-
belebten Grafen Dracula (1958), sondern bescheren uns auch den
ersten bunten Holmes-Abend. Trotz greller Technicolorierung
erzeugt der eher bleichsüchtige ›Hammer‹-Hund weder Gänsehaut
noch achtungsvolles Interesse an dem mitunter krampfhaft, ansonsten einfallslos variierten Klassiker; ins Drehbuch hätte die Farbe
gehört. Nichtsdestotrotz – unser Held steht seinen Mann. Tapfer
und bemüht, sehr diszipliniert, ein bißchen angestrengt, so
scheint's. Er nimmt seine Arbeit sichtbar ernst und setzt sie neun
Jahre später in einer BBC-Fernsehserie fort. Zu Recht findet er

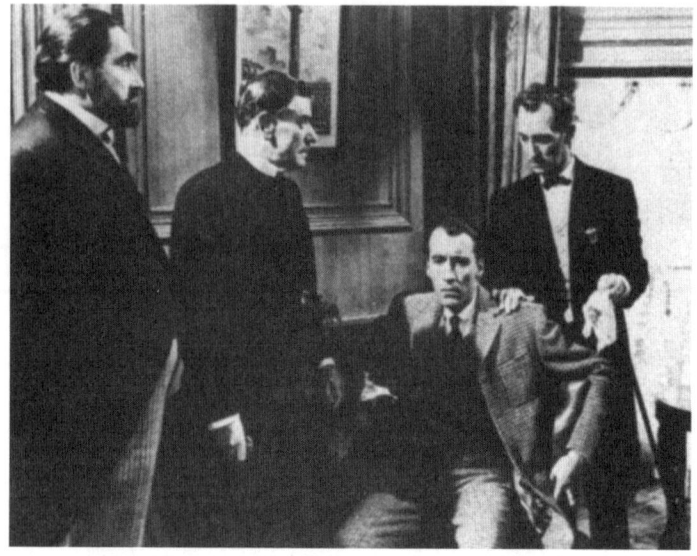

Anklang, erntet er Beifall. Alles in bester Ordnung. Bis auf ein maßgebendes Handicap. Es klingt pingelig und borniert, aber Peter Cushing ist Sherlock Holmes nicht gewachsen, ist schlicht nicht groß (lang) genug; Dr. Watson (vorbildlich, tatkräftig, intelligent) und Sir Henry Baskerville (Christopher Lee, hier sitzend) überragen ihn körperlich um Wesentliches. Links Dr. Mortimer (Francis De Wolff).

Eine aufschlußreiche Szene: Watson-Morell und Baskerville-Lee auf dem Moor. Lee macht seinen Begleiter unvermittelt auf Dringliches aufmerksam, ruft volltönend: »Watson!« Und da wird uns schlagartig vorgeführt, wer als Holmes – ganz abgesehen von der äußeren Erscheinung – besser ins Bild gepaßt hätte...

Christopher Lee

Sherlock Holmes und das Halsband des Todes (1962); Deutschland; Constantin.

... Und nun haben wir ihn endlich, hager, elegant, profiliert, vom Scheitel bis zur Sohle. Und was tut man, um ihn noch mehr zu profilieren? Man pappt ihm eine Wachsnase über die vollkommen zufriedenstellende! Man steckt ihn in größtmöglich karierte Kleidungsstücke, wie's kleinkarierter nicht geht! Man läßt ihn durch dröge fotografierte Gegenden laufen – sind's die Londoner Docks, sind's die Kieler? Eher die Kieler! – und uns darüber rätseln, in welcher Epoche das an billige Stummfilme gemahnende Kinostück wohl spielen mag, denn die schlauen Ausstattungs- und Kostümkünstler bieten ein wirres Vexierbild anachronistischer Materialien

218

Christopher Lee

und Textilien, angemessen in Schwarzweiß. Man stellt ihm einen herzerfrischenden Schmunzel-Watson (Thorley Walters) à la Nigel Bruce zur Seite und einen teuflischen Moriarty (Hans Söhnker) – à la Dr. Dolittle, wenn der mal böse wird – gegenüber.

Dem verheerenden Drehbuch folgend, versucht die Doppel-Spürnase seinem Erzfeind nichts Geringeres als Cleopatras Halsschmuck abzujagen, was titelgemäß für manche an der Hatz beteiligte Charge einen letalen Ausgang nimmt. Nach Schluß der Katastrophe sind die düpierten: der Zuschauer und Christopher Lee.

Eine deutsche Produktion, und wie! Mitschuldig am Desaster: ›Hammer‹-Hund-Regisseur Terence Fischer und Drehbuchautor Curt Siodmak.

Douglas Wilmer

Sherlock-Holmes-Fernsehserie (1964/65); England; BBC-TV.
Nach dem erfolgreichen Pilotfilm *The Speckled Band* folgen zwölf
weitere Conan-Doyle-Klassiker. »Ich glaube, daß eine Serie für
jeden ein Alptraum ist, der eine ziemlich verantwortungsvolle Rolle
übernommen hat, zumal es ... auch einen Ruf zu verteidigen gilt.
Ich meine nicht meinen Ruf, ich meine den von Holmes.« Macht
beider Ruf alle Ehre: Douglas Wilmer.

Nigel Stock als Dr. Watson steht mit Wilmer alle Fälle durch,
mag das behagliche Baker-Street-Quartier nicht missen und tritt in
der BBC-Serie von 1968 an Peter Cushings Seite.

A Study in Terror (1965); England; Compton-Tekli-Sir Nigel Films.
Dynamisch und ironisch repräsentiert er den neuen Geist, der die
alten Baker-Street-Dekorationen wohltuend durchlüftet. Zum
ersten Mal vor einen historischen Fall der Kriminalgeschichte
gestellt, durchstreift er ein wirklichkeitsnahes London, fahndet er
im milieugetreu gezeichneten East End nach einem bestialischen
Schlächter unter Zuhilfenahme seiner Kombinationsgabe sowie
einer scharfen Klinge im Spazierstock und bringt – in einem Kampf
auf Leben und Tod – Jack the Ripper glorreich zur Strecke: John
Neville, ungerührt angesichts der Vorwürfe von Bruder Mycroft
(Robert Morley, umwerfend und ganz im Sinne des Autors).

Fact and fiction! Die Produktion erhält nicht nur den Segen der
Conan-Doyle-Familie, sondern Sohn Adrian bringt seine eigens

gegründete, nach einer Romanfigur des Vaters benannte Gesellschaft Sir Nigel mit ein. Sicherlich liebäugelt man damit, neben dem aktuellen Superhelden des Königreichs, James Bond 007, einen elastischen und mit authentischen und spektakulären Geschehnissen befaßten Sherlock Holmes erstehen zu lassen. Daher gibt auch der korpulente Mycroft Holmes sein Debüt auf der Leinwand. Er, der ausgekochte Whitehall-Gewaltige, will im Namen der Regierung seinem Bruder den heiklen Ripper-Fall aufhalsen und macht eine seiner seltenen Stippvisiten in der Baker Street 221 B.

SHERLOCK Mein lieber Mycroft, welch' Überraschung! Watson, den Sherry ... Ist dies ein privater Besuch?

MYCROFT Ja, ja, o ja. Rein privat. (Pause) Wie geht es dir?

SHERLOCK Sehr gut. (Pause) So, da das Private jetzt erledigt ist, können wir ja zur Sache kommen.

Ein hervorragendes Drehbuch (Donald und Derek Ford), eine einfühlsame Regie (James Hill) und akkurate Ausstattung, eine erstklassige Kamera-Arbeit und präzise arrangierte Action-Szenen zeichnen den zweiten Holmes-Farbfilm aus. Schade nur, daß Dr. Watson (Donald Houston) einem brillanten Sherlock Holmes in den Fußstapfen von Nigel Bruce hinterhertrotten muß.

Augenzwinkern, speziell für Eingeweihte, bieten die Auftritte von Mycroft Holmes und die Zwiegespräche der beiden Baker-Street-Bewohner. Ein köstlicher Dialog beschließt den Film: Während des Endkampfs hat Jack the Ripper eine Petroleumlampe nach Holmes geschleudert, ein Vorhang fängt Feuer, im Nu ist das Zimmer ein tosendes Flammenmeer. Den Ripper ereilt sein Schicksal; die brennende Treppe, einzige Verbindung zum Parterre des Hauses, stürzt über ihm zusammen. Holmes jedoch steht noch schweratmend im oberen Stock; wir sehen sein aufgelöstes, schweißnasses Gesicht vor dem Flammengezüngel.

Schnitt: Holmes und Watson sitzen gemütlich am Eßtisch.

WATSON Wie, um alles in der Welt, sind Sie dieser Hölle entronnen, Holmes?

HOLMES Sie kennen meine Methoden, Watson. Ich bin nun mal als unzerstörbar bekannt.

Robert Stephens

The Private Life of Sherlock Holmes (1970); England/USA; Mirish
Productions.

Hauptakteur Robert Stephens erzählt uns: »In diesem Film wollte
Billy Wilder die Frage aufrollen, warum Holmes Frauen gering-
schätzte, warum er Drogen nahm, warum er mit Dr. Watson
zusammenlebte; ob er homosexuell war oder nicht. Darum heißt
der Film *The Private Life of Sherlock Holmes*, denn in den Geschichten
wird nichts davon verraten...«

Er ist seinem Gefährten (Colin Blakely) von Herzen zugetan
und, obwohl er es einmal in äußerster Notlage behauptet, keineswegs anderweitig mit ihm verbandelt – wie auch die Romanze mit
einer betörenden Spionin (Geneviève Page als Gabrielle) beweist.

Nimmt er Drogen? Er nimmt. Verständlich, daß er die Kokain-
spritze hervorkramt, wenn ihn kein anständiges Verbrechen aus
der akuten Langeweile reißt, wenn er zum Unhappy-End des
Trostes bedarf.

Er ist kleiner, als Watson ihn uns beschreibt.

HOLMES Sie haben meine Größe mit 1,94 angegeben, obwohl ich
höchstens 1,84 bin.

WATSON Künstlerische Freiheit.

HOLMES Sie haben mir dieses entsetzliche Kostüm angedichtet, das
die Leute nun ständig an mir sehen wollen.

WATSON Ich war's nicht. Sagen Sie das dem Illustrator.

Robert Stephens

HOLMES Sie schreiben, ich sei ein Frauenhasser. In Wirklichkeit habe ich nichts gegen Frauen, ich traue ihnen nur nicht über den Weg. Hier ein Lächeln, da eine Prise Arsen in die Suppe.

WATSON Es sind die kleinen Eigenarten, die Ihnen Farbe verleihen.

HOLMES Sie stempeln mich als hoffnungslos drogensüchtig ab, nur weil ich manchmal eine Fünf-Prozent-Lösung Kokain nehme.

WATSON Eine Sieben-Prozent-Lösung.

HOLMES Fünf Prozent. Glauben Sie etwa, ich weiß nicht, daß Sie hinter meinem Rücken verdünnen?

Stephens' Holmes ist süffisant und quirlig, gleicht gelegentlich einem großen Jungen, gelegentlich einem Bonvivant und noch gelegentlicher dem überlieferten Bild.

Dr. Watson, untersetzt, resolut und pfiffig, erinnert bisweilen an einen strammen Feldwebel, bisweilen an den Onkel aus der Provinz, der gern mal auf die Pauke haut. Alles andere als von Holmes beeindruckt, bietet er ihm Paroli, und wenn er nicht gerade aus der Haut fährt, beweist er eine Engelsgeduld. Weit entfernt von Doyles Dr. Watson und dem aus der Nigel-Bruce-Schule, stellt Colin Blakely eine neue Version dar, natürlich humoristisch angehaucht.

Last but not least: Sherlocks älterer Bruder Mycroft. Scharf,

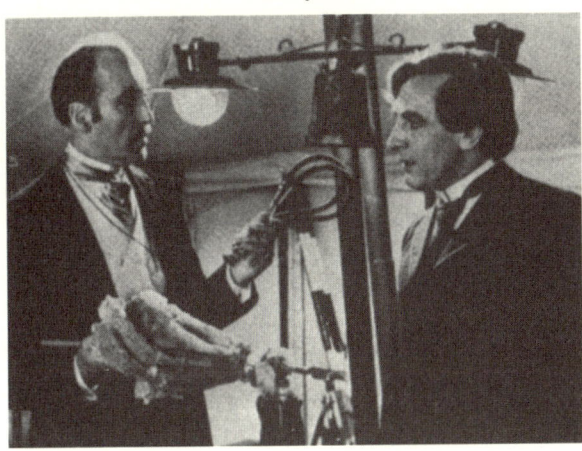

arrogant, undurchsichtig, machiavellistisch (und eigentlich viel zu
schlank), spielt er die imponierendste Rolle: Christopher Lee, der
somit beide Geistesriesen verkörpert hat.

Der Film, eine zartgetupfte Parodie, verzerrt die Figuren nicht
zu Karikaturen, die Handlung nicht zur plumpen Komödie – er
persifliert das Genre nicht stärker, als wir es zum Beispiel von den
späten James-Bond-Variationen gewohnt sind. Ein geistreiches
Spektakulum, voller Anspielungen auf Politik und Prominenz (plus
Victoria Regina, die persönlich auftritt). Verhaltene Spannung erzeugen: eine Spionin des Kaisers, eine Trappistentruppe, eine
Schar Liliputaner, eine Menge Kanarienvögel, eine Primaballerina
und das Ungeheuer von Loch Ness. Action à la Victoriana! Präch-
tiges Zeitkolorit, herrlich photographiert. Leider fehlt von der
Pracht ein gutes Drittel, da sie um eine halbe Stunde Spielvergnü-
gen beschnitten worden ist. In welchem Archiv der Rest ›Privat-
leben‹ verkümmert, steht in den Sternen. Sherlock-Holmes-Enthu-
siast Billy Wilder (Buch und Regie) hat mit seinem Kinowerk die
Vita des Helden amüsant bereichert und damit sich selber einen
langgehegten und höchst kostspieligen Wunsch erfüllt. Kein Kas-
senschlager. Ganz im Gegenteil.

The Hound of the Baskervilles (1972); USA; Universal TV-Film.
Der Star, eine Idee zu alt, eine Idee zu feist, auch sonst nicht der Vorlage entsprechend, kommt lediglich seiner professionellen Schauspielkunst wegen schlecht und recht über die Runden: Stewart Granger.

Bis auf das unentbehrliche Hundegeheul ist der Rest Schweigen.

Sherlock Holmes in New York (1976); USA; 20th Century-Fox TV-Film.
James Bond mit Deerstalker, einer Herzallerliebsten und zusätzlich einem neunjährigen Sohn hat hart zu tun, um diesen aus den Klauen von Professor Moriarty zu befreien: Roger Moore, rechts.

Geheimagent Nr. Zwei, John Steed (Patrick Macnee, 2. v. rechts), legt Schirm und Melone beiseite und verkleidet sich als Dr. Watson. Den Charme setzt er annähernd im Stil von Nigel Bruce ein. Irene Adler, die Mama des Knaben und alte Flamme des (hier) leichtfüßigen Meisters: Charlotte Rampling.

Und was prangt auf dem Tisch des Bösewichts Moriarty? Die Originalstatuette des Malteser Falken aus John Hustons gleichnamigem Lichtspiel! Und wer verbirgt sich hinter der Maske des Professors? Niemand anderes als John Huston, links.

The Seven-Per-Cent Solution (1976); USA; Unıversal.

Neurotisch, getrieben, von durchdringender Verstandesschärfe, und gejagt von einer fixen Idee, mal befallen von hektischer Unrast, mal von dumpfer Teilnahmslosigkeit – eben schwer rauschgiftsüchtig: Nicol Williamson.

Dieser Holmes ist verändert, ist ein Mensch aus Fleisch und Blut. Er weint. Er windet sich in schweren Anfällen. Er verbarrikadiert sich zu Anfang des Films in seiner Wohnung aus panischer Furcht »vor einem gewissen Professor Moriarty, dem Napoleon des Verbrechens«. Dieser arme, alte Professor (Sir Laurence Olivier, links im rechten Bild) war nichts anderes als der frühere Hauslehrer der beiden Holmes-Knaben. Er sucht verängstigt Watson (Robert Duvall, rechts) auf und berichtet ihm von den maßlosen Anschuldigungen seines einstigen Schülers Sherlock. Watson wird klar: Holmes lebt in einem furchtbaren Wahn, das Kokain macht ihn kaputt. Es besteht äußerste Lebensgefahr.

Trickreich wird Holmes nach Wien gelockt. Der junge Dr. Sigmund Freud (Alan Arkin, links im linken Bild) befreit ihn von der Sucht und fördert allerhand Verdrängtes zutage, wobei, immerhin, ein früherer Professor Moriarty zum Vorschein kommt.

Zwischenzeitlich und drumherum viel Abenteuerliches: die Ent-

führung einer rothaarigen Diseuse (Vanessa Redgrave); ein Mordanschlag mittels einer Herde Lipizzaner; ein schweißtreibendes
Tennismatch zwischen Sigmund Freud und einem dünkelhaften,
preußischen Baron (Jeremy Kemp); eine gemeuchelte Nonne im
Bordell; die rasante Verfolgung eines türkischen Paschas per Eisenbahn; ein Schwertkampf auf Leben und Tod auf den Dächern der
dahinrasenden Waggons; ein kurzer, ergreifender Abschied von
Holmes und Watson, denn nach endgültiger Heilung zieht sich der
Detektiv erst einmal aus dem Verkehr und besteigt einen Donau-
dampfer. Dortselbst sitzt, kaum zufällig, die rothaarige, von
Holmes befreite junge Dame an Deck – und ab geht's, einem wohl-
verdienten Genesungsurlaub entgegen. Nein, er verschwand nicht
nach Tibet, genausowenig wie er im tödlichen Clinch mit Moriarty
in den Reichenbachfall hinabstürzte. Wir kennen ja jetzt die »wah-
re Geschichte seines Verschwindens. Nur die Tatsachen wurden
erfunden!«

Dieser intelligente Film von Herbert Ross, nach dem gleich-
namigen Roman von Nicholas Meyer (der auch das Drehbuch
schrieb), ist, unserer bescheidenen Meinung nach, der Glanz- und
Höhepunkt der Kinokarriere des großen Detektivs. Nicol Williamson: »Vor allem [ist er] ein lebendiger Mensch, dem Dinge zusetzen
können – nicht nur eine Kappe und eine Pfeife.«

Murder by Decree (1979); England/Kanada; Saucy Jack/Decree.
Ein Star, herb, streng, mit scharfgeschnittenen Zügen und ein we-
nig zu maskulin: Christopher Plummer, der Holmes schon 1977 in
Silver Blaze gespielt hatte.

Keineswegs kalt und abgebrüht, sondern emotional stark beteiligt, erforscht er auf andere Weise als sein Vorgänger John Neville
die Jack-the-Ripper-Morde, um, benutzt und betrogen von höchster Instanz, auf die gräßliche Wahrheit zu stoßen, ohne sie heraus-
schreien zu dürfen. Sehr nüchtern dagegen der Lestrade von Frank
Finlay (Mitte).

Ein dunkler, pessimistischer, ein ganz und gar »abseitiger«
Holmes-Film. Die Schatten liegen nicht nur über London, sondern
auch schwer auf Holmes' Seele. Eine Attraktion: James Masons
eher melancholischer, fast stoisch-weiser Dr. Watson (links).

Ein kleiner Zwischenfall bei Tisch wirft ein bezeichnendes Licht
auf ihre kameradschaftliche Beziehung: Watson versucht verzwei-
felt eine letzte, einzelne Erbse auf die Gabel zu rollen oder zu
pieken – vergebens, das winzige Objekt widersetzt sich geradezu im
Chaplin-Stil, kullert immer wieder weg. Da langt Holmes wortlos
mit seiner Gabel über den Tisch und zerquetscht das Ding auf
Watsons Teller. Eine beinah bewegende Szene.

Nebenbei, wir dürfen an ausgleichende Gerechtigkeit glauben:
Christopher Plummers leiblicher Vetter war Nigel Bruce!

Sherlock Holmes und Dr. Watson Fernsehserie (1982); USA/Polen; Filmways.

Glatt, bescheiden und fest im alten Gewande steckend: Geoffrey Whitehead, linkes Bild.

Die Serie (»Sherlock Holmski«, 25 Episoden) wurde in Polen gedreht. Die Landschaften sind schön, die britischen Herrensitze zu barock, weil wir ja polnische Schlösser vor uns haben. Die Dekorationen, die uns tapfer das alte London vorgaukeln, sind eindeutig Dekorationen. Immer fährt dasselbe Fuhrwerk um dieselbe Ecke.

Das Budget war klein, ganz bestimmt. Man hat trotzdem allerhand daraus gemacht, die originellen plots und stories, von denen nur wenige aus Conan Doyles Schublade stammen, hat zum größten Teil Produzent Sheldon Reynolds erdacht und geschrieben. Anthony Burgess fungierte als Berater. Elf der Episoden von ca. 25 Minuten Spieldauer liefen 1982 zuerst im Deutschen Fernsehen.

The Hound of the Baskervilles (1982); England; BBC TV.

Soll nicht gut angekommen sein, steckte wohl auch zu fest im alten Gewand: Tom Baker, rechtes Bild.

Der zähe, treue *Hound*: viergeteilt und in 30-Minuten-Happen serviert.

Vassily Livanov

Sherlock Holmes und Dr. Watson (1982); Sowjetunion; Lenfilms.
Er ist von den Holmes-Filmen aus Hollywood nicht übermäßig
begeistert: »Ich habe eine Menge von ihnen gesehen, und mir
scheint, daß die Schauspieler Holmes' Rolle nicht spielen, sondern
mit ihr spielen, so, als ob sie sich über den Detektiv lustig machen
müßten. Ich bemühe mich, ihn als den perfekten Gentleman dar-
zustellen.« Alle sowjetischen Fernsehteilnehmer sind hingerissen
von seinen Bemühungen: Vassily Livanov, rechts.

Die ›Iswestija‹ vom 10. Februar 1983, verkündet: »Die Sowjet-
bürger können sich von ihrem geliebten Sherlock Holmes nicht
trennen...« Auf Grund der Nachfrage sollen zwei weitere Holmes-
Filme vom ›Lenfilm‹-Produzenten Ivor Maslennikov (Mitte) in
Arbeit genommen werden: *Skandal in Böhmen* und *Das Zeichen der Vier.*
Vorangegangen waren *Eine Studie in Scharlachrot, Das gesprenkelte
Band* sowie der unvermeidliche *Hund der Baskervilles.* Die Baker-
Street-Besetzung bleibt: Vassily Livanov und Vitaly Solomin, der
Doktor Watson, links. Er sagt einem russischen Journalisten:
»Dr. Watson wird gewöhnlich als bullernder, alter Herr vorgeführt,
aber wir halten uns an Conan Doyles Bücher. Da ist er jünger und
viel energischer.«

Der imperialistische Kriminalist erfreut sich einer solch enormen Popularität, daß eine permanente Baker-Street-Dekoration in
Leningrad errichtet wurde.

Ian Richardson

The Sign of Four (1983); USA/England; Mapleton Films; und *The Hound of the Baskervilles* (1983); USA/England; Mapleton Films.
Kühl und nüchtern, ist er von einer unaufdringlichen Präsenz. Selbst wenn er sich sehr beeilen muß, wirken seine Bewegungen ruhig und gelassen. Sein Blick ist bei Gelegenheit ziemlich stechend, sein Lächeln manchmal fast verschlagen. Alles andere als schön, sieht er mit seinem extrem schmalen Schädel, der hohen Gelehrtenstirn und der hageren Gestalt bestimmt so aus, wie Arthur Conan Doyle sich ihn vorgestellt hat: Ian Richardson.

Dieser *Hund* weist wunderbare Momente auf; kompetent beherrscht Richardson seine Auftritte, besonders zu Hause, in der Baker Street. Dr. Watson (Donald Churchill) stapft leider nach gehabtem Schema durch die Gegend. Reizvolle Außenaufnahmen der Moorlandschaft und die üblichen vollgenebelten Studio-Sümpfe wechseln sich ab. Die ansonsten zufriedenstellende Killer-Kreatur sieht man einmal grünlich fluoreszierend über einen fernen Felsen jagen – als schlecht kaschierter Zeichentrick. Hier erst schaudert's einem!

The Masks of Death (1984); England; Tyborn Productions.
1959 auf den Plan gerufen, macht er 25 Jahre danach bravourös
weiter. Damals brachte er den Höllenhund zur Strecke, nun einen
deutschen Grafen, der gegen Großbritannien Höllisches im Schilde
führt. Seite an Seite mit dem treuen und ebenfalls unverwüstlichen
Watson ficht er bei diesem Veteranentreffen (Sir John Mills – Dr.
Watson; Ray Milland – Innenminister; Anne Baxter – Irene Adler)
zum Frommen des Vaterlandes, stößt deutsche Mordbuben aus
fahrenden Zügen, erklimmt Hausdächer, tritt kräftig in Fahrrad-
pedale und rettet den Frieden. Seine Majestät dankt's dem Helden
höchstpersönlich. Seine Abschiedsvorstellung: Peter Cushing.

Sir John Mills erntete Lob für seine Watson-Personifizierung;
der Film kam überhaupt gut an. Als sogar über eine Serie gemun-
kelt wurde, meinte Mr. Cushing: »Wenn ja, sollten sie sich besser
beeilen. Sonst muß ich Holmes im Rollstuhl spielen.«

The Adventures of Sherlock Holmes (1984/85); England; Granada TV;
und *The Return of Sherlock Holmes* (1986); England; Granada TV.
Er präsentiert ihn uns in zwanzig Episoden, anmaßend, exzentrisch und oft unausstehlich: Jeremy Brett.
Aus einem Interview: »Wir alle sind doch Leute mit tadellosem
Benehmen, nicht wahr? Und was habe ich am meisten genossen?
Himmelherrgott, schlicht patzig zu sein! Ich hab's echt genossen!
... Das brachte Spaß. Einfach mit dem ganzen Gelaber Schluß zu
machen. Ich genoß die Augenblicke, wenn Holmes abmarschierte,
ohne auch nur ›Auf Wiedersehen‹ zu sagen. Er hatte einfach nicht
die Zeit, auf das höfliche Getue einzugehen...

Sollten die Leute, nachdem sie mich in den Originalstories gesehen haben, Doyle wiederentdecken, würde mich das freuen...
Ich glaube, es wird stets ein Rätsel bleiben, warum [Holmes] für
uns so lebendig ist, obwohl er nie existierte. Wie kann es angehen,
daß jemand, der nicht gelebt hat, eine solche Ausstrahlung besitzt?
Faszinierend. Das ist das Geheimnis – Conan Doyles großes Geheimnis.«

Bis dato die allerneueste Holmes-Verkörperung, großartig von Granada TV ins Bild gesetzt, wobei es den Kenner entzückt, daß viele Sidney-Paget-Illustrationen für Kleidung und Pose als Vorlage dienten. Auch wurde physiognomische Ähnlichkeit mit der gezeichneten Figur angestrebt und viel Wert auf stilgerechte Ausstattung gelegt; auch Holmes' Verkleidung als betrunkener Pferdeknecht in *Ein Skandal in Böhmen* ist Paget nachgestaltet.

Holmes wirkt und wohnt in einer musterhaften Behausung mit einem großen, schwarzgerahmten Bild des Reichenbachfalls über dem Kamin – der Schweizer Verkehrsverein ist bekanntlich sehr rührig.

Ein makelloser Dr. Watson (David Burke) begleitet Holmes durch die ersten zwei Serien, ein ebenso untadeliger (Edward Hardwicke) durch die dritte.

Dank an den Granada-Stab, daß er den Young Sherlock von 1982 erwachsen werden und zu dieser vollkommenen Reife gelangen ließ.

Young Sherlock (1982); England; Granada TV.
Erst 16 Jahre alt, löst der angehende Detektiv acht diffizile Fälle, die uns allen bisher unbekannt waren, ist schon arrogant und scharfzüngig und hat die dichten, schwarzen Augenbrauen, mit denen Conan Doyle den älteren Sherlock versah: Guy Henry.

Nicholas Rowe

Young Sherlock Holmes oder *Sherlock Holmes and the Pyramid of Fear* (1985); USA/England; Amblin Entertainment.

Aristokratisch, feingliedrig, lässig überlegen, doch stets wohlerzogen, sportlich und im Fechten ein As, manchmal ein bißchen romantisch-verträumt, manchmal alles andere als das, und – zum ersten Mal dokumentiert – herzergreifend verliebt: Nicholas Rowe.

Hier erfahren wir, daß Jung-Sherlock bereits im Internat seinem Gefährten in spe, John Watson (Alan Cox, dicklich, bebrillt, liebenswert), begegnet ist, und den bornierten Inspektor Lestrade von Scotland Yard gibt's auch schon: ein verquollener Jüngling, der die ständigen Ratschläge des eifrig deduzierenden Amateurkriminalisten Sherlock genervt in den Wind schlägt, bis er (wie wir's aus seiner Zukunft kennen) eines Besseren belehrt wird. Die Szenen in der ehrwürdigen Lehranstalt mit den Schülern und Lehrern, mit einem schlaksigen, rastlosen Sherlock und seinem nie und niemals ins Tölpelhafte entgleisenden Freund John sind rundweg bezaubernd in Stimmung und Handlung. Dann heben wir ab ins allbekannte Wunderland von Steven Spielberg, des oberkommandierenden Produzenten, wobei die Flugmaschine des zauseligen Erfinders, Professor Waxflatter (Nigel Stock, links durch den Flügel linsend; jawohl, der zukünftige, erwachsene Dr. Watson aus der Vergangenheit, in der Sherlock voll ausgereift war und wie Douglas Wilmer und Peter Cushing aussah!), nur eines der Vehikel darstellt. Abgesehen von der anfänglichen, grotesk-schaurigen Halluzinationsszene, sind der Special effects hernach zu viele, sie erinnern zudem an den spaßigen Horror von ›Gremlins‹ und ähnlichem Kinderschreck, bzw. an die bewährte Werkstatt von Spielbergs Vorbild Walt Disney – auch der komische Kauz Waxflatter könnte ihr entstammen, gezeichnet oder real.

Andererseits paßt die unholde religiöse Sekte, dem Abenteuerschmöker für die reifere Jugend der Jahrhundertwende oder eben aber der ›Indiana Jones‹-Abteilung des Spielberg-Repertoires entnommen, durchaus ins Bild. Giftpfeilattentate via Blasrohr, scheußliche Ritualmorde unter Zuhilfenahme unbescholtener junger Damen (und das alles im Herzen eines heimelig verschneiten Londons à la Charles Dickens) mögen im großen und ganzen hingehen.

Die zarte Liebe zwischen Sherlock und Elizabeth (Sophie Ward), des schrulligen Professors Nichte, rührt an, noch mehr ihr Dahinscheiden und Sherlocks Gelöbnis, sein Leben in steter Treue allein zu verbringen bis zu ihrem nächsten Stelldichein im besseren Jenseits, worauf sie ersterbend haucht, er werde sich sicherlich wieder verspäten.

Damit scheint die Vita des späteren Singles aus der Baker Street hinreichend erklärt.

Und vieles andere obendrein: Das gemeinsam bestandene Abenteuer beschließend, verehrt ihm der kleine Watson die mächtige Meerschaumpfeife, Sherlock stülpt sich den Deerstalker des ebenfalls verblichenen Professors auf den Kopf, und so sehen wir den jugendlichen Helden, ausgerüstet mit den bald obligatorischen Attributen, in einer Kutsche davonrollen – seiner einmaligen und einsamen Karriere entgegen.

Nicht völlig einsam, klar! Wir wissen, und der Knabe Watson ahnt es: Das erste Problem, das es an der Seite des Gefährten zu lösen galt, war nicht das letzte.

Ende.

Abspann. Das heißt, die gesamte Titelei rollt ab, und das dauert. Im Kino steht man auf und drängt zum Ausgang. Im trauten Heim steht man auf, schaltet auf Stop und läßt das Band zurücklaufen. Wer interessiert sich schon für das unendliche Register, z. B. die Namen des technischen Stabs? Wohl kaum einer.

Der Holmes-Kenner sollte aber. Richtiger, er sollte die kurze Spielhandlung verfolgen, die hinter den Schriftblöcken zu sehen ist. Denn mit der letzten Schriftzeile hebt sich der Vorhang zu einem erschreckend-bedeutsamen Epilog!

Es wäre unfair, Ihnen den Clou zu verraten.

Wir verraten Ihnen ja auch nicht die Person des Schurken in dem Film.

Also, liebe Holmes-Gemeinde. Sitzenbleiben!

Hans Albers

Der Mann, der Sherlock Holmes war (1937); Deutschland; Ufa.

Er war's nicht lang, er tat nur so: Hans Albers.

Der Draufgänger und Schwerenöter mit Herz und Humor kleidet sich kariert und klemmt sich eine Shagpfeife zwischen die blitzenden Zähne, weil ihn dann ja alle für den Meisterdetektiv halten müssen. Und richtig, man hält ihn. An seiner Seite wieselt ein Milchgesicht, das einen Geigenkoffer schleppt. Aha! Das kann demgemäß nur Dr. Watson sein (und es ist Heinz Rühmann). Oft genug betont der Karierte, er sei mitnichten dieser weltberühmte ... Nun hält man ihn erst recht ... und in der feinen Hotelhalle in Paris, zur Zeit der Weltausstellung, lacht ein gleichfalls Karierter sich stets tot, wenn er des Duos ansichtig wird.

Zum dicken Ende stehen, der Hochstapelei bezichtigt, die zwei vor Gericht – brotlose, völlig anonyme Privatdetektive sind's! Der gleichfalls Karierte, unter den Zuhörern im Saal anwesend, lacht sich wieder tot. Sollte *er* etwa der echte Weltberühmte sein? Nein, er sei der Vater von Sherlock Holmes. Raunen im Auditorium. Das heißt, der geistige Vater, sein Name laute Conan Doyle. Er spendet dem Duo Lob, denn es hat einer Diebesbande die Mauritius-Marke abgejagt. Allgemeiner Jubel, Trubel; Freispruch, Applaus!

Applaus auch für die Komödie. Pfleglich gemacht und spaßig, ist sie obendrein spannend. Sogar die Landsleute des Weltberühmten zollten ihr Achtung.

240

They Might Be Giants (1971); USA; Universal.

Er bildet sich's fest ein, und damit ist er's auch: George C. Scott.

Der Anwalt und Witwer Justin Playfair lebt im unbeirrbaren Glauben, er sei Sherlock Holmes, er denkt, deduziert und kleidet sich dementsprechend, kämpft hitzig gegen seinen imaginären Widerpart, Professor Moriarty, wie Don Quixote gegen die Windmühlen (daher der Titel: »Es könnten Riesen sein«), und bietet ein willkommenes Studienobjekt für Dr. Watson – Frau Doktor Mildred Watson (Joanne Woodward), Psychiater, die ihn auf Betreiben seines ränkevollen Bruders für unmündig erklären soll. So begleitet die Ärztin ihren holmesgetreu gewandeten Patienten durch das heutige, hektische New York; er auf der fieberhaften Suche nach dem »Napoleon des Verbrechens« (»Es sind keinerlei Spuren vorhanden – das deutet klar auf Professor Moriarty hin«), sie, um dieses seltene Exemplar in freier Wildbahn beobachten zu können. Gelegenheit dazu hat sie. Die prächtige Inkarnation des großen

Detektivs liefert Anschauungsunterricht zur Genüge, speziell in brillanter Kombinationskraft. Eine Kette merkwürdiger Ereignisse läuft ab, und Frau Doktor Watson gerät in unerwartete Situationen sowie in eine wunderliche Verfassung.

Am Schluß der abstrusen Jagd auf ein Phantom verharrt sie treu an seiner Seite vor dem schwarzen Schlund eines Tunnels im Central Park; beide lauschen gebannt: Getrappel von Pferdehufen ist zu vernehmen, das Rollen einer Kutsche. Erst leise in der Ferne, bald laut und lauter. Die zwei warten. Starren ins Dunkel. Was mag auf sie zukommen? Ihr unabänderliches Schicksal? Sie wissen es nicht ... Ende. Wir wissen es auch nicht.

George C. Scott gibt einen vorzüglichen Sherlock Holmes ab, der Film ist vergnüglich und nie albern. In einer Szene trifft das seltsame Paar einen Polizisten (Oliver Clark), der »Holmes«, angesichts seines Deerstalkers und Capes, für Basil Rathbone hält.

Sherlock Holmes' Smarter Brother (1975); USA; 20th Century Fox.

Ein altes, vertrautes Gesicht taucht kurz wieder auf, bedauerlicher-weise in einem gräßlichen Rahmen: Douglas Wilmer als Holmes.

O ja, man kann ein paarmal lachen. Doch meistens freut man sich mehr über den Umstand, daß der entfesselte Gene Wilder den unbekannten dritten Bruder namens Sigerson (der auf Sher-lock furchtbar eifersüchtig ist) und nicht etwa Mycroft oder gar Sherlock selbst massakriert. Neben Leo McKerns Moriarty spielt Marty Feldman den Scotland-Yard-Beamten Orville Sacker, ei-nen Menschen mit einem »photographischen Gehör« (und des-sen Name übrigens an »Ormond Sacker« erinnert, den ersten Na-men, den Conan Doyle sich ausgedacht hatte für den Assistenten des Detektivs, der seinerseits »Sherrinford Holmes« hieß!).

Was seither geschah (1987 – 2009)

The Sign of Four (1987); *The Return of Sherlock Holmes* (1988); *The Hound of the Baskervilles* (1988); *The Casebook of Sherlock Holmes* (1991); *The Master Blackmailer* (1992); *The Last Vampyre* (1993); *The Eligible Bachelor* (1993); *The Memoirs of Sherlock Holmes* (1994); alle: England; Granada TV

Mit Jeremy Bretts Gesundheit ging es bergab, die Budgets wur-den knapper, während sich die Bearbeiter größere Freiheiten her-ausnahmen: Von den 21 späteren Filmen der Fernsehserie können nur wenige an die Vollkommenheit ihrer Vorgänger anknüpfen. Im Vergleich zu anderen Produktionen allerdings schneidet auch Bretts Spätwerk überdurchschnittlich ab, so daß die Serie bis heute das Maß aller Dinge geblieben ist.

The Return of Sherlock Holmes (1987); *1994 Baker Street: Sherlock Holmes Returns* (1993); beide: USA; CBS

Um dem direkten Vergleich zu entgehen, wurde nach radikalen Neuansätzen gesucht. Etwa so: Sherlock Holmes wird nach jahrzehn-telangem Tiefkühlschlaf aufgetaut und darf im heutigen Amerika wieder auf Verbrecherjagd gehen. So geschehen 1987 mit Michael

Pennington in einer leidlich amüsanten Verballhornung von *Das Zeichen der Vier*, deren mangelnder Publikumserfolg dazu führte, daß Pläne für eine Fortsetzung wenn schon nicht beerdigt, so doch sinnigerweise auf Eis gelegt wurden; ein zweiter Auftauversuch von 1993 mit Anthony Higgins blieb gleichfalls erfolg- und damit folgenlos.

Without a Clue (1988); England / USA; ITC Productions
Noch ein radikaler Neuansatz: Dr. Watson (Ben Kingsley) hat den Meisterdetektiv Sherlock Holmes erfunden und wegen großer Publikumsnachfrage den drittklassigen Schauspieler Kincaid (Michael Caine) engagiert, der nach Watsons Anweisungen die an Holmes herangetragenen Fälle »löst«. Als Watson entführt wird, muß Kincaid erstmals selber ran; mit mehr Glück als Verstand bringt er einmal mehr Professor Moriarty zur Strecke. Trotz einigen Klamauks unterhält die Geschichte durchweg – nicht zuletzt dank grandioser Hauptdarsteller.

Hands of a Murderer (1990); USA; Green Pond Productions
Holmes (Edward Woodward) und Moriarty (Anthony Andrews) kreuzen wieder mal die Klingen. *Sherlock Holmes muß sterben* heißt die deutsche Fassung des uninspirierten Fernsehfilms – und man fragt sich über weite Strecken, ob das nicht für alle Beteiligten das Beste wäre.

The Crucifer of Blood (1991); USA; Turner Pictures
Man merkt, daß dies die Fernsehfassung eines Bühnenstücks ist (das seinerseits auf *Das Zeichen der Vier* zurückgeht). Und man merkt, daß Charlton Heston für die Holmes-Rolle zu alt ist.

Sherlock Holmes – The Golden Years (1992); USA / Italien / England; Harmony Gold, Silvio Berlusconi Communications u. a.
Noch ein alternder Holmes, aber diesmal ist es Programm: Christopher Lee darf noch einmal in zwei Fernsehmehrteilern als »Best-Ager« seinen Dienst versehen (was ihn freilich nicht von einem Techtelmechtel mit Irene Adler abhält). Die Filme sind konfus konstruiert und strotzen vor Anachronismen; Patrick Macnee als stümpernder Watson komplettiert das Bild.

O Xangô de Baker Street (1999); Brasilien / Portugal; MGN Filmes

Nach dem weltweiten Romanerfolg *Sherlock Holmes in Rio* von Jô Soares entstand die aufwendige Kinoproduktion um einen Serienmörder im Rio de Janeiro des Jahres 1886. Joaquim de Almeidas Holmes muß neben Deerstalker und Cape vor allem seine britische Zurückhaltung aufgeben, um in der fremden Kultur bestehen zu können.

The Hound of the Baskervilles (2000); *The Sign of Four* (2001); *The Royal Scandal* (2001); *The Case of the Whitechapel Vampire* (2002); alle: Kanada; Muse Entertainment

Er wollte frischen Wind bringen, wirbelte aber nur Staub auf: der wild gestikulierende Matt Frewer. Besonders die beiden Doyle-Adaptionen leiden unter müden Drehbüchern und kleinen Budgets; die beiden anderen Filme haben ihre Momente, aber für einen bleibenden Eindruck reicht es nicht.

Murder Rooms: The Dark Beginnings of Sherlock Holmes (2000 – 2001); England / USA; BBC Films, WHGB Boston

Ian Richardson spielt Joseph Bell, den Medizinprofessor, nach dem Doyle seinen Meisterdetektiv gestaltet hat. Die Fiktion: Bell hat die Polizei in schwierigen Fällen unterstützt, begleitet von Doyle als seinem Watson. Die fünf abgründig-düsteren Filme sind mühelos die gelungenste Neuinterpretation des Holmes-Stoffs seit Jeremy Brett.

Sherlock: Case of Evil (2002); England; Box TV

Wieder Holmes gegen Moriarty, nur noch schlimmer als sonst.

The Hound of the Baskervilles (2002); *Sherlock Holmes and the Case of the Silk Stocking* (2004); beide: England; Tiger Aspect

Modernste Computertechnik sollte den ultimativen »Hound« schaffen – und schuf ein ekliges Monster mit Dinosauriergang. Noch blasser ist nur noch Richard Roxburgh als Holmes, der von Richard E. Grant als Stapleton mühelos an die Wand gespielt wird. Ian Hart nervt als ständig nörgelnder Watson, mäßigt sich im zweiten Film aber etwas. Dort wird Roxburgh von Rupert Everett abgelöst, der annehmbar eigenbrötlerisch daherkommt, allerdings mit einem Fall konfrontiert wird, der nicht so recht zum klassischen Holmes passen möchte.

Sherlock Holmes and the Baker Street Irregulars (2007); England; RDF Television
Sherlock Holmes (Jonathan Pryce) gerät unter Mordverdacht und klärt nebenbei das Verschwinden eines seiner jugendlichen Helfer auf. Sowohl inhaltlich als auch ästhetisch auf ein jugendliches Publikum ausgerichteter Fernsehfilm.

Fortsetzung folgt

Sherlock Holmes (Dezember 2009); USA; Warner
Actionszenen und ein dreckiges London sollen dem Holmes-Mythos in dieser ersten Hollywood-Kinoproduktion seit rund 30 Jahren den erwünschten frischen Wind verleihen. Aufmerksamkeit wird der von Guy Ritchie (frischgebackener Ex-Gatte von Madonna) inszenierten Produktion sicher sein, nicht zuletzt dank seiner Besetzung mit Robert Downey Jr. und Jude Law in den beiden Hauptrollen. Bei Erfolg ist an eine Fortsetzung gedacht.

Sherlock (2009); England; BBC
So viel ist bekannt: Benedict Cumberbatch spielt Sherlock Holmes, die Rollen von Watson und Lestrade sind auch schon besetzt, und die Serie spielt im Jahr 2009. Wie das gehen soll, wissen zur Zeit wohl nur die Autoren Mark Gatiss und Steven Moffat, die allerdings für einige hochkarätig komische Fernsehstücke der letzten Jahre verantwortlich zeichnen. Lassen wir uns überraschen.

Anhang

SOUTHAMPTON STREET

THE STRAND MAGAZINE OFFICES

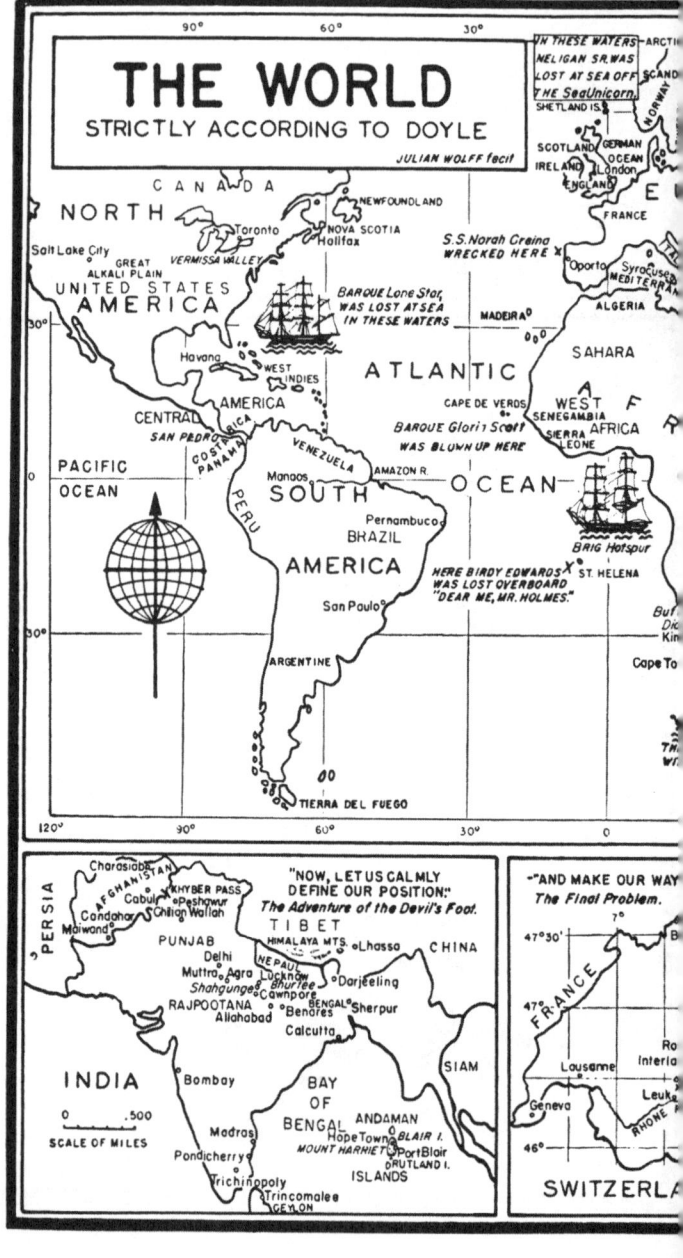

THE WORLD
STRICTLY ACCORDING TO DOYLE

JULIAN WOLFF fecit

90° 60° 30°

IN THESE WATERS
NELIGAN SR. WAS
LOST AT SEA OFF
THE SeaUnicorn.
SHETLAND IS.

ARCTIC
SCANDI
NORWAY

SCOTLAND GERMAN
IRELAND London OCEAN
ENGLAND

E

FRANCE

CANADA

NORTH

Toronto NEWFOUNDLAND
NOVA SCOTIA
Halifax

S.S. Norah Creina WRECKED HERE ×

Oporto Syracuse
MEDITERRA

Salt Lake City GREAT
ALKALI PLAIN VERMISSA VALLEY
UNITED STATES
AMERICA

*BARQUE Lone Star,
WAS LOST AT SEA
IN THESE WATERS*

MADEIRA

ALGERIA

SAHARA

30°

Havana

WEST
INDIES

ATLANTIC

AMERICA

CENTRAL RICA
SAN PEDRO COSTA
PANAMA

VENEZUELA

CAPE DE VERDS
*BARQUE Gloria Scott
WAS BLOWN UP HERE*

WEST F
SENEGAMBIA AFRICA
SIERRA
LEONE

R

PACIFIC
OCEAN

Manaos AMAZON R.
SOUTH

OCEAN

0

PERU

Pernambuco
BRAZIL

AMERICA

San Paulo

BRIG Hotspur

HERE BIRDY EDWARDS × ST. HELENA
*WAS LOST OVERBOARD
"DEAR ME, MR. HOLMES."*

Buf
Dic
Kin

30°

ARGENTINE

Cape To

TIERRA DEL FUEGO

Th
Wr

120° 90° 60° 30° 0

Charasiab STAN
Cabul KHYBER PASS
Candahar Peshawur
Maiwand Chilian Wallah

PERSIA AFGHANISTAN

**"NOW, LET US CALMLY
DEFINE OUR POSITION."**
The Adventure of the Devil's Foot.

TIBET

PUNJAB
Delhi HIMALAYA MTS. Lhassa CHINA
Muttra Agra NEPAUL
Shahgunge Lucknow
RAJPOOTANA Ghurjee Cawnpore Darjeeling
Allahabad Benares BENGAL Sherpur
Calcutta

INDIA Bombay

BAY
OF
BENGAL ANDAMAN
Madras HopeTown BLAIR I.
MOUNT HARRIET PortBlair
Pondicherry RUTLAND I.
ISLANDS
Trichinopoly
Trincomalee
CEYLON

SIAM

0 500
SCALE OF MILES

-"AND MAKE OUR WAY
The Final Problem.

47°30' 7° B

FRANCE

47°

Ro
Lausame Intera

Geneva Leuka
RHONE

46°

SWITZERLA

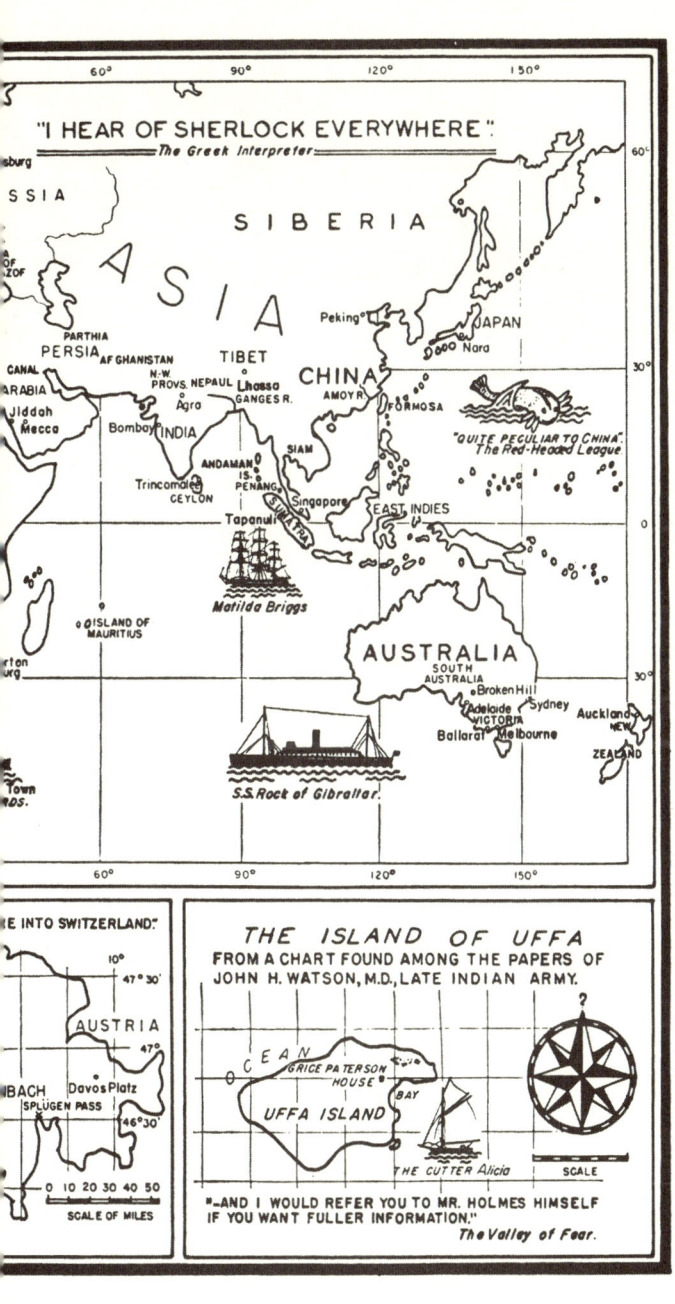

THE SHERLOCK HOLMES MAP OF

EUROPE

"EUROPE WAS RINGING WITH HIS NAME."——— *The Reigate Squires.*

St. Petersburg
JEFFERSON HOPE PASSED THROUGH THIS CITY
IN PURSUIT OF DREBBER AND STANGERSON

A CERTAIN GRACIOUS LADY

SWEDEN

PRUSSIA

Danzig.
THE HOME TOWN OF
FRITZ VON WALDBAUM

Grodno.

LITTLE RUSSIA

RUSSIA

Warsaw.
HERE THE KING OF BOHEMIA
MET *THE* WOMAN

Eglow

Prague

BOHEMIA
THE KING OF THIS COUNTRY
WAS INVOLVED IN A SCANDAL

Eglonitz

SCHOENBRUNN PALACE-
ALTAMONT'S TODAY CAME
FROM HERE (VIA VON BORK)

Buda-Pesth

AUSTRIA-HUNGARY

HOLMES INVESTIGATED THE
TREPOFF MURDER HERE
Odessa

VAMPIRES
ARE FOUND HERE
TRANSYLVANIA

CRIMEA

ROUMANIA

SERVIA

BLACK

BULGARIA

SEA

TURKEY

GREECE

Athens

Copyright 1940
by
John Hull

Painted for
word

THE
ILLUSTRIOUS
CLIENT

THE KING
OF
SCANDINAVIA

ENGLAND

"I KNOW THAT COUNTRY, HOLMES."
The Adventure of the Sussex Vampire.

JULIAN
WOLFF
1940

The Adventure of the Sussex Vampire

The Problem of Thor Bridge

The Case of Isadora Persano

The Adventure of the Speckled Band

The Adventure of the Cardboard Box

The Five Orange Pips

The Yellow Face

The Adventure of the Engineer's Thumb

The Adventure of the Bruce-Partington Plans

The Famous Card Scandal of the Non-Pareil Club

The Disappearance of Lady Frances Carfax

The Politician the Lighthouse and the Trained Cormorant

HARROW WEALD

PINNER

MIDDLESEX

HARROW

WILLESDEN

KILBURN

ST. JOHN'S WOOD

2218

Paddington Station

NOTTING HILL

Kensington Gardens

KENSINGTON

HYDE PARK

WESTMINST

Gloucester Road Station

HAMMERSMITH

Victoria Sta

Hammersmith Bridge

CHISWICK

HURLING-HAM

Clapham Juncti

RICHMOND

WIMBLEDON

NOR

KINGSTON

SURREY

LONDON

"Come, Watson, come! The game is afoot!"
—The Adventure of the Abbey Grange.

ESHER

OXSHOTT

HAMPSTEAD HEATH

HAMPSTEAD

Pen

King's

Bri

Cove

Hanove

Cross

Sq.

WHITE

The Adventure of the Three Students

The Adventure of the Noble Bachelor

The Adventure of the Dying Detective

The Giant Rat of Sumatra

Wilson the Notorious Canary Trainer

The Adventure of the Six Napoleons

The Adventure of the Second Stai

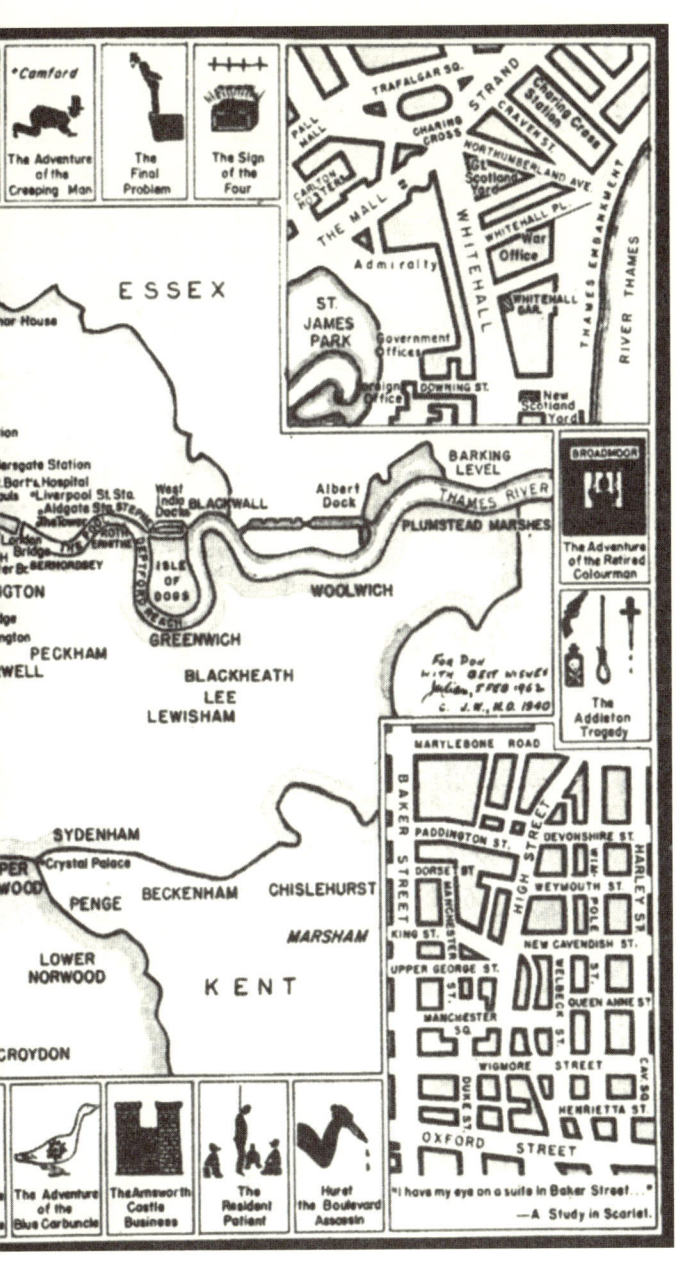

*Camford

The Adventure of the Creeping Man

The Final Problem

The Sign of the Four

TRAFALGAR SQ.

STRAND

Charing Cross Station

PALL MALL

CHARING CROSS

CRAVEN ST.

CARLTON HOUSE TERR.

NORTHUMBERLAND AVE.

St. Scotland Yard

THE MALL

WHITEHALL

WHITEHALL PL.

War Office

Admiralty

THAMES EMBANKMENT

RIVER THAMES

ST. JAMES PARK

Government Offices

WHITEHALL GAR.

Foreign Office

DOWNING ST.

New Scotland Yard

ESSEX

nor House

BROADMOOR

The Adventure of the Retired Colourman

BARKING LEVEL

tion

Aldersgate Station

Bart's Hospital

Liverpool St. Sta.

Aldgate Sta.

The Tower

West India Docks

BLACKWALL

Albert Dock

THAMES RIVER

PLUMSTEAD MARSHES

BROTH.

London Bridge

THE ERITH

Br

BERMONDSEY

DEPTFORD REACH

ISLE OF DOGS

WOOLWICH

GTON

idge

ington

PECKHAM

WELL

GREENWICH

For Dox with best wishes Julian, 5 FEB 1962 C. J. W., M.D. 1940

The Addleton Tragedy

BLACKHEATH

LEE

LEWISHAM

MARYLEBONE ROAD

SYDENHAM

PER WOOD

Crystal Palace

PENGE

BECKENHAM

CHISLEHURST

MARSHAM

LOWER NORWOOD

KENT

BAKER STREET

PADDINGTON ST.

DEVONSHIRE ST.

HIGH STREET

WEYMOUTH ST.

WEYMOUTH ST.

POLE ST.

HARLEY ST.

DORSET ST.

MANCHESTER ST.

KING ST.

NEW CAVENDISH ST.

UPPER GEORGE ST.

WELBECK ST.

QUEEN ANNE ST.

CROYDON

MANCHESTER SQ.

WIGMORE STREET

HENRIETTA ST.

DUKE ST.

CAV. SQ.

OXFORD STREET

The Adventure of the Blue Carbuncle

The Amsworth Castle Business

The Resident Patient

Hurst the Boulevard Assassin

"I have my eye on a suite in Baker Street. . ."
—A Study in Scarlet.

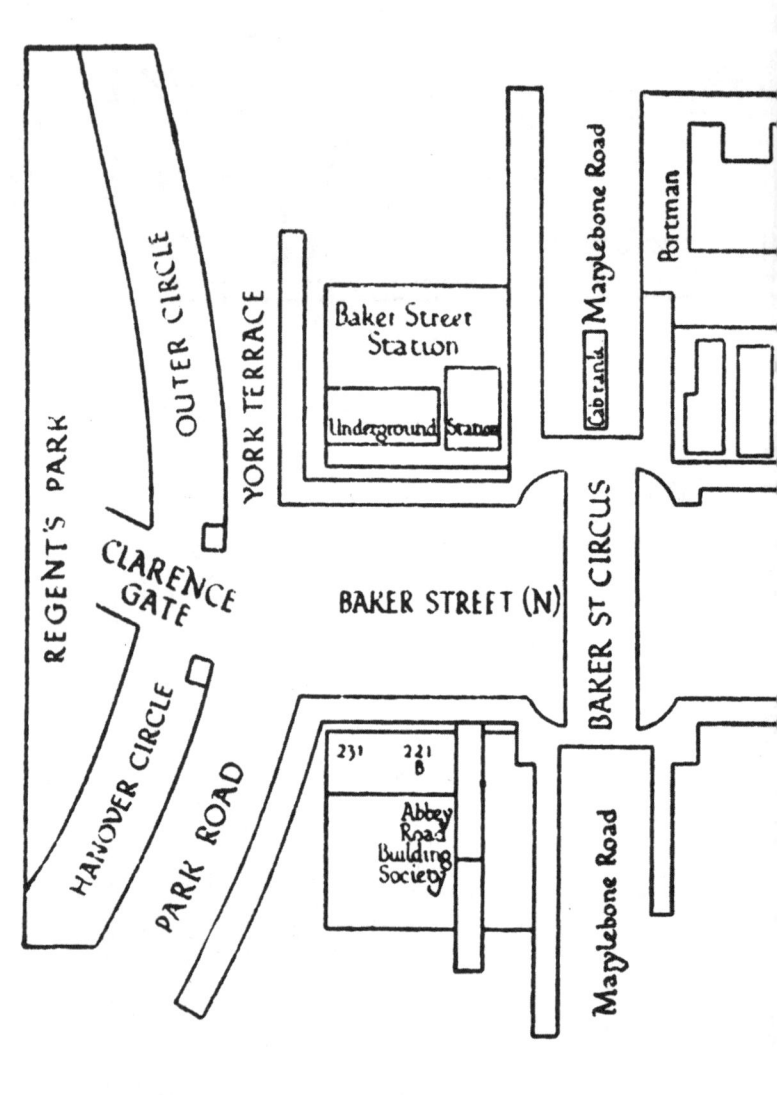

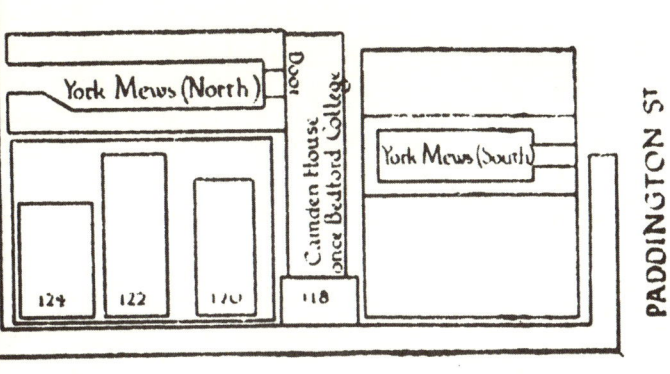

York Mews (North)

180a

Camden House once Bedford College

York Mews (South)

PADDINGTON ST

124   122   170   118

R PLACE   BAKER STREET (South)

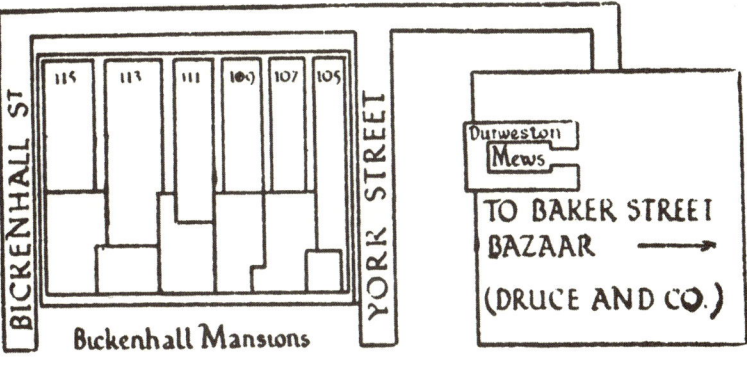

BICKENHALL ST

115   113   111   109   107   105

YORK STREET

Durweston Mews

TO BAKER STREET
BAZAAR ⟶
(DRUCE AND CO.)

Bickenhall Mansions

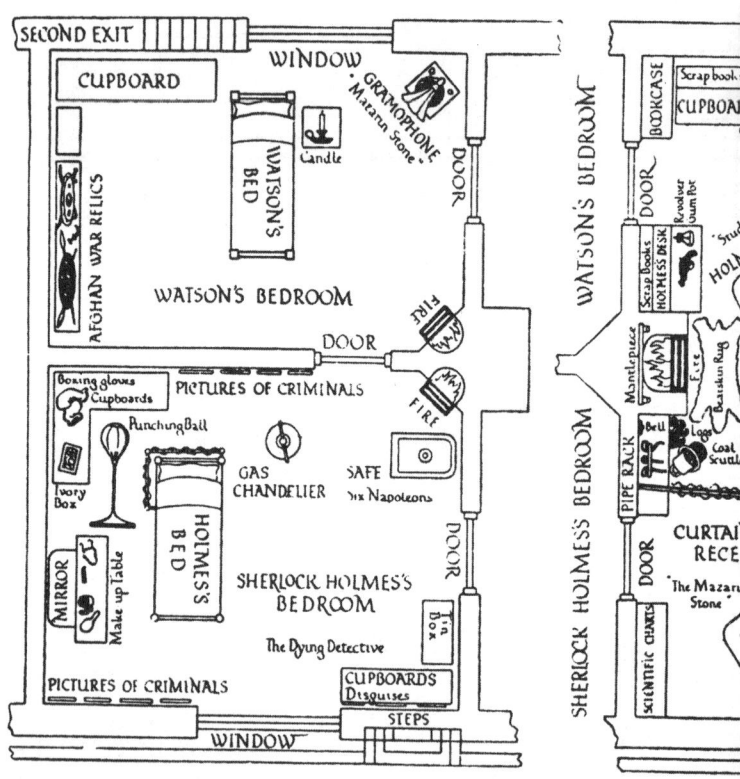

SECOND EXIT

CUPBOARD

WINDOW

GRAMOPHONE

Mazarin Stone

Candle

WATSON'S BED

AFGHAN WAR RELICS

WATSON'S BEDROOM

DOOR

FIRE

DOOR

Boxing gloves
Cupboards

PICTURES OF CRIMINALS

Punching Ball

FIRE

Ivory Box

GAS CHANDELIER

SAFE
Six Napoleons

HOLMES'S BED

MIRROR

Make up Table

SHERLOCK HOLMES'S BEDROOM

DOOR

Tin Box

The Dying Detective

PICTURES OF CRIMINALS

CUPBOARDS
Disguises

WINDOW

STEPS

WATSON'S BEDROOM

BOOKCASE

Scrap books

CUPBOARD

DOOR

Revolver
Gum Pot

Stud

HOL

Scrap Books
HOLMESS DESK

Mantlepiece

Bearskin Rug

Fire

SHERLOCK HOLMES'S BEDROOM

PIPE RACK

Bell

Cigar

Coal
Scuttle

DOOR

CURTAI
RECE

SCIENTIFIC CHARTS

*The Mazarin
Stone*

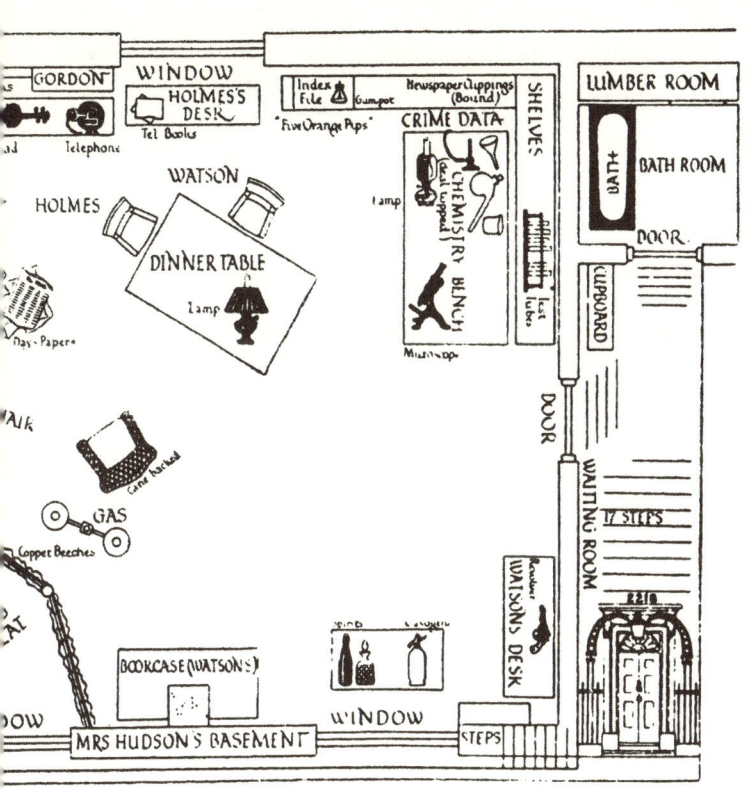

GORDON

WINDOW
HOLMES'S DESK
Tel Books

Index File
"Five Orange Pips"

Newspaper Clippings (Bound)
Gunpot

SHELVES

LUMBER ROOM

BATH ROOM

BATH

DOOR

Telephone

HOLMES

WATSON

DINNER TABLE
Lamp

CRIME DATA

CHEMISTRY BENCH
(acid cupboard)
Lamp

Microscope

Test tubes

CUPBOARD

Day-Papers

DOOR

Walk

Cane Notched

GAS

Copper Beeches

WAITING ROOM

17 STEPS

FLAT

BOOKCASE (WATSON'S)

WINDOW

WATSON'S DESK
Revolver

221B

DOW

MRS HUDSON'S BASEMENT

WINDOW

STEPS

REKONSTRUKTION VON SHERLOCK HOLMES' ARBEITSZIMMER

KLEINE BIBLIOGRAPHIE
DER DOYLE-ERSTAUSGABEN

Sherlock Holmes Romane und Geschichten

A Study in Scarlet	1888
The Sign of the Four (später The Sign of Four)	1890
The Adventures of Sherlock Holmes	1892
The Memoirs of Sherlock Holmes	1894
The Hound of the Baskervilles	1902
The Return of Sherlock Holmes	1905
The Valley of Fear	1915
His Last Bow	1917
The Case-Book of Sherlock Holmes	1927

Romane, außer den Erzählungen

Micah Clarke	1889
The Mystery of Cloomber	1889
The Firm of Girdlestone	1890
The White Company	1891
The Doings of Raffles Haw	1892
The Refugees	1893
The Parasite	1894
The Stark Munro Letters	1895
Rodney Stone	1896
Uncle Bernac	1897
The Tragedy of the Korosko	1898
A Duet with an Occasional Chorus	1899
Sir Nigel	1906
The Lost World	1912
The Poison Belt	1913
The Land of Mist	1926
The Maracot Deep	1929

Geschichten-Sammlungen

Mysteries and Adventures	1889
The Captain of the Pole-Star	1890
Round the Red Lamp	1894
The Exploits of Brigadier Gerard	1896
The Green Flag	1900
The Adventures of Gerard	1903
Round the Fire Stories	1908
The Last Galley	1911
Danger!	1918
Tales of Adventure and Medical Life	1922

Geschichte

The Great Boer War	1900
The British Campaign in France and Flanders	1916–1919

Autobiographisches und Briefe

Through the Magic Door	1907
Three of Them	1923
Memories and Adventures	1924

Gedichte

Songs of Action	1898
Songs of the Road	1911
The Guards Came Through	1919

Spiritualismus

The New Revelation	1918
Vital Message	1919
The Wanderings of a Spiritualist	1921
The Coming of the Fairies	1922
Our American Adventure	1923
Our Second American Adventure	1924

The History of Spiritualism
(2 Volumes) 1926
Pheneas Speaks 1927
Our African Winter 1929
The Edge of the Unknown 1930

Conan Doyle Biographien

Hesketh Pearson, »Conan Doyle – His Life and Art«, London: Methuen 1943

John Dickson Carr, »The Life of Sir Arthur Conan Doyle«, London: John Murray 1949

Pierre Nordon, »Conan Doyle«, Paris: Marcel Didier 1964

Ronald Pearsall, »Conan Doyle; A Biographical Solution«, London: Weidenfeld and Nicolson 1977

Charles Higham, »The Adventures of Conan Doyle«, New York: W. W. Norton & Company 1976

Julian Symons, »Portrait of an Artist Conan Doyle«, London: Whizzard Press/André Deutsch 1979

Owen Dudley Edwards, »The Quest for Sherlock Holmes«, Edinburgh: Mainstream 1983

BIBLIOGRAPHIE UND NACHWEIS

Deerstalker von Ron Haydock.
The Scarecrow Press, Inc.; Methuen, N. J. & London; 1978

Holmes of the Movies von David Stuart Davies.
New English Library; London; 1968

The Sherlock Holmes File von Michael Pointer.
David & Charles; Newton Abbot London; Vancouver; 1976

Sherlock Holmes on the Screen von Robert W. Pohle Jr. und Douglas
C. Hart. A. S. Barnes and Company; South Brunswick & New York;
1977

The Films of Sherlock Holmes von Chris Steinbrunner und Norman
Michaels. Citadel Press; Secaucus, N. J.; 1978

Sherlock Holmes. A Centenary Celebration von Allen Eyles.
John Murray; London; 1986

The Television Sherlock Holmes von Peter Haining.
W. H. Allen; London; 1986

Auszüge aus einem Interview mit Jeremy Brett von Rosemary
Herbert aus *The Armchair Detective*, Volume 18, Number 4; New
York; 1985

Sherlock Holmes in Film und Fernsehen, herausgegeben von Michael
Ross. Baskerville Bücher; Köln; 2003